한국주택
금융공사

금융 / 경영 / 경제상식

한국주택금융공사

금융/경영/경제상식

| 개정1판 발행 | 2022년 5월 13일 |
| 개정2판 발행 | 2024년 8월 30일 |

편 저 자 | 취업적성연구소

발 행 처 | ㈜서원각

등록번호 | 1999-1A-107호

주　　소 | 경기도 고양시 일산서구 덕산로 88-45(가좌동)

교재주문 | 031-923-2051

팩　　스 | 031-923-3815

교재문의 | 카카오톡 플러스 친구[서원각]

홈페이지 | goseowon.com

PREFACE

우리나라 기업들은 1960년대 이후 현재까지 비약적인 발전을 이루었다. 이렇게 급속한 성장을 이룰 수 있었던 배경에는 우리나라 국민들의 근면성 및 도전정신이 있었다. 그러나 빠르게 변화하는 세계 경제의 환경에 적응하기 위해서는 근면성과 도전정신 이외에 또 다른 성장 요인이 필요하다.

최근 많은 공사·공단에서는 기존의 직무 관련성에 대한 고려 없이 인·적성, 지식 중심으로 치러지던 필기전형을 탈피하고, 산업현장에서 직무를 수행하기 위해 요구되는 능력을 산업부문별·수준별로 체계화 및 표준화한 NCS를 기반으로 하여 채용공고 단계에서 제시되는 '직무 설명자료'의 직업기초능력과 직무수행능력을 측정하기 위한 직업기초능력평가, 직무수행능력평가 등을 도입하고 있다.

한국주택금융공사에서도 업무에 필요한 역량 및 책임감과 적응력 등을 구비한 인재를 선발하기 위하여 고유의 필기전형을 치르고 있다. 본서는 한국주택금융공사 신입직원 채용대비를 위한 필독서로 한국주택금융공사 직무능력평가 중 금융·경영·경제상식의 출제경향을 철저히 분석하여 응시자들이 보다 쉽게 시험유형을 파악하고 효율적으로 대비할 수 있도록 구성하였다.

신념을 가지고 도전하는 사람은 반드시 그 꿈을 이룰 수 있습니다. 처음에 품은 신념과 열정이 취업 성공의 그 날까지 빛바래지 않도록 서원각이 수험생 여러분을 응원합니다.

STRUCTURE

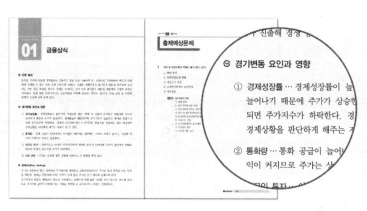

핵심이론정리

직무능력평가 중 금융·경영·경제상식의 각 영역에 대한 중요 핵심이론을 수록하였습니다.

출제예상문제

각 영역에 대한 다양한 유형의 출제예상문제를 수록하여 실전에 대비할 수 있도록 하였습니다.

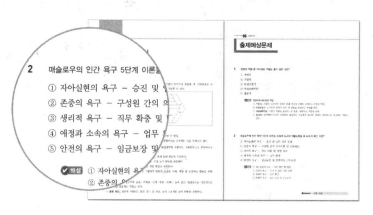

상세한 해설

모든 문제마다 상세한 해설을 수록하여 혼자서 학습하는 수험생도 어려움 없이 효율적인 학습이 이루어지도록 하였습니다.

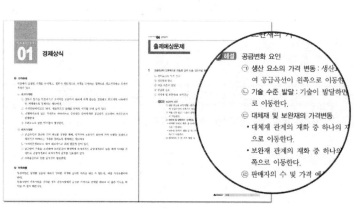

CONTENTS

PART

01

공사소개
및 채용안내

한국주택금융공사 소개

1 한국주택금융공사 소개

> 국민의 주거행복을 책임지는 지속가능 주택금융의 선도기관

주택금융 등의 장기적·안정적 공급을 촉진하여 국민의 복지증진과 국민경제의 발전에 이바지함을 목적으로 2004. 3. 1. 출범한 준정부기관으로서 보금자리론과 적격대출 공급, 주택보증, 유동화증권 발행 등의 업무를 수행함으로써 서민의 주택금융 파트너로서의 역할을 다하고자 한다.

2 주택금융공사의 설립목적

한국주택금융공사는 법률 제7030호 한국주택금융공사법에 의해 2004년 3월 1일 설립되었으며, 주택저당채권 등의 유동화와 주택금융 신용보증 업무를 수행함으로써 주택금융 등의 안정적 공급을 촉진하여 국민의 복지증진과 국민경제의 발전에 이바지함을 목적으로 한다.

3 주택금융공사의 업무

① **보금자리론과 적격대출 공급** ··· 무주택자가 금리변동 위험없이 안정적인 대출금 상환이 가능한 10년 이상 장기고정금리 원리금 분할상환 방식의 모기지론인 보금자리론과 적격대출 공급

② **주택보증 공급** ··· 국민들의 주거안정을 위해 금융기관으로부터의 전세자금대출 및 아파트중도금 대출에 대한 보증서를 발급해 오고 있으며, 주택건설사업자를 대상으로 하는 아파트 건설자금 대출에 대한 주택보증 지원

③ **주택연금 공급** ··· 만 55세 이상의 노인층을 대상으로 보유하고 있는 주택을 담보로 금융기관으로부터의 종신연금 수령을 보장하는 주택연금 업무를 수행함으로써 노후복지향상에 기여

④ 유동화증권(MBS, MBB) 발행 … 금융기관으로부터 주택저당채권을 양도받아 이를 기초로 유동화증권 (MBS, MBB) 발행, 투자자들에게 판매함으로써 채권시장으로부터 장기저리의 자금을 안정적으로 조달하여 대출재원을 획기적으로 확충

4 미션 및 비전

① Mission … 주택금융의 장기적·안정적 공급을 통해 국민 복지증진과 국민경제 발전에 기여

② Vision … 국민의 주거행복을 책임지는 지속가능 주택금융의 선도기관

③ 경영방침 / 핵심가치 / 조직문화

경영방침	국민이 체감하는 책임경영	미래를 선도하는 혁신경영	믿고 함께하는 열린경영
핵심가치	공익성	전문성	신뢰
조직문화	협력	도전	포용

④ 전략목표 및 전략과제
  ㉠ 생애주기 맞춤형 주택금융 고도화
    • 무주택 국민 주거안정 지원 강화
    • 실수요자 내집 마련 금융지원 확대
    • 안정적 노후소득 보장체계 강화
  ㉡ 미래지향 주택금융 인프라 강화
    • 디지털 혁신 기반 주택 금융 선도
    • 글로벌 금융시장 선도적 역할 수행
    • 미래금융 전문역량 축적 강화
  ㉢ 지속가능 책임경영 실현
    • ESG 경영 기반 주택금융 활성화
    • 민간혁신성장 및 지역사회 상생생태계 확대
    • 안전 및 청렴기반 책임경영 확립
  ㉣ 효율적 혁신경영 기반 강화
    • 재무건전성 및 선제적 리스트 관리 강화
    • 업무효율화 및 규제개혁 실현
    • 국민중심 소통과 참여문화 확산

CHAPTER

02 채용안내

1 인재상

① 창조인
- 창의적으로 사고하고 능동적으로 행동하는 사람
- 유연한 사고를 바탕으로 혁신을 선도하는 사람
- 끊임없는 도전으로 미래를 개척하는 사람

② 전문인
- 적극적인 자기개발을 통해 최고를 추구하는 사람
- 국제사회에서 통용될 수 있는 경쟁력을 갖춘 사람
- 자기분야의 전문성을 갖추기 위해 꾸준히 노력하는 사람
- 호기심과 도전의식을 가지고 끊임없이 학습하는 사람

③ 화합인
- 건전한 가치관과 도덕을 가지고 인류, 국가, 사회, 고객의 발전을 위해 봉사할 수 있는 사람
- 집단 및 개인 이기주의를 버리고 진정한 동료애를 발휘할 줄 아는 사람

2 복리후생제도

① **자녀교육** … 자체 직장어린이집 운영(HF보금자리 어린이집, 본사소재), 대학등록금대여 등

② **주거안정** … 전국 직원합숙소 운영, 임차사택 · 주택자금 대여 등

③ **건강관리** … 정기 검강검진, 직원 단체 상해보험, 체력단련실(본사) 등

④ **취미여가** … HF미래인재원(경주), 법인콘도 등

⑤ **자기개발** … 국·내외 학술연구(해외 MBA 등), 자기주도 연수(석사학위과정, 야간대학, 자격증 지원 등), 後진학 지원(고졸인재 대상) 등

⑥ **기타** … 경조금 지원, 사내근로복지 기금(생활안정자금 대여 등), 선택적 복지포인트 제도 운영 등

3 채용안내

(1) 종합직원 채용안내

모집공고 → 서류전형 → 필기전형 → 면접전형 → 최종합격

① **모집공고** : 알리오, 공사 홈페이지 등에 15일 이상 공고

② **서류전형** : 직무능력기술서 및 직무적성기술서를 종합평가

③ **필기전형** : 대졸수준의 전공지식 등의 직무능력평가

④ **면접전형** : 2차에 걸쳐 직무능력 및 인성 등을 평가

⑤ **최종합격** : 2차면접 합격자를 대상으로 증빙서류 검증 및 건강검진 등을 거쳐 최종 선발

(2) 사무직원 채용안내

모집공고 → 서류전형 → 필기전형(일부 직군에 한함) → 면접전형 → 최종합격

4 **직무능력 평가기반 신입사원 채용**

(1) 모집분야 및 인원

※ 모집분야별 중복지원 절대 불가(중복지원 시 일괄 합격 제한자 처리, 입사 후 발견 시 합격 취소)
※ 모집분야별 지원 자격, 가점 및 우대사항 등을 반드시 확인 후 지원

<모집분야별 선발예정인원>

구분	전형	직렬	행정		IT	합계
			경영	경제		
대졸수준 (5급)	일반전형	수도권	4	4	2	10
		비수도권	4	4	3	11
	특별전형	보훈	1	1	-	2
고졸부문 (6급)	고교전형	수도권	1		1	3
		비수도권	1			
총계			20		6	26

※ 일반전형(행정) : 2차면접까지 경영/경제 직렬 구분하되, 2차면접 결과에 따라 직렬 구분없이 수도권 합격자 8명, 비수도권 합격자 8명 선정
※ 특별전형(보훈) : 2차면접까지 경영/경제 직렬 구분하되, 2차면접 결과에 따라 직렬 구분없이 합격자 2명 선정
※ 입사 포기 또는 응시자 미달, 추가 합격자 발생 등으로 최종 합격자 인원 수는 변동 가능
※ 이전지역(인재) 채용목표제, 양성평등 채용목표제는 시험실시분야별 채용인원 5인 초과하는 일반전형(행정) 16명에 한해 적용함 (목표비율, 전형별 추가 합격자 선정에 관한 상세사항은 "전형별 합격자 선정 방식"을 참고)

(2) 지원자격

① 공통 지원자격

　㉠ 학력 · 나이 · 성별 · 전공 등 제한 없음

　　※ 접수마감일 기준 공사 정년(만 60세)을 초과한 자는 지원 불가

　㉡ '24. 12월 임용일부터 근무지에서 즉시 근무 가능한 자(입사유예 불가)

　㉢ 공사 「채용세칙」 제16조(채용금지자)에 해당하는 경우 지원 불가

공사 채용세칙 제16조 (채용금지자)

1. 피성년후견인 또는 피한정후견인
2. 파산선고를 받고 복권되지 아니한 자
3. 금고 이상의 실형을 선고받고 그 집행이 종료되거나 집행을 받지 아니하기로 확정된 후 5년이 지나지 아니한 자
4. 금고 이상의 형을 선고받고 그 집행유예의 기간이 끝난 날부터 2년이 지나지 아니한 자
5. 금고 이상의 형의 선고유예를 받은 경우에 그 선고유예기간 중에 있는 자
6. 법원의 판결 또는 다른 법률에 따라 자격이 상실되거나 정지된 자
7. 징계로 파면처분을 받은 때부터 5년이 지나지 아니한 자
8. 징계로 해임처분을 받은 때부터 3년이 지나지 아니한 자
9. 「부패방지 및 국민권익위원회의 설치와 운영에 관한 법률」 제82조에 따른 비위면직자 등의 취업제한 적용을 받는 자
10. 제23조에 따라 합격이 취소된 때부터 5년이 지나지 아니한 자
11. 「공공기관운영에 관한 법률」에 따라 지정된 공공기관에 채용비리로 연루되어 합격취소 또는 면직된 때부터 5년이 지나지 아니한 자
12. 「성폭력범죄의 처벌 등에 관한 특례법」 제2조에 규정된 죄를 범한 사람으로서 100만 원 이상의 벌금형을 선고받고 그 형이 확정된 후 3년이 지나지 아니한 사람
13. 미성년자에 대한 다음 각목의 어느 하나에 해당되는 죄를 저질러 파면·해임되거나 형 또는 치료감호를 선고받아 그 형 또는 치료감호가 확정된 사람(집행유예를 선고 받은 후 그 집행유예기간이 경과된 사람을 포함한다)
   가. 「성폭력범죄의 처벌 등에 관한 특례법」 제2조에 따른 성폭력 범죄
   나. 「아동·청소년의 성보호에 관한 법률」 제2조 제2호에 따른 아동·청소년대상 성범죄

② 대졸수준 / 고졸부문

구분	지원자격
대졸수준	남자의 경우 군필자 또는 면제자 ※ 단, 군복무자 중 전역 후 '24. 12월부터 근무지에서 즉시 근무 가능한 자는 지원 가능
고졸수준	'25.2월 특성화고, 마이스터고, 종합고 졸업 예정자로서, 학교장 추천을 받은 자 (학교당 최대 3명까지 추천 가능) ※ 4명이상 추천 시 해당 학교 지원자 모두 지원 자격 미충족자로 불합격 처리 ※ 학교장 추천서에 중대한 흠결(학교 관인 누락, 공사 및 학교명 등 오입력 등) 있거나 미제출한 경우 지원 자격 미충족자로 합격 제한자 처리 ※ 학사 일정 등으로 졸업 월(2월)에 변동 있는 경우는 지원 자격을 충족한 것으로 봄 ※ [학교장 추천서] 가급적 첨부된 공사 양식을 활용해 입사지원 시 제출

③ 수도권 / 비수도권

구분	지원자격
수도권 (서울, 경기, 인천, 해외)	• 최종학력이 대졸[재학(휴학)생, 중퇴자, 졸업예정자 포함] 이상인 경우 : 대학교 소재지가 수도권 지역인 자 • 최종학력이 고졸 이하인 경우 : 최종 학교 소재지가 수도권 지역인 자
비수도권 (수도권 외 지역)	• 최종학력이 대졸[재학(휴학)생, 중퇴자, 졸업예정자 포함] 이상인 경우 : 대학교 소재지가 비수도권 지역인 자 • 최종학력이 고졸 이하인 경우 : 최종 학교 소재지가 비수도권 지역인 자

※ 사이버대학, 학점은행제 등은 이를 제외한 후 최종 학력을 판단하며, 최종 학력을 허위[대학졸업자(재학생 등)임에도 고졸로 입력 등] 기재한 경우 발견 즉시 합격 취소
※ "비수도권 인재 및 이전지역 인재 판단 기준" 참고해서 지원

④ 대졸수준 특별전형(보훈)

구분	지원자격
장애	「국가유공자 등 예우 및 지원에 관한 법률」에 의한 취업지원 대상자

(3) 채용절차

① 전형절차 개요

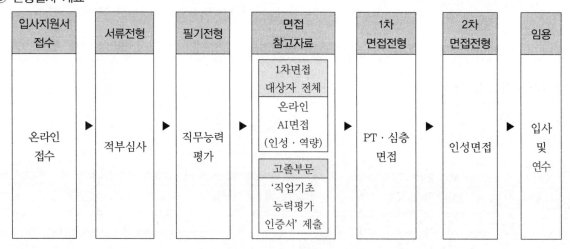

② 서류전형

　㉠ **선발인원** : 적부심사로 운영하여 합격 제한자를 제외하고 전원 합격

　㉡ **정보작성** : 합격자 발표 후 다음 전형 응시를 위한 추가 정보 등을 반드시 기한 내에 입력

③ 필기전형

㉠ 전형개요 : 서울, 부산지역에서 동시 실시 예정

시험과목	구분		출제내용		총점
직무 능력 평가	대졸 수준	행정 (일반 · 특별)	전공 객관식 [객관식 60문항, 70점] [50문항 각 1점, 10문항 각 2점]	NCS 직업기초 [객관식 30문항, 30점] [30문항 각 1점]	100점
		IT	전공 객관식 [객관식 60문항, 60점] [60문항 각 1점]	코딩시험 [4문항, 40점] [문항당 배점 : 아래 참고]	100점
	고졸 부문	행정	NCS 직업기초 (객관식 60문항, 70점) [50문항 각 1점, 10문항 각 2점]	금융 · 경영 · 경제 · 상식 [객관식 30문항, 30점] [30문항 각 1점]	100점
		IT	NCS 직업기초 [객관식 60문항, 60점] [60문항 각 1점]	코딩시험 (4문항, 40점) [문항당 배점 : 아래 참고]	100점

※ 전공 객관식 : 경영, 경제 중 선택
※ NCS 직업기초 : 의사소통능력, 수리능력, 문제해결능력
※ 코딩시험 : 오프라인 필기전형 시험일과 별도 일자에 온라인으로 실시

㉡ 평가내용 : 직무 관련 기초 능력, 전공 지식 등 보유 정도를 평가
• 대졸수준 공통 : 전공시험(난이도는 4년제 대학 전공 교과과정 수준으로 공사 업무에 대한 기본적인 이해가 있음을 전제로 출제)

경영 직렬		경제 직렬		IT 직렬	
출제범위	출제비율	출제범위	출제비율	출제범위	출제비율
경영학	12문제 내외 (20% 내외)	미시 · 거시 경제학	42문제 내외 (70% 내외)	프로그래밍	12문제 내외 (20% 내외)
재무관리	24문제 내외 (40% 내외)	국제경제학	9문제 내외 (15% 내외)	데이터베이스 네트워크	12문제 내외 (20% 내외)
회계학	24문제 내외 (40% 내외)	화폐금융론	9문제 내외 (15% 내외)	전산학 일반 (정보보호 포함)	36문제 내외 (60% 내외)

※ 회계학은 고급회계 및 원가 · 관리회계 제외

- 대졸수준 및 고졸부문 IT직렬 코딩시험(온라인 실시)

구분	알고리즘		
	대졸수준		고졸부문
문제수	(Lev.1) 2문제	(Lev.2) 2문제	(Lev.1) 4문제
배점	20점(각 10점)	20점(각 10점)	40점(각 10점)
사용언어	C, C++, Java, Javascript, Python 중 선택 가능		

ⓒ 합격자 선정 : 필기전형 총점 높은 순으로 선정

③ AI면접(인성·역량검사) 등 면접전형 참고자료 수집

　㉠ 1차면접 대상자 전원 : 1차면접 前 온라인 AI 면접을 실시

　　※ 결시 처리자(미응시, 중도포기한 경우 등)는 면접전형 응시 불가

　㉡ 고졸부문 1차면접 대상자 : 교육부 주관 '직업기초능력평가 인증서' 제출

　　※ 미제출 시 면접전형 응시 불가, 단 아래 예외(교육부 주관 "직업기초능력평가"에 응시하지 않아 인증서 발급이 불가능한 경우(별도 확인 예정)에는 면접 응시 가능) 인정

④ 1차 면접전형

　㉠ 전형개요

면접유형	내용	배점	주요 평가기준	비고
PT면접	전공 주제에 대한 발표 및 질의응답	50점	문제해결능력, 전공지식, 기획·발표력 등	인재상 부합 인재 채용 (창조·전문·화합인)
심층면접	직무능력 검증을 위한 입사지원서 기반 질의응답 등	50점	발전가능성, 공사 이해도, 소통능력 등	

　　※ 고졸부문은 전공 주제 대신 금융·경제·시사·사회 관련 주제를 제시

　㉡ 합격자 선정 : 총점(필기전형 총점과 1차면접 총점을 3:7비율로 합산, 필기 전형 면제자는 1차면접 총점) 높은 순으로 선정

⑤ 2차 면접전형

　㉠ 전형개요 : 창의성, 적극성, 인성 등을 평가(60점 만점)

　㉡ 합격자 선정 : 2차 면접전형 총점 높은 순으로 선정

⑥ 임용 ⋯ 채용심사위원회 및 채용금지자 해당여부 등 확인 후 임용

(4) 근무조건

① 대졸수준

 ㉠ **채용형태** : 종합직 5급

  ※ 임용일로부터 수습기간 3개월 내의 운영

 ㉡ **근무지** : 본사 및 전국 지점(국내, 해외사무소 포함)

 ㉢ **기본연봉** : 4,400만원(성과급 및 급여성 복리후생비 등 제외된 금액)

 ㉣ **근무시간** : 주 5일, 1일 8시간(1주 40시간 원칙이며 유연근무 활용 가능)

② 고졸부문

 ㉠ **채용형태** : 종합직 6급

  ※ 임용일로부터 수습기간 3개월 내의 운영

 ㉡ **근무지** : 본사 및 전국 지점(국내, 해외사무소 포함)

 ㉢ **기본연봉** : 2,900만원(성과급 및 급여성 복리후생비 등 제외된 금액)

 ㉣ **근무시간** : 주 5일, 1일 8시간(1주 40시간 원칙이며 유연근무 활용 가능)

PART

02

금융상식

금융상식

⚡ 간편 결제

모바일 기기에 저장된 생체정보나 신용카드 정보 등을 이용하여 온·오프라인 상거래에서 빠르고 간편하게 결제할 수 있는 전자 결제 서비스를 말한다. 복잡한 결제단계가 줄어들기 때문에 편의성이 높아지는 것은 물론 복잡한 절차로 결제를 포기하는 일이 다소 줄어들기 때문에 매출에서 긍정적 효과를 나타낸다. 현재 간편 결제서비스는 금융기관을 비롯해 유통사, 제조사, 통신사, 대형 포털 등 다양한 업계가 진출해 경쟁 중에 있다.

⚡ 경기변동 요인과 영향

① **경제성장률** … 경제성장률이 높아지면 기업들의 생산·판매 및 고용이 증가하고 매출액과 이익이 늘어나기 때문에 주가가 상승한다. 경제활동이 활발해지면 주가지수가 상승하고 반대로 불경기가 되면 주가지수가 하락한다. 경제의 건강성이 반드시 주가지수 변동으로 연결되는 것은 아니지만 경제상황을 판단하게 해주는 지표가 될 수 있다.

② **통화량** … 통화 공급이 늘어나거나 이자율이 하락하는 경우에도 소비와 투자가 늘어나, 기업의 이익이 커지므로 주가는 상승한다.

③ **외국인 투자** … 일반적으로 한국의 주식시장에서 외국인 투자가 늘어나면 주가가 올라가고 반대로 외국인 투자가 감소하면 주가가 하락한다.

④ **사회 변동** … 주가는 국내에 정치 상황에 의해서도 큰 영향을 받게 된다.

⚡ 공매도(Short Selling)

주식을 보유하지 않은 상태에서 주가하락을 예상하고 금융기관으로부터 주식을 빌려 차익을 얻는 투자를 말한다. 형태는 실물거래이지만 가지고 있지 않은 주식을 팔기 때문에 공매도라 한다.

주식시장의 변동을 확대하기 때문에 각국에서는 공매도에 대해 많은 규제를 하고 있으며, 과도한 공매도로 주식시장 급락이 우려될 때는 거래를 제한할 수 있도록 하는 조항이 신설되었다.

⊘ 공모펀드(Public Offering Fund)

공모펀드는 불특정 다수의 투자자를 대상으로 자금을 모으는 투자신탁으로, 보통 주식, 채권, 파생상품 등 다양한 자산에 투자할 수 있다. 공모펀드는 공개적으로 판매되며, 누구나 투자할 수 있다는 특징이 있으며 이는 특정한 자격을 갖춘 소수의 투자자만을 대상으로 하는 사모펀드와 대조된다.

⊘ 교환사채(EB ; Exchangeable Bond)

사채권자의 의사에 따라 사채를 교환사채 발행기업이 보유하고 있는 여타의 유가증권과 교환할 수 있는 선택권이 부여된 사채를 말한다. 발행하는 채권에 주식이 연계되어 있다는 점에서 발행회사의 신주를 일정한 조건으로 매수할 수 있는 신주인수권부사채나, 발행회사의 주식으로 전환할 수 있는 권리가 부여된 전환사채 등과 함께 주식연계증권으로 불린다. 주식전환이 가능한 채권이라는 점에서 전환사채와 유사하나 전환대상 주식이 발행사가 아닌 다른 회사의 주식이라는 점에서 차이가 있다. 교환사채를 발행할 수 있는 법인은 상장회사로 발행이율, 이자지급조건, 상환기한 및 전환기간 등은 자율화되어 있으며, 교환가격은 교환대상 주식 기준 주가의 90% 이상이며 교환비율은 100% 이내로 제한된다. 발행회사는 자기회사지분율이 변하는 위험을 없애면서 보유주식을 보다 비싼 값에 팔 수 있는 이점이 있으나 교환대상주식을 발행한 기업이 동의해야만 교환사채를 발행할 수 있다.

⊘ 국내외 주가지수

① 국내

ⓐ 코스피(KOSPI ; Korea Composite Stock Price Index) : 한국증권거래소(KRX)에 상장되어 거래되는 모든 주식을 산출하여 전체 장세의 흐름을 나타내는 지수이다.

ⓑ 코스피200(KOSPI200 ; Korea Composite Stock Price Index 200) : 한국거래소가 증시를 대표하는 종목 200개를 선정하여 만든 지수로 주가지수 선물, 옵션 거래대상 지수뿐만 아니라 인덱스펀드 구성 시 그 기준 지수로도 사용된다.

ⓒ 코스닥종합지수(KOSDAQ Composite Index) : 코스닥 시장에 상장된 기업의 주가에 주식수를 가중한 시가총액 지수로 코스닥시장 전체의 주가동향을 파악할 수 있는 투자분석지표이다. 코스닥종합지수는 주가에 등록주식수를 곱한 시가총액방식을 택하고 있으며, 코스닥은 유가증권시장의 상장에 비하여 상장하기가 쉽기 때문에 벤처기업이 코스닥의 주요 종목이다.

② 국외

ⓐ 다우존스 산업평균지수(DJIA ; Dow Jones Industrial Average) : 미국의 다우존스사가 뉴욕증권시장에 상장된 우량기업 주식 30개 종목을 기준으로 하여 산출하는 세계적인 주가지수를 말하며, 미국의 대표적인 경제신문 월스트리트저널(Wall Street Journal)이 작성 및 발표를 하고 있다. 세계에서 가장 오래된 주가지수이면서 미국 증권시장의 동향과 시세를 알려주는 대표적인 주가지수이다.

ⓣ 아메리카증권거래소(AMEX ; American Stock Exchange) : 미국에서 2위를 차지하며 뉴욕증권거래소보다 상장 조건이 덜 까다롭다.

ⓚ 나스닥(NASDAQ ; National Association of Securities Dealers Automated Quotation) : 벤처기업들이 상장되어 있는 미국의 장외시장을 말한다. 뉴욕증권거래소와는 달리 시세결정과정이 컴퓨터에 의해 자동으로 처리된다. 비상장 회사이기 때문에 투자자들 입장에서는 상장기업들에 비해 위험성이 높지만, 투자가 성공했을 때의 높은 수익을 얻을 수 있다는 이점이 있다.

ⓛ S&P500지수(Standard & Poor's 500 Index) : 국제 신용평가기관인 미국의 S&P가 작성한 주가지수이다. 다우존스지수와 마찬가지로 뉴욕증권거래소에 상장된 기업의 주가지수지만, 다우지수의 30개보다 많은 500개이다. 때문에 시장 전체의 동향 파악이 용이하고 시장구조에 적절히 대응할 수 있다.

◇ 그림자 금융

① 개념

㈨ 규제영역 밖에 있는 신용중개활동을 말한다.

㈩ 은행과 유사한 신용중개기능을 수행하는 비은행 금융기관이 은행과 같은 엄격한 건전성 규제와 중앙은행의 유동성 지원이나 예금자보호를 받을 수 없어 시스템적 리스크를 초래할 가능성이 높은 기관 및 금융상품을 말한다.

② 그림자 금융의 종류

㈨ 머니마켓펀드(MMF)

㈩ 환매조건부채권(RP)

㈪ 헤지펀드

㈫ 자산담보부 기업어음(ABCP) 등

③ 특징

㈨ 은행에 대한 자본, 레버리지, 유동성 규제 등과 같은 엄격한 건전성 규제 대상이 아니며 중앙은행의 유동성 지원, 예금보험 등 공공부문의 지원대상이 아니다.

㈩ 규제 및 금융 소비자의 수요 등 금융환경 변화에 맞추어 빠르게 성장하였다.

㈪ 신용을 직접 공급하거나 신용중개를 지원하는 기관 및 활동만을 포함하며, 신용중개기능이 없는 단순 주식거래, 외환거래는 제외된다.

㈫ 복수의 기관이 연계하여 수행하기 때문에 신용중개 경로가 길고 복잡하며, 은행이 같은 신용중개과정 내에 포함될 수도 있다.

④ 리스크 요인

    ㉠ 그림자 금융의 급성장에 대한 규제 및 공적 보호 장치가 미흡하다.

    ㉡ 건전성 규제 대상이 아니며 공공부문의 명시적 지원도 받지 못하므로 위기 시 대규모 자금인출 사태(뱅크 런)를 야기할 위험이 있다.

    ㉢ 은행과 상호연계성이 높아 위기가 은행시스템으로 전이가 가능하다.

    ㉣ 레버리지 확대를 통한 경기순응성이 증폭될 위험이 있다.

⚙ 금리

자금이 거래되는 시장에서 자금 공급자가 자금 수요자에게 자금을 빌려준 대가로 지급하는 이자금액 혹은 이자율을 뜻한다. 국제 동향과 금융 시장 상황 등을 포괄적으로 평가하여 결정한다.

① 금리의 기능

    ㉠ **합리적 배분기능** : 여유자금은 항상 금리가 높은 곳으로 흘러가 자금의 원활한 활동을 촉진한다. 이익을 많이 낼 수 있는 산업으로 자금을 흘러들게 하여 전체적인 규모로 볼 경우 사업의 윤활 유와 같은 역할을 한다.

    ㉡ **자금의 공급과 수요의 조절기능** : 금리는 수요와 공급이 만나는 시점에서 가격이 결정되는데 자금의 공급보다 수요가 많은 경우 높은 금리를 주어야 돈을 빌려 쓸 수 있기 때문에 금리는 오르게 되며 반대로 수요가 적고 공급이 많아지면 금리는 내려간다.

② **금리의 계산** … 계산 방법에 따라서 단리법과 복리법으로 구분할 수 있으며 기간이 길어질수록 단 리와 복리는 달라진다.

    ㉠ **단리법** : 원금에 대해 일정한 기간 동안 미리 정해 놓은 이자율만큼 이자를 주는 것이다.

    ㉡ **복리법** : 이자를 원금에 포함시킨 금액에 대해 이자를 주는 것이다.

③ 금리의 종류

    ㉠ **기준금리** : 한국은행이 다른 금융기관에 돈을 빌려줄 때 적용하는 금리로 여러 가지 금리 수준 을 결정하는 기준이 된다.

    ㉡ **우대금리** : 신용도가 높은 기업에게 가장 낮은 금리로 장기 대출을 해줄 때 적용하는 금리로, 기 업에만 해당된다.

    ㉢ **대출금리** : 금융기관이 기업에게 돈을 빌려줄 때 적용하는 금리이다.

    ㉣ **명목금리** : 물가상승을 고려하지 않은 금리이다.

    ㉤ **실질금리** : 명목금리에서 물가상승률을 뺀 금리이다.

ⓗ **고정금리** : 만기까지 변하지 않는 금리를 말한다.

ⓢ **변동금리** : 시장의 움직임에 따라 변동되는 금리이다.

ⓞ **표면금리** : 채권 표면에 표시한 금리로 단순히 연간 이자수입만을 나타낸다.

ⓩ **확정금리** : 고정금리와 비슷하나 정책 등에 의해 변동될 수 있는 금리이다.

ⓒ **실효금리** : 실제로 지급받는 금리로, 단리와 복리 등에 따라 달라진다.

ⓚ **실세금리** : 민간 금융기관이 적용하는 금리로 일반 가정이나 기업이 시중은행에 예금하거나 대출받을 때 적용받는 금리이다.

ⓣ **가산금리** : 신용도가 낮은 기업이나 개인이 대출받을 때 덧붙이는 금리이다.

ⓟ **프라임레이트** : 신용도가 높은 우수 기업이 대출받을 때 적용하는 우대금리로 대출금리의 기준이다.

ⓗ **코픽스(COPIX)** : 은행 대출금리의 기준이 되는 자금조달비용지수로, 8개 은행이 시장에서 조달하는 수신상품 자금의 평균 비용을 가중 평균해 산출한다.

㉮ **코리보(KORIBOR)** : 국제 금융시장에서 대표적 기준금리로 통하는 영국 런던의 은행간 대출금리인 리보(LIBOR)를 모태로 하여 국내 은행들이 서로 자금 거래를 할 때 적용하는 금리이다.

⊘ 금리스와프(IRS ; Interest Rate Swap)

금리변동위험 헤지 및 차입비용 절감 등을 위하여 원금 교환 없이 이자 지급을 교환하는 것을 말한다. 변동금리와 고정금리의 교환이 대표적이다. 고정금리를 지급하고 변동금리를 수취하는 거래를 IRS pay라고 하며, 고정금리를 수취하고 변동금리를 지급하는 거래를 IRS receive라고 한다. IRS의 금리는 금리변동에 대한 예상과 고정금리에 대한 수요 등에 의해 결정된다. 신용 위험이나 금리상승이 예상되거나 고정금리 수요가 감소할 경우 IRS 금리가 상승하게 된다.

⊘ 금산분리

금융자본인 은행과 산업자본인 기업 간의 결합을 제한하는 것을 말한다. 금융 특성이 자기자본 비율이 낮고 대부분 고객, 채권자의 자금으로 영업한다는 점을 감안하여 기업들이 은행을 소유할 수 없도록 법으로 규정한 것이다. 대기업과 같은 산업자본이 자기자본이 아닌 고객의 예금으로 금융 산업을 지배하는 것을 막고자 하는 것이다.

⊙ 금융

남는 돈을 빌려주고, 필요한 돈을 빌리는 것으로 자금이 공급자로부터 수요자에게 융통되는 자금의 흐름을 말한다. 금융은 돈이 필요한 곳에 적절히 흘러가도록 하는 역할을 하며, 돈은 시간이 지남에 따라 가치가 하락을 하는데, 생활에 필요한 자금을 지출한 후 남은 돈을 돈이 모자란 사람에게 대출해주면 이자를 받을 수 있어 가만히 있을 때보다 수익이 발생하여 훨씬 유리하기 때문에 금융이 발생한 것이라 할 수 있다.

① **직접금융** … 자금의 최종수요자와 공급자가 직접 자금을 거래하는 방식으로 이는 전문적인 거래 서비스를 제공하는 증권 회사 같은 금융기관을 이용하는 것으로 자금 공급자인 저축자(투자자)가 거래에서 발생할 수 있는 모든 위험을 직접 부담하기 때문에 수익률이 높고 위험성이 높다. 직접금융은 대개 주식, 채권 등이 매매되는 증권시장에서 이루어진다.

② **간접금융** … 투자자와 돈을 필요로 하는 기업 사이에 금융중개기관이 개입하여 예금 등의 형태로 자기의 명의와 책임 하에서 대부자로부터 여유자금을 빌려서 확보한 자금을 그 금융기관이 자기책임 하에 차입자에게 자금을 제공하는 것을 말한다. 금융기관이 일반 대중으로부터 예금을 받아 필요한 사람에게 대출해 주는 은행대출이 대표적인 형태이다.

⊙ 금융기관

① **역할** … 금융시장에서 경제주체가 원활하게 금융거래를 할 수 있도록 한다.

② **기능**

  ㉠ 다양한 리스크관리 기법과 분산투자 등을 통해 자금을 안정적으로 운용한다.

  ㉡ 지급결제수단을 제공하여 경제활동을 활성화한다.

③ **우리나라의 금융기관** … 제공하는 금융서비스의 성격에 따라 은행, 비은행 예금 취급기관, 보험회사, 금융투자회사, 기타 금융기관, 금융보조기관 등으로 분류할 수 있다.

  ㉠ **은행** : 은행법에 의해 설립된 일반은행과 개별 특수은행법에 의해 설립된 특수은행으로 분류할 수 있다.

  • **일반은행(CB)** : 예금·대출 및 지급결제 업무를 고유 업무로 하고 시중은행, 지방은행, 외국은행 국내지점, 그리고 인터넷전문은행으로 분류된다.

  • **특수은행** : 일반은행의 재원의 제약, 수익성 확보의 어려움 등을 이유로 필요한 자금을 충분히 공급하기 어려운 부문에 자금을 원활히 공급하기 위하여 설립되었으며, 한국산업은행, 한국수출입은행, 중소기업은행, 농협은행 및 수협은행이 있다.

  ○ 비은행 예금취급기관
   • 상호저축은행 : 특정한 지역의 서민 및 소규모 기업을 대상으로 하는 여신업무를 전문으로 한다.
   • 신용협동기구 : 조합원에 대한 저축편의 제공과 대출을 통한 상호간의 공동이익 추구를 목적으로 운영되며 신용협동조합, 새마을금고 그리고 농업협동조합·수산업협동조합·산림조합의 상호금융을 포함한다.
   • 우체국예금 : 민간금융이 취약한 지역을 지원하기 위해 전국의 체신관서를 금융창구로 활용하는 국영금융이다.
   • 종합금융회사 : 가계대출, 보험, 지급결제 등을 제외한 대부분의 기업 금융업무를 영위한다.
  © 보험회사 : 사망·질병·노후 또는 화재나 각종 사고를 대비하는 보험을 인수·운영하는 금융기관으로 생명보험회사, 손해보험회사, 우체국보험, 공제기관 등으로 구분된다.
  ② 금융투자업자
   • 주식, 채권 등 유가증권 및 장내·장외파생상품 등 금융투자상품의 거래와 관련된 업무를 하는 금융기관이다.
   • 투자매매중개업자, 집합투자업자, 투자자문·일임업자, 신탁업자로 분류된다.
  ⑩ 기타 금융기관 : 금융지주회사, 여신전문금융회사, 벤처캐피탈회사, 증권금융회사, 그리고 한국무역보험공사, 한국주택금융공사, 한국자산관리공사, 한국투자공사 등이 있다.
  ⓗ 금융보조기관
   • 금융거래에 직접 참여하기보다 금융제도의 원활한 작동에 필요한 여건을 제공하는 것을 주된 업무로 하는 기관이다.
   • 예금보험공사, 금융결재원, 한국예탁결제원 등 금융하부구조와 관련된 업무를 영위하는 기관과 한국거래소, 신용보증기관, 신용정보회사, 자금중개회사 등이 포함된다.

✓ 금융시장

 ① 단기금융시장(화폐시장) ⋯ 만기 1년 이내의 단기 금융상품을 거래하는 시장

 ② 장기금융시장(자본시장) ⋯ 만기 1년 이상의 장기채권이나 만기 없는 주식이 거래되는 시장

 ③ 외환시장 ⋯ 외환의 형성, 결제 등 정기적 또는 지속적으로 이루어지는 시장

 ④ 파생금융상품시장 ⋯ 선도, 선물, 옵션, 스와프

⚐ 금융인프라

금융시장과 금융기관이 원활히 기능하도록 하는 각종 금융규제 및 감독제도, 금융안전망, 지급결제시스템 등을 총칭한다.

⚐ 기준금리

금융기관과 환매조건부(RP) 매매, 자금조정 예금 및 대출 등의 거래를 할 때 기준이 되는 정책금리를 말한다.

한국은행 금융통화위원회는 물가 동향, 국내외 경제 상황, 금융시장 여건 등을 종합적으로 고려하여 연 8회 기준금리를 결정하고 있다. 이렇게 결정된 기준금리는 콜금리, 장단기 시장금리, 예금 및 대출 금리 등의 변동으로 이어져 실물경제에 영향을 미친다.

⚐ 당좌예금

예금주가 수표나 어음을 발행하여 예금 잔액 범위 내 혹은 당좌대출 한도 내에서 언제든지 자유롭게 인출할 수 있는 예금이다. 이는 은행의 요구불예금(수시로 인출이 가능한 예금) 중 하나로, 발행된 수표는 현금과 유사한 기능을 가지며, 수표를 받은 사람은 이를 바로 현금화할 수 있다.

⚐ 레그테크(Regtech)

규제(Regulation)와 기술(Technology)의 합성어이다. 기존 금융사업을 영위하거나 핀테크 등 혁신적인 사업 모델을 운영함에 있어 각종 규제 및 법규에 효율적, 효과적으로 대응하고 소비자 신뢰와 준법성을 향상시키기 위한 기술이다. 인공지능(AI), 블록체인(Blockchain), 빅데이터(Bigdata) 분석 등을 통하여 분석 등을 통해 규제 대응을 실시간으로 자동화할 수 있다.

⚐ 레버리지(Leverage)

차입금이나 부채를 조달하는 것을 의미한다. 기업이 자본을 조달할 때 부채에 얼마나 의존하는지를 나타내는 부채의존도를 지칭하기도 한다. 자산으로부터 얻는 이익이 부채에 대한 이자보다 클 경우 기업은 부채를 조달하여 자기자본이익률을 극대화 시킬 수 있기 때문에 금리가 낮을수록 레버리지에 대한 유인이 증가하게 된다. 디레버리지(Deleverage)는 레버리지와는 반대로 차입금이나 부채를 줄이는 것을 말한다. 레버리지가 과도한 상태에서 디레버리지가 진행될 경우 자산가격 하락을 유발하여 부채 디플레이션이 발생할 수 있다.

⊗ 로보 어드바이저(Robo Advisor)

로봇의 로보(Robo)와 자문 전문가를 의미하는 어드바이저(Advisor)의 합성어로, 투자자의 성향 정보를 토대로 알고리즘을 활용해 개인의 자산 운용을 자문하고 관리해주는 자동화된 서비스를 말한다.

로보 어드바이저 서비스는 사람의 개입 여부에 따라 직·간접 서비스를 제공한다. 자문·운용인력이 로보 어드바이저의 자산배분 결과를 활용해 투자자에게 자문한다. 사람의 개입 없이 로보 어드바이저가 직접 자문한다. 다양한 미래 변수를 고려하여 미래 예측이 가능하며, 상품의 중위험·중수익을 지향한다. 젊은 금융 소비자층이 주를 이루며, 비대면 채널로 서비스를 제공하고 24시간 이용이 가능하다.

⊗ 리디노미네이션(Redenomination)

화폐 단위를 하향 조정하는 것으로 화폐의 가치 변동 없이 모든 은행권 및 지폐의 액면을 동일한 비율의 낮은 숫자로 조정하거나, 이와 함께 새로운 통화단위로 화폐의 호칭을 변경한다.

① **시행목적** … 지속적인 인플레이션으로 인해 재화와 서비스의 교환가치를 화폐로 나타내는 숫자가 많아서 초래되는 계산 및 회계기장 등의 불편 해소, 자국 통화의 대외적 위상 제고

② 장점
  ㉠ 화폐 거래의 회계상 표기 간편화
  ㉡ 지하경제 양성화
  ㉢ 위조지폐 방지
  ㉣ 자국 통화 위상 제고

③ 단점
  ㉠ 심리적 불안 발생
  ㉡ 인플레이션 야기
  ㉢ 제조비용 및 사회적 비용 발생
  ㉣ 부동산 투기

⊗ 리스크 관리

① 개념 … 금융회사의 금융위험을 측정하여 대처계획을 세우고 관리하는 것을 말한다.

② 유형
  ㉠ **시장 리스크**: 금융기관이 보유하고 있는 자산이 주가나 금리, 환율, 상품가격이 변동함에 따라 손실이 발생할 가능성을 의미한다. 시장 리스크는 추정손실액 등에 의해 측정할 수 있는데 자산 또는 자기자본에 대한 VaR비율이 클수록 손실을 볼 위험이 크다.

ⓛ **신용 리스크** : 거래 상대방의 채무불이행, 이행거부 또는 신용도 하락 등으로 인해 손실이 발생할 가능성을 의미한다.

ⓒ **유동성 리스크** : 일시적인 자금부족으로 인해 정해진 결제 시점에서 결제의무를 이행하지 못하여 거래상대방의 자금조달 계획 등에 악영향을 미쳐 손실이 발생할 가능성을 의미한다.

ⓔ **운영 리스크** : 부적절하거나 잘못된 내부 프로세스, 인력, 시스템 등으로 인해 발생할 수 있는 손실 가능성을 의미한다.
- 인력 관련 발생요인 : 인적 자원의 부족, 실수 또는 의사소통상 오해 등
- 프로세스 관련 발생요인 : 부적절한 업무 분장으로 인한 과도한 업무강도, 과다한 업무량, 취약한 프로세스 등

ⓜ **환 리스크** : 환율변동으로 인해 기업이 보유하고 있는 외화자산표시 과 부채의 원화 환산가치가 변동하여 환차손이 발생할 수 있는 위험을 말한다.

⚓ 메자닌 펀드(Mezzanine Fund)

메자닌은 건물 1층과 2층 사이의 라운지 공간을 의미하는 이탈리아어로 채권과 주식의 중간 위험단계에 있는 상품에 투자하는 펀드를 말한다. 안전자산인 선순위대출과 위험자산인 보통주 사이의 중간단계에 있는 후순위채권, 전환사채, 신주인수권부사채, 교환사채, 상환전환우선주식 등 주식 관련 채권에 투자한다.

⚓ 매파

물가안정을 위해 긴축정책과 금리인상을 주장하는 세력을 의미한다. 경기 과열을 막고, 인플레이션을 억제하자는 입장이며, 인플레이션은 통화량 확대와 꾸준한 물가상승 그리고 화폐가치의 하락을 의미하기 때문에 긴축정책을 통해 금리를 올려 시중의 통화량을 줄이고 지출보다 저축의 비중이 높여 화폐의 가치를 올리자는 것이다.

⚓ 모라토리엄(Moratorium)

모라토리엄은 한 국가가 경제적 또는 정치적 이유로 외국에서 빌려온 차관(외채)에 대해 일시적으로 상환을 연기하는 조치를 말한다. 이는 채무 상환을 거부하는 것과는 다르며, 상환 의지는 있으나 현재의 경제 상황으로 인해 즉각적인 상환이 어려운 경우에 선언된다. 모라토리엄을 선언하면, 해당 국가의 국제 신용도는 하락하게 되어 대외 거래에서 다양한 장애를 겪을 수 있다.

⊘ 모태 펀드(Fund of Funds)

직접 주식이나 채권에 투자하는 것이 아니라 주식이나 채권 등에 투자하는 펀드에 재투자를 하는 펀드로, 여러 펀드에 분산투자해 위험을 최소화하면서 수익을 추구한다. 이중구조의 상품으로 수수료가 다소 비싸지만 분산투자를 하기 때문에 투자 위험(리스크)을 줄일 수 있는 것이 가장 큰 장점이다. 시장에서 검증된 펀드만 골라 가입할 수 있어 펀드 운용의 안정성이 상대적으로 높다.

⊘ 뮤추얼 펀드(Mutual Fund)

투자자들의 자금을 모아 하나의 페이퍼컴퍼니를 설립하여 주식이나 채권, 파생상품 등에 투자한 후 그 운용 수익을 투자자들에게 배당의 형태로 돌려주는 펀드이다. 안정적인 자산증식을 원하는 대다수 소액투자자들의 포트폴리오 수단으로 활용된다. 펀드 전문가가 운용해 주는 간접투자라는 점이 특징이다. 운용 실적대로 배당이 이뤄지며 투자손익에 대한 책임도 투자자들이 진다. 투자대상은 주식과 채권, 기업어음(CP), 국공채 등 유가증권이 주를 이룬다.

⊘ 바스켓 금리

여러 금융 상품(예: CD금리, 정기예금 금리, 금융채 금리 등)을 하나의 묶음으로 만들어 가중평균을 낸 금리를 의미한다. 바스켓 금리 방식은 금리 변동에 따른 대출자 간의 불평등을 완화하고, 은행의 실제 자금조달 비용을 더 정확히 반영하는 데 목적이 있다. 이 방식은 기존의 CD금리 연동 방식보다 객관성과 안정성을 더 확보할 수 있다는 장점이 있다.

⊘ 방카슈랑스(Bancassurance)

은행과 보험회사가 서로 연결되어 일반 개인에게 폭넓은 금융서비스를 제공하는 시스템을 말하는데 좁게는 보험회사가 은행 지점을 보험상품의 판매 대리점으로 이용하여 은행원이 직접 보험 상품을 파는 것을 말한다. 한편 어슈어뱅크(Assure Bank)는 방카슈랑스의 반대 개념으로 보험사가 은행을 자회사로 두거나 은행 상품을 판매하는 보험회사를 말한다.

⊘ 배드뱅크(Bad Bank)

금융기관의 부실자산이나 채권만을 사들여 전문적으로 처리하는 기관이다. 부실자산이나 채권만을 사들여 별도로 관리하면서 전문적으로 처리하는 구조조정 전문기관이다.

⊘ 벌처 펀드(Vulture Fund)

파산한 기업이나 경영위기에 처한 기업 혹은 부실채권을 저가에 인수하여 경영을 정상화 시킨 후 고가에 되팔아 단기간에 차익을 내는 회사 또는 그 자금을 말한다. 투자대상은 최근 3년 이내에 1회 이상 부도를 내거나 파산 등을 신청한 기업, 부채비율이 업종 평균 1.5배를 넘는 기업들이다. 부실기업이나 정크본드를 주요 투자대상으로 하기 때문에 고위험, 고수익이다. 미국 투자은행 로스차일드사가 운영하는 벌처 펀드가 한라그룹에 투자한 사례 등이 이에 속한다. 제일은행을 인수한 뉴브리지캐피탈, 대한생명 인수를 추진했던 파나콤 등도 모두 벌처 펀드의 성격이 강하다. 영업 형태는 직접 경영권을 인수하여 되파는 방법과 부실기업의 주식 또는 채권에 투자하여 주주로서 권리행사를 통해 간접 참여하는 방법 등이 있다.

⊘ 본원통화(Reserve Base)

① 정의 … 통화는 일차적으로 중앙은행의 창구를 통하여 공급되는데, 이를 통화량의 원천이 되는 통화라 하여 본원통화라고 한다. 중앙은행인 한국은행이 지폐와 동전 등 화폐 발행의 독점적 권한을 통해 공급한 통화를 말한다.

② 계산식

　㉠ 본원통하는 민간보유현금과 금융기관의 지급준비금의 합계이다.

　㉡ 중앙은행 대차대조표상의 화폐발행액과 금융기관의 지급준비예치금의 합계와 같다.

> 본원통화 ＝ 현금통화 ＋ 지급준비금
> ＝ 현금통화 ＋ 시재금 ＋ 지준예치금
> ＝ 화폐발행액 ＋ 지준예치금

③ 구성

　㉠ 중앙은행이 증권을 매입하거나 금융기관에 대출을 실시하면 금융기관의 지급준비금이 늘어나 본원통화가 증가하게 된다.

　㉡ 중앙은행이 보유하고 있는 정부예금을 정부가 필요에 따라 인출하는 경우에도 본원통화가 공급된다. 이렇게 공급된 통화의 일부는 민간의 현금보유성향에 따라 민간보유로 남게 되며, 나머지는 대부분 금융기관의 예금에 대한 지급준비금이 된다.

　㉢ 금융기관은 지급준비금 가운데 중앙은행에서 정하는 필요지급준비금을 제외한 나머지 자금을 대출 등으로 민간에 공급한다.

　㉣ 민간에 공급된 자금은 상당부분이 금융기관에 예금 등으로 다시 유입되고, 금융기관은 그 가운데 필요 지급준비금을 제외한 나머지를 또 다시 민간에 공급한다.

⚙ 불마켓과 베어마켓

① **불마켓(Bull Market)** … 황소가 뿔을 하늘을 향해 찌르는 모습처럼, 시장 시세의 강세나 강세가 예상되는 경우를 말한다. 최근 저점 대비 20% 이상 상승했을 때를 의미하곤 한다. 강세시장을 예고하는 패턴으로는 장기하락 후의 상승전환 등이 있다.

② **베어마켓(Bear Market)** … 곰이 앞발을 아래로 내려치는 모습처럼, 주식시장이 하락하거나 하락이 예상되는 경우를 말한다. 거래가 부진한 약세 시장을 의미한다. 최근 고점 대비 20% 이상 하락하는 경우를 의미한다. 장기간 베어마켓이 진행되는 가운데 일시적으로 단기간에 급상승이 일어나는 경우를 베어마켓랠리(Bear Market Rally)라고 하는데 그 기간은 길지 않은 편이다.

⚙ 블록체인(Blockchain)

블록에 데이터를 담아 체인 형태로 연결하여 수많은 컴퓨터에 복제하여 저장하는 분산형 데이터 저장 기술. 공공 거래 장부라고도 부르며, 가상화폐 거래에서 해킹을 막는 기술이다.

기존 금융회사의 경우 중앙 집중형 서버에 거래 기록을 보관하는 반면, 블록체인은 거래에 참여하는 모든 사용자에게 거래 내역을 보내주며 거래마다 이를 대조하여 데이터 위조를 막는다. 대표적으로 가상화폐인 비트코인에 활용되고 있다. 이 밖에도 위조화폐 방지, 전자투표, 전자시민권 발급, 부동산 등기부, 병원 간 공유되는 의료기록관리 등 신뢰성이 요구되는 다양한 분야에 활용할 수 있다.

⚙ 비둘기파

경제성장을 위해 양적완화와 금리인하를 주장하는 세력을 의미한다. 경제성장을 위하여 적절한 인플레이션이 필요하다는 입장이며, 금리를 인하하면 대출 및 투자와 소비가 증가하여 시장경제가 활성화되기 때문에 경제활동을 촉진시키기 위해 적절한 인플레이션이 필요하다고 주장하는 것이다. 다만 물가가 지속적으로 상승할 경우 물가불안정을 초래하므로 적절한 인플레이션이 중요하다.

⚙ 빅블러(Big Blur)

빠르게 변화하는 소비 패턴과 기술의 발달로 인해 산업의 경계가 모호해지는 현상을 말한다. 금융회사 대신 핀테크를 이용하여 해외로 송금하는 것, 온라인 지급 결제 서비스가 온라인 가맹점을 내는 것 등이 이에 해당된다.

⚙ 상장지수 펀드(ETF ; Exchange Traded Fund)

주식처럼 거래가 가능한 펀드이다. 특정 주가지수의 수익률을 따라가는 지수연동형 펀드를 구성한 뒤 이를 거래소에 상장하여 개별 주식처럼 매매가 편리하고 인덱스 펀드처럼 거래비용이 낮고 소액으로도 분산투자가 가능하다는 장점을 가지고 있다. 거래는 주식처럼 하지만 성과는 펀드와 같은 효과를 얻는다.

⊘ 서민금융

① 개요 ··· 사회적 취약계층을 대상으로 한 소액금융활동을 말한다.

② 사잇돌대출 ··· 4~7등급의 중·저신용자의 부담을 덜기 위해 만든 중금리 대출상품을 말한다.

③ 미소금융 ··· 저소득자와 저신용자를 대상으로 창업 및 운영자금·시설개선자금 등을 지원해 주는 소액대출사업이다.

④ 새희망홀씨대출 ··· 시중은행의 대출상품으로, 저소득자를 위한 생계지원이 목적이다.

⑤ 햇살론 ··· 상호금융기관의 대출상품으로, 저신용자와 저소득층을 위한 저금리 자금 지원제도이다.

⊘ 수신업무

① 개념 ··· 예금 취급, 채권 발행, 중앙은행의 은행권 발행 등 금융기관이 신용을 바탕으로 상대방의 여유금을 예금형태로 흡수하는 업무

② 예금의 구분

ⓗ 요구불예금
  • 예금자가 자금을 원하면 언제든 조건 없이 지급하는 예금을 말한다.
  • 입출금이 자유로운 대신 저축성예금에 비해 이자가 없거나 매우 낮다.
  • 요구불예금에는 보통예금, 당좌예금, 어린이예금 등이 있다.

ⓛ 저축성예금
  • 예금자가 약정된 기간이 경과한 후 인출할 것을 약정하고 일정 금액을 은행에 예치하는 것을 말한다.
  • 은행이 일정 이율의 이자를 지급할 것을 약속하는 예금으로 두 종류가 있다.
  −적립식 : 약정기간 동안 일정금액을 납입하여 약정기간이 지난 후 납입한 금액과 이자를 인출할 수 있는 예금
  −거치식 : 약정기간 동안 일정금액을 예치하고 약정기간이 지난 후 원금과 이자를 인출할 수 있는 예금
  • 저축성예금에는 정기예금, 저축예금, 정기적금, 목돈마련저축 등이 있다.

ⓗ 휴면예금 : 관련 법률의 규정 또는 당사자의 약정에 따라 채권 또는 청구권의 소멸시효가 완성된 예금을 말한다.

③ 관련 제도

　　㉠ 예금자보호제도 : 금융시장의 안정을 유지하고자 도입된 제도로 금융기관이 경영 부실로 영업정지 또는 파산하고 예금자에게 예금을 지급하지 못하면 뱅크런(Bank Run)이 일어나는데 이런 경우를 방지하고자 예금보험공사가 해당 금융기관을 대신하여 예금자에게 원리금의 전부 또는 일부를 지급하는 제도이다.

　• 예금자보호 대상 기관 및 상품

구분	보호금융상품	비보호금융상품
은행	• 보통예금, 기업자유예금, 별단예금, 당좌예금 등 요구불예금 • 정기예금, 저축예금, 주택청약예금, 표지어음 등 저축성예금 • 정기적금, 주택청약부금, 상호부금 등 적립식 예금 • 외화예금 • 예금보호대상 금융상품으로 운용되는 확정기여형 퇴직연금제도 및 개인형 퇴직연금제도의 적립금 • 중소기업퇴직연금기금에 편입된 금융상품 중 예금보호 대상으로 운용되는 금융상품 • 개인종합자산관리계좌(ISA)에 편입된 금융상품 중 예금보호 대상으로 운용되는 금융상품 • 원본이 보전되는 금전신탁 등	• 양도성예금증서(CD), 환매조건부채권(RP) • 금융투자상품(수익증권, 뮤추얼펀드, MMF 등) • 은행 발행채권 • 주택청약저축, 주택청약종합저축 등 • 확정급여형 퇴직연금제도의 적립금 • 특정금전신탁 등 실적배당형 신탁 • 개발신탁
투자 매매업자 · 투자 중개업자	• 증권의 매수 등에 사용되지 않고 고객계좌에 현금으로 남아 있는 금액 • 자기신용대주담보금, 신용거래계좌 설정보증금, 신용공여담보금 등의 현금 잔액 • 예금보호대상 금융상품으로 운용되는 확정기여형 퇴직연금제도 및 개인형퇴직연금제도의 적립금 • 개인종합자산관리계좌(ISA)에 편입된 금융상품 중 예금보호 대상으로 운용되는 금융상품 • 원본이 보전되는 금전신탁 등 • 증권금융회사가 「자본시장과 금융투자업에 관한 법률」 제330조제1항에 따라 예탁받은 금전	• 금융투자상품(수익증권, 뮤추얼펀드, MMF 등) • 청약자예수금, 제세금예수금, 유통금융대 주담보금 • 환매조건부채권(RP) • 금현물거래예탁금 등 • 확정급여형 퇴직연금제도의 적립금 • 랩어카운트, 주가지수연계증권(ELS), 주가연계 파생결합사채(ELB), 주식워런트증권(ELW) • 증권사 종합자산관리계좌(CMA) • 증권사 발행채권 • 「자본시장과 금융투자업에 관한 법률」 제117조의8에 따라 증권금융회사에 예탁되어 있는 금전 • 「자본시장과 금융투자업에 관한 법률 시행령」 제137조 제1항제3호의2에 따라 증권금융회사에 예탁되어 있는 금전 • 종합금융투자사업자(초대형IB) 발행어음

보험회사	• 개인이 가입한 보험계약 • 퇴직보험 • 변액보험계약 특약 • 변액보험계약 최저사망보험금 · 최저연금적립금 · 최저중도인출금 · 최저종신중도인출금 등 최저보증 • 예금보호대상 금융상품으로 운용되는 확정기여형 퇴직연금제도 및 개인형 퇴직연금제도의 적립금 • 중소기업퇴직연금기금에 편입된 금융상품 중 예금보호 대상으로 운용되는 금융상품 • 개인종합자산관리계좌(ISA)에 편입된 금융상품 중 예금보호 대상으로 운용되는 금융상품 • 원본이 보전되는 금전신탁 등	• 보험계약자 및 보험료납부자가 법인인 보험계약 • 보증보험계약, 재보험계약 • 변액보험계약 주계약(최저사망보험금 · 최저연금적립금 · 최저중도인출금 · 최저종신중도인출금 등 최저보증 제외) 등 • 확정급여형 퇴직연금제도의 적립금
종합금융 회사	• 발행어음, 표지어음, 어음관리계좌(CMA) 등	• 금융투자상품(수익증권, 뮤추얼펀드, MMF 등) • 환매조건부채권(RP), 양도성예금증서(CD), 기업어음(CP), 종금사 발행채권 등
상호저축은행 및 상호저축 은행중앙회	• 보통예금, 저축예금, 정기예금, 정기적금, 신용부금, 표지어음 • 예금보호대상 금융상품으로 운용되는 확정기여형 퇴직연금제도 및 개인형 퇴직연금제도의 적립금 • 개인종합자산관리계좌(ISA)에 편입된 금융상품 중 예금보호 대상으로 운용되는 금융상품 • 상호저축은행중앙회 발행 자기앞수표 등	• 저축은행 발행채권(후순위채권 등) 등 • 확정급여형 퇴직연금제도의 적립금

ⓛ **금융실명제** : 은행예금이나 증권투자 등 금융 거래를 할 때 실명으로만 하게 하는 제도로 가명 거래, 차명 거래, 무기명 거래 등을 제도적으로 금지한다.

ⓒ **계좌이동제** : 금융서비스를 이용하는 고객이 주거래 계좌를 변경하고자 할 경우 기존 계좌에 연결된 각종 자동이체 항목을 새로운 계좌로 간편하게 옮길 수 있는 서비스를 말한다.

ⓔ 비대면 실명확인 : 창구를 통하지 않고 본인 인증으로 신규 계좌를 개설할 수 있는 금융 서비스로 실명확인증표 사본 제출, 영상통화로 얼굴 확인, 위탁기관 등을 통하여 실명확인증표 확인, 개설된 임시계좌로 소액 거래, 생체 인증 방법 등을 통해 실명확인이 가능하다.

ⓜ 자금세탁 방지제도 : 불법재산의 취득·처분 사실을 가장하거나 재산을 은닉하는 행위 및 탈세 목적으로 재산의 취득·처분 사실을 가장하거나 그 재산을 은닉하는 행위를 방지하는 제도를 말한다.

  ※ 자금세탁 방지제도의 구성

> • 협의거래보고(STR ; Suspicious Transaction Report) : 특정 범죄의 자금세탁과 관련된 혐의거래 또는 외환거래를 이용한 탈세 목적의 혐의거래의 경우, 금융기관은 금융정보 분석원(FIU)에 의무적으로 보고해야 하는 제도이다. 우리나라에는 2001년 도입되었다.
> • 고액현금거래보고(CTR ; Currency Transaction Report System) : 한 은행에서 1일 현금거래가 일정 기준금액을 넘어설 때 보고해야 하는 제도로 혐의거래보고를 보완하기 위한 것이다.
> • 고객확인제도(CDD ; Customer Due Diligence) : 금융기관의 서비스가 자금세탁 등 불법행위에 이용되지 않도록 1회 2천만 원 이상을 거래하는 고객의 신원, 실제 당사자 여부 및 거래목적 등을 금융기관이 확인함으로써 고객에 대해 적절한 주의를 기울이는 것을 말한다.
> • 고객알기절차(KYC ; Know Your Customer) : CDD와 비슷한 제도로 은행이 자금세탁행위 등의 범죄 요소로 악용되는 것을 예방하기 위해 고객의 신원을 식별하고 확인하는 업무절차를 뜻한다. 모든 회사는 대리인·컨설턴트 등과 업무를 시작할 때에도 이 절차를 거쳐야 한다.
> • 강화된 고객확인제도(EDD ; Enhanced Due Diligence) : 고위험 고객 또는 고위험 거래에 대하여는 일반 고객보다 강화된 고객확인 절차와 방법으로 고객확인을 함으로써 위험기반 접근법에 기초하여 보다 효율적으로 자금세탁의심거래를 가려내는 제도이다.

⚐ 스튜어드쉽 코드

연기금과 자산운용사 등 주요 기관투자자 들의 의결권 행사를 적극적으로 유도하기 위한 자율지침을 말한다. 기관들도 고객 재산을 선량하게 관리해야 할 의무가 있다는 필요성에 의해 생겨난 용어이다. 주요 기관투자자가 주식을 보유하는 데에 그치는 것이 아니라 투자 기업의 의사결정에 적극 참여해 주주와 기업의 이익을 추구한다. 지속 가능한 성장과 투명한 경영을 이끌어 내는 것이 목적이다.

⚐ 스팟 펀드(Spot Fund)

주식시장에서 인기주로 부상할 가능성이 있는 특정 주식들을 소규모로 묶어 단기간에 고수익을 노릴 수 있도록 고안된 주식형 수익증권을 말한다. 기존 펀드들과는 달리 50억 원 안팎의 소규모로 설정하여 20~30개 주식에 집중 투자한다. 만기 2년에 구애받지 않고 설정 1년 내 20%, 2년 내 35% 이상 수익률이 달성되면 곧바로 중도 상환되지만, 목표 수익률을 달성하지 못하면 만기 전에 중도 환매할 수 없다.

✅ 신용부도스와프(CDS ; Credit Default Swap)

채무 불이행의 위험(신용 위험)을 대비하기 위한 수단으로, 채권을 발행하거나 금융기관에서 대출을 받아 자금을 조달한 기업의 신용위험만을 분리해서 사고파는 신종 금융파생상품 거래를 말한다.

채무 불이행 위험을 회피하려는 보장매입자가 이 위험을 대신 부담하는 보장매도자에게 수수료를 지불하고 실제로 부도가 발생하면 사전에 약속한 보상을 지급받는 계약이다. 신용 위험의 헤지를 목적으로 1995년 도입되었다. 우리나라는 달러 조달을 위한 외평채 부도 위험에 대비하여 CDS가 국제 금융시장에서 거래되고 있다.

✅ 신주인수권부사채(BW ; Bonds with Warrant)

채권을 발행한 회사가 주식을 발행할 경우 투자자가 미리 약정된 가격에 일정한 수량의 신주(기업이 증자나 합병 등으로 새로 발행한 주식)를 인수할 수 있는 권리인 워런트가 결합된 회사채를 말한다.

BW는 발행회사의 주식으로 전환할 수 있는 권리가 부여된 CB와 비슷한 것처럼 보이지만, CB는 전환 시 그 사채가 소멸되고 BW는 인수권 부분만 소멸될 뿐 사채부분은 계속 효력을 갖게 된다. 즉, 사채권자와 동시에 주주의 지위를 갖는다. 상환에 갈음하여 그 가격으로 신주의 발행가액의 납입을 대신하는 대용납입을 할 수 있으므로, 이 경우에는 전환사채와 비슷하게 된다. 전환사채는 사채권과 전환권이 동일증권에 의하여 표창되나, 신주인수권부사채는 신주인수권을 행사하더라도 사채권에는 영향이 없기 때문에 사채권과 신주인수권을 반드시 동일증권에 의하여 표창할 필요가 없다.

✅ 어음

① **정의** … 약정한 금액을 약정한 날짜와 장소에서 치르기로 한 유가증권을 말한다.

② **약속어음** … 발행인이 일정 금액을 약정한 시기에 직접 지불할 것을 약속한 어음으로 환어음과 함께 완전 유가증권에 속한다.

③ **환어음** … 어음 발행인이 수취인에게 직접 지급하는 것이 아니라 외상채권이 있는 제3자에게 일정한 금액을 일정일에 지급하는 것이다.

④ **융통어음** … 기업이 상거래를 수반하지 않고 단기운전자금 확보를 목적으로 발행하는 어음으로 만기에 돈을 갚으면 되고 연장이 되기도 한다.

⑤ **백지어음** … 서명 외에 어음의 요건 전부 혹은 일부를 기재하지 않은 미완성어음으로 후에 취득자가 보충하게 할 목적으로 유통시킨 어음이다.

⑥ **진성어음** … 기업 간 상거래를 하고 대금결재를 위해 발행하는 어음으로 진성어음을 받은 납품업체는 약정된 기일에 현금을 받을 수 있으나 자금순환을 위해 할인을 받아 현금화하는 것이 보통이다.

⑦ **기업어음** … 기업이 만기 1년 미만의 단기자금조달을 위해 발행하는 융통어음으로 일반적으로 무보증어음으로 거래되지만 중개금융기관이 지급보증하기도 한다.

⑧ **전자어음** … 발행인, 수취인, 금액 등의 어음정보가 전자문서로 발행되고 전자어음관리기관인 금융결재원의 전산시스템에 등록되어 유통되는 약속어음을 말한다.

⊗ 엄브렐러 펀드(Umbrella Fund)

하나의 펀드 아래 서로 다른 여러 개의 하위 펀드가 모여 구성된 상품이다. 투자자금을 시장상황과 고객의 투자목적, 특성에 따라 주식형, 채권형 등으로 이동할 수 있는 펀드를 말하며 직접투자와 간접투자의 중간 성격을 갖고 있다. 주식투자를 하다 증시가 조정을 받을 경우 MMF, 채권 등에 투자해 수익률을 높이는 선진국형 상품이다. 기존 하이일드펀드 보다 더 많은 공모주를 배정받을 수 있어 고수익이 기대되지만 부실채권을 모아 담보로 발행한 후순위채권에 주로 투자해 다소 위험도 있다.

⊗ 예대마진과 역마진

① **예대마진** … 예대금리차라고도 하며, 대출금리에서 예금금리를 차감한 것으로, 분석목적에 따라 신규취급액 또는 잔액을 기준으로 측정할 수 있다. 대출금리가 높고 예금금리가 낮을수록 예대마진이 커지고, 금융기관의 수입은 그만큼 늘어나게 되므로 금융기관의 수익성을 나타내는 지표가 된다.

예대마진 = 대출이자(%) − 예금이자(%)

② **순이자마진(NIM : Net Interest Margin)** … 금융기관이 자산을 운용해 낸 이자수익에서 자금조달비용을 뺀 나머지를 운용자산 총액으로 나눈 수치이다. 금융기관 수익성을 나타내는 핵심 수익성 지표다. 순이자마진이 높을수록 은행의 수익이 커지는 반면 고객의 예금을 저금리로 유치해 고금리 대출을 한다는 비난을 받을 가능성이 커진다.

순이자마진 = (이자수익 − 자금조달비용) ÷ 이자수익자산

③ **역마진(Reverse Margin)** … 순이자마진과 반대 상태이다. 은행의 자금조달 금리가 대출금리보다 높은 것을 말한다. 즉, 손해를 입은 경우로 역마진은 특수한 경우이다.

⊗ 역외 펀드(Off Shore Fund)

세금이나 각종 규제를 피하여 유가증권에 투자하기 위해 조세회피지역 등 제3국에서 운용하는 펀드이다. 해외에서 만들고 운용하므로 국내법을 적용받지 않는다.

⊘ 오픈API

인터넷 사용자가 웹 검색 및 사용자인터페이스 등을 제공받는 것에 그치지 않고 직접 응용프로그램과 서비스를 개발할 수 있도록 공개된 API이다. 검색, 블로그 등의 데이터 플랫폼을 외부에 공개하여 다양하고 재미있는 서비스 및 애플리케이션을 개발할 수 있도록 외부 개발자나 사용자들과 공유한다. 구글은 구글 맵의 API를 공개해 친구 찾기·부동산 정보 등 300여 개의 신규서비스를 창출했다. 이처럼 다양한 서비스에서 시도되고 있으며, 누구나 접근하여 사용할 수 있다는 장점이 있다.

⊘ 온디맨드(On Demand)

모바일 기술 및 IT 인프라를 통해 소비자의 수요에 즉각적으로 서비스나 제품을 제공하는 것을 말한다. 공급자가 아닌 수요자가 주도하게 되는 경제 시스템이나 전략 등을 총칭한다. 가사 노동, 차량 제공, 법률 자문, 전문 연구개발(R&D) 등 다양한 분야에서 활용되고 있다. 일부 경제학자들은 "수요 공급의 법칙, 시장의 기능이 가장 충실히 구현되는 자본주의 시장경제의 결정판"이라고 평하기도 한다.

⊘ 은행상품의 종류

① 요구불예금 : 보통예금, 당좌예금, 어린이예금 등이 있다.

② 저축성예금 : 돈을 맡긴 후 일정기간이 지나야 찾을 수 있는 예금이다.

③ 당좌예금 : 요구불예금 중 하나로 수표 또는 어음을 발행하여 언제든지 찾을 수 있는 예금이다.

④ CMA : 고객이 맡긴 예금을 어음이나 채권에 투자하여 그 수익을 고객에게 돌려주는 실적배당 금융상품이다.

⑤ 당좌대출 : 은행과 당좌거래를 하고 있는 업체가 예금 잔액을 초과하여 일정한도까지 어음이나 수표를 발행하는 것이다.

⑥ 담보대출 : 부동산이나 경제적 가치가 있는 자산을 잡아 대출하는 것이다.

⑦ 적격대출 : 주택금융공사가 은행이 확보한 대출 채권을 모아 모기지 담보부 증권(MBS)으로 유동화 할 수 있도록 설계한 장기 고정금리 주택담보대출의 일종이다.

⑧ 역모기지론 – 주택연금 : 주택을 담보로 맡기고 평생 혹은 일정 기간 매달 노후 생활자금을 받는 금융상품으로, 주택연금이라고 한다.

⑨ 모기지론 : 부동산을 담보로 맡기는 금융상품을 말한다.

⚙ 인덱스 펀드(Index Fund)

목표지수(인덱스)를 KRX100, 코스피200지수와 같은 특정 지수처럼 수익률을 올릴 수 있도록 운용하는 펀드이다. 증권시장의 장기적 성장 추세를 전제로 하여 주가지표의 움직임에 연동되도록 포트폴리오를 구성하여 운용하고, 시장의 평균 수익을 실현하는 것을 목표로 하는 포트폴리오 운용기법이다. 최소의 인원과 비용으로 투자 위험을 효율적으로 감소시키기 위하여 적은 종목으로도 주가지표의 움직임을 근접하게 추적할 수 있는 포트폴리오를 구성하는 것이 자산운용의 핵심이다.

⚙ 인슈어테크(Insurtech)

보험(Insurance)과 기술(Technology)의 합성어로, 보험관련 핀테크를 의미한다. 데이터 분석, 인공지능 등의 정보기술(IT)을 활용한 혁신적인 보험서비스를 지칭한다. 인슈어테크가 도입되면 기존의 운영방식이나 상품 개발 및 고객 관리 등이 재설계되어 고차원적인 관리 및 서비스가 이뤄진다. 또 블록체인 등을 이용한 안전한 결제 시스템 등을 구축할 수도 있다.

⚙ 인터넷 전문은행

모바일과 인터넷으로만 영업하는 은행이다. 보조적으로 활용하는 오프라인 은행의 인터넷 뱅킹과는 다르다. 오프라인 지점이 없을 뿐 시중은행과 똑같은 개인 금융서비스를 제공한다. 예·적금, 대출, 외국환, 신용카드, 수납 및 지급대행 등 모든 은행 업무 등을 행한다. 오프라인 지점이 없어 비용을 줄인 만큼 더 높은 예금금리와 보다 싼대출금리를 적용할 수 있으며, 현재 우리나라에는 케이뱅크와 카카오뱅크가 인터넷 전문은행으로 인가받아 영업을 하고 있다.

⚙ 전환사채(CB ; Convertible Bond)

발행 당시엔 사채로 발행되지만, 일정 기간이 지나면 발행회사의 주식으로 전환할 수 있는 권리가 부여된 사채를 말한다. 주식전환권이 행사되면 채권을 주식으로 바꿔 주가 상승의 이익을 취할 수 있으며, 발행 만기기간과 전환가격 등을 표시하며 주식으로의 전환은 의무사항이 아니다. 주식으로 전환하지 않을 경우 별도로 정해놓은 이자율을 받을 수 있으며, 전환사채를 발행하려면 정관 또는 정관 변경의 특별결의서로서 전환의 조건, 전환으로 인하여 발행할 주식의 내용, 전환을 청구할 수 있는 기간 등을 정해야 한다.

⚙ 정크본드(Junk Bond)

리스크가 상대적으로 큰 기업들이 자금 조달을 목적으로 발행한 고수익·고위험 채권을 말한다.
신용도가 낮은 회사가 발행한 채권이어서 원리금 상환 불이행 위험이 크기 때문에 일반 채권금리에 가산금리를 더한 이자를 지급한다. 미국의 경우 회사채는 만기 10~30년의 장기채 발행이 대부분을 차지하고 있는데, 신용등급이 높은 우량기업 발행채권이 대부분을 차지한다. 우리나라의 정크본드 시장은 자산유동화증권(ABS)과 관련이 있다. ABS설계 시 위험요소가 경감될 수 있도록 원리금 지급 우선순위에서 선순위와 후순위로 차등을 둔다.

✅ 주가연계증권(ELS ; Equity 1 Linked Security)

투자금의 대부분을 채권, 예금 등으로 원금 보장이 가능하도록 투자하고 나머지는 주식 및 주식 관련 파생상품 등에 투자하여 약정 수익 재원확보를 위한 초과수익을 추구한다. 주가나 지수변동에 따라 투자자는 만기 시, 원금 외 수익을 지급받을 수 있다. 기존 주식에 비해 복잡한 구조와 유가증권시장에 상장되지 않음에 따라 유동성이 낮고 발행증권사의 신용리스크에 노출된다.

✅ 주가연계펀드(ELF ; Equity Linked Fund)

주가연계증권을 펀드로 만든 상품으로 투자위험을 분산할 수 있다.

투자금의 상당액을 채권으로 운용하면서 여기에서 발생하는 이자로 증권사가 발행하는 ELS 워런트에 투자하며, 주가나 주가지수의 변동과 연계되어 수익이 결정된다. 환매가 자유롭고 소액 투자가 가능하다. 만기 시점까지 기초자산 가격이 손실구간 밑으로 떨어지지 않으면 원리금과 이자를 돌려받는다는 점에서 수익구조는 ELS와 거의 차이가 없다.

✅ 주가지수

주식시장에는 다양한 종목의 주식이 거래되기 때문에 주식시장의 성과를 파악하기 위해서는 평균적으로 주식가격의 등락을 판단할 수 있는 지표(Index)가 필요하다. 주가지수를 작성하는 원리는 물가지수를 작성하는 것과 같다. 지수작성의 목적에 맞추어서 특정 종목의 주식을 대상으로 평균적으로 가격이 상승한 것인지 하락한 것인지를 판단한다.

✅ 주가지수연동예금(ELD ; Equity Linked Deposit)

주가지수연계예금이라고도 하며, 주로 시중은행에서 정기예금의 형태로 판매되는데, 원금은 예금자보호법에 따라 최고 5,000만 원까지 보장되고, 지급이자는 주가지수나 주식가격에 연동하여 결정된다.

기존의 일반예금과 다른 점은 주식 관련 옵션이 내재되어 있으며, 이 내재옵션에 따라 주가연계예금의 성격과 판매가격이 결정된다는 것이다. 투자금의 대부분을 정기예금에 넣고, 여기서 나오는 이자를 주가지수 옵션 등 파생상품으로 운용하여 발생한 수익을 고객에게 지급하는 방식이다.

원금이 보장되므로 안정적이면서도 정기예금보다는 높은 금리를 원하는 경우에 적합한 상품이며, 주가지수가 높아질수록 고수익을 얻을 수 있으며, 투자에 따른 손실이 발생하더라도 원금은 보장된다.

생계형·세금 우대형으로 가입하면 세금절감의 효과도 얻을 수 있다. 단, 중도에 해지할 경우에는 수수료를 물어야 하기 때문에 경우에 따라 원금이 손실될 수도 있다. 주가의 변동에 따라 수익률의 상한과 하한을 둔다.

✅ 주식 관련 용어

① **레드칩** … 중국 정부와 국영기업들이 최대주주로 참여해 홍콩에 설립되었다. 원래는 홍콩 증권시장에 상장된 중국 기업들의 주식을 통틀어 일컬었다. 지금은 중국 정부와 국영기업이 최대주주로 참여해 홍콩에 설립한 기업들 가운데 우량기업들의 주식만을 가리키는 용어로 국한되어 쓰인다.

② **블루칩** … 카지노에서 쓰이는 흰색, 빨간색, 파란색 세 종류의 칩 가운데 가장 가치가 높은 것이 블루칩인 것에서 유래된 표현이다. 오랫동안 안정적인 이익 창출과 배당지급을 실행해온 기업의 주식을 말한다.

③ **옐로우칩** … 블루칩에 비해 한 단계 낮은 주식을 지칭하는 용어이다. 블루칩보다는 시가총액이 적지만 재무구조가 안정적이고 업종을 대표하는 우량종목들로 구성된다.

④ **증자** … 기업이 주식을 추가로 발행해 자본금을 늘리는 것으로 유상증자와 무상증자로 나눈다.

　㉠ **유상증자** : 새로 발행한 주식을 주주들에게 판매하여 자본금을 조달하는 방식으로 발행주식수가 늘어나면서 주당순이익은 줄어든다.

　㉡ **무상증자** : 새로 발행한 주식을 주주들에게 무상으로 지급하는 방식으로 자본의 구성과 발행주식수만 변경하는 형식적인 증자로, 발행주식수가 늘어나고 그만큼 자본금이 늘어나지만 자산이 증가하는 것은 아니다.

⑤ **레버리지효과** … 타인 자본을 지렛대로 삼아 자기자본이익률을 높이는 것으로 실제 가격변동률보다 몇 배 많은 투자수익률이 발생하는 현상이다. 총 투자액 중에서 부채의 비중이 커지면(자기자본의 비중이 작아지면) 증가하게 된다.

⑥ **시가총액** … 각 종목 상장주식수에 시가를 곱해 이 산출한 것으로 주가가 오르면 시가총액도 커진다. 이는 자본시장 규모를 보여주는 중요한 경제지표이다.

⑦ **액면분할** … 한 장의 증권을 여러 개의 소액증권으로 분할하는 것을 의미한다. 증권의 가격이 높아 매매가 어려울 때 이를 소액으로도 매매가 가능하도록 하기 위해 실시한다.

⑧ **액면병합** … 액면가를 높이는 것으로 낮아진 주가를 끌어올리기 위해 사용된다. 주식수가 줄어든다는 측면에서는 감자와 비슷하지만 자본금에 변화가 없으며 주주들의 지분 가치에도 변함이 없다는 점이 다르다.

⑨ **감자** … 주식회사가 자본금을 줄이는 것이다. 각종 잉여금과 자기자본을 포함한 자산에서 부채요인을 **빼서** 순수자산가치를 산정한 뒤 그 만큼만 자본으로 인정하는 것을 말한다. 감자는 기존 주주들에게 큰 손해를 초래할 수 있는 사안이기 때문에 주주총회의 특별결의를 거쳐야만 시행할 수 있다.

　㉠ **유상감자** : 기업에서 자본금의 감소로 발생한 환급 또는 소멸된 주식의 대가를 주주에게 지급하

는 것을 말한다. 회사규모에 비해 자본금이 지나치게 많다고 판단될 경우 자본금 규모를 적정화해 기업의 가치를 높이고 주가를 높이기 위해 사용된다.

ⓛ **무상감자** : 기업에서 감자를 할 때 주주들이 아무런 보상도 받지 못하고 정해진 감자 비율만큼 주식수를 잃게 되는 것을 말한다.

ⓒ 주식 관련 제도

① 사이드 카

ㄱ 정의
- 선물시장의 급등락에 따라 현물시장의 가격이 급변하는 것을 막기 위한 가격안정화 장치이다.
- 프로그램 매매만을 잠시 중지시키는 제도이다.

ㄴ 특징
- 선물가격이 너무 올라 사이드 카가 발동되면 프로그램 매수 주문이 중지되고, 선물가격이 너무 내려 사이드 카가 발동되면 프로그램 매도 주문이 중지된다.
- 사이드 카는 주가지수 선물시장의 개설과 함께 국내에 도입되었다.
- 선물가격이 전날 종가보다 5%(코스피)~6%(코스닥) 이상 급등락하는 상태가 1분간 지속되는 경우에 발동되며, 일단 발동되는 경우에는 그 시점부터 프로그램 매매 효과의 효력이 5분간 정지된다. 발동된 뒤 5분이 지나면 자동으로 해제되며, 장 종료 40분 전인 오후 2시 20분 이후에는 발동될 수 없고 발동횟수도 1일 1회로 제한된다.

② 서킷 브레이커

ㄱ 정의
- 주식시장에서 주가가 갑자기 급등락하는 경우 시장에 미치는 충격을 완화하기 위해 주식매매를 일시 정지하는 제도이다.
- 주식거래 일시 중단 제도라고도 한다.

ㄴ 특징
- 지수가 전날 종가보다 10% 이상 하락한 상태로 1분간 지속되면 서킷 브레이커가 발동돼 20분간 모든 종목의 거래가 중단된다.
- 서킷 브레이커가 발동되면 30분 후에 매매가 재개되는데 처음 20분 동안은 모든 종목의 호가접수 및 매매거래가 중단되고, 나머지 10분 동안은 새로 호가를 접수하여 단일가격으로 처리한다.
- 서킷 브레이커는 주식시장 개장 5분 후부터 장이 끝나기 40분 전인 오후 2시 20분까지 발동할 수 있고, 하루에 한번만 발동할 수 있다.
- 한번 발동한 후에는 요건이 충족되어도 다시 발동할 수 없다.
- 미국 주가 대폭락사태인 블랙먼데이 이후 주식시장의 붕괴를 막기 위해 처음으로 도입되었으며, 사이드 카와 비슷하나 서킷 브레이커가 보다 강력한 수단으로 작용된다.

✅ 주식상장

① **개념** … 요건에 충족한 기업이 발행한 주권을 증권시장에서 거래할 수 있도록 자격을 부여하는 것으로 한국거래소(KRX)가 심사한다. 어디까지나 증권시장에서 자유롭게 거래할 수 있도록 허용하는 것일 뿐, 가치를 보증 받는 것은 아니다.

② **상장의 종류**

　㉠ **신규상장** : 기업이 발행한 주권을 처음 증권시장에 상장시키는 것을 말한다.

　㉡ **신주상장** : 증자, 합병, 전환사채 혹은 신주인수권부사채를 소유한 자의 권리행사 등으로 새롭게 발행한 주권을 상장시키는 것을 말한다.

　㉢ **재상장** : 상장법인의 분할 또는 분할합병에 의하여 설립된 법인, 상장법인간의 합병에 의하여 설립된 법인 또는 상장이 폐지된 후 5년이 경과되지 않은 법인이 발행한 주권을 상장시키는 것을 말한다.

　㉣ **변경상장** : 주권의 기재내용이 변경(상호, 종류, 액면금액 등)되거나 새 주권을 교체 및 발행하여 상장시키는 것을 말한다.

③ **상장의 혜택 및 효과**

　㉠ **기업에 대한 혜택**

　　• 공모를 통한 유상증자 용이

　　－상장법인은 정관이 정하는 바에 따른다.

　　－이사회의 결의로 주주의 신주인수권을 배제하고 불특정다수인(당해 기업의 주주를 포함)을 상대로 하여 신주를 모집할 수 있다.

　　• 의결권 없는 주식의 발행 한도 특례

　　－비상장법인은 의결권 없는 주식을 발행주식총수의 25%까지 발행할 수 있다.

　　－상장법인이 외국에서 주식을 발행하거나 외국에서 발행한 해외전환사채, 해외신주인수권부사채, 기타 주식과 관련된 증권 또는 증서의 권리행사로 발행하는 의결권 없는 주식의 경우는 발행한도의 계산에 산입되지 않는다.

　　• 주식배당 특례 : 비상장법인은 주식배당을 이익배당총액의 1/2를 초과하지 못하나, 상장법인은 이익배당총액에 상당하는 금액까지 주식배당을 할 수 있다.

　　• 주주총회 소집절차 간소화

　　－비상장법인의 주주총회의 소집통지는 주주총회일 2주 전에 각 주주에게 서면으로 하게 되어 있다.

　　－상장법인의 주주총회 소집통지는 의결권 있는 발행주식 총수의 1% 이하를 소유하는 주주에 대하여 정관이 정하는 바에 따라 주주 총회일 2주 전에 2개 이상의 일간신문에 각각 2회 이상 공고하거나 금융감독원 또는 한국거래소가 운용하는 전자공시시스템을 통하여 공고함으로써 이를 갈음할 수 있다.

ⓛ 주주에 대한 혜택

• 주식 양도소득의 비과세
  -상장주식은 대주주 등을 제외하고 주식양도에 따른 양도소득세를 부과하지 않고 있기 때문에 상장을 위해 모집하거나 유가증권시장을 통하여 양도하는 경우에는 양도소득세가 면제된다.
  -비상장주식은 양도차익의 20%(중소기업의 경우 10%, 대주주의 1년 미만 보유한 중소기업 외의 법인의 주식의 경우 30%, 대주주의 그 외의 주식의 경우 양도차익이 3억 원 이하는 20%, 3억 원 초과는 25%)를 세금으로 납부하여야 한다.
• 상속 및 증여재산의 시가평가 : 비상장법인이 발행한 주식을 상속 또는 증여할 경우 상속세 및 증여세법에서 정한 산식으로 평가하나, 상장법인이 발행한 주식을 상속 또는 증여할 경우 평가기준일 전·후 각각 2개월간 최종시세의 평균액으로 평가한다.
• 증권거래세 탄력세율 적용 : 비상장법인의 발행주식을 양도하는 경우 0.5%의 증권거래세율이 적용되지만, 유가증권시장을 통해 양도되는 상장법인의 주식은 0.1%(0.15%의 농특세 추가부담)의 세율이 적용된다.
• 소수주주권 행사완화 : 상장법인의 경우 상법상 소수주주권 및 집중투표제 행사요건(1%) 등이 완화되어 적용된다.

ⓒ 상장의 효과

• 필요자금 조달의 용이 : 유상증자, 해외DR 발행, 전환사채, 교환사채 등 다양한 방법을 통해 대규모 필요자금을 쉽게 조달할 수 있다.
• 기업인지도 제고
  -상장법인의 주가 등이 신문·TV 등 언론매체에서 수시로 보도됨으로써 기업의 홍보효과가 극대화되고 국내외 투자자에 대한 당해 기업의 인지도를 제고할 수 있다.
  -기업인지도 제고에 따라 우수 인재의 입사지원 증가 및 우수 인력의 확보가 용이하다.
• 기업구조 조정의 원활한 추진 : 상장법인의 분할 또는 합병 등에 의해 설립된 회사를 쉽게 상장할 수 있도록 상장요건 정비 등 환경을 조성함으로써 상장법인의 경영목적에 맞는 방법으로 구조조정을 원활하게 추진할 수 있다.

⊘ 주식시장

주식회사의 지분권을 표시하는 유가증권인 주식이 거래되는 시장으로 주식이 새롭게 공급되는 발행시장과, 이미 발행된 주식이 투자자 간에 거래되는 유통시장으로 나누어진다.

① **발행시장(1차 시장)** … 기업, 금융기관 등 자금수요자인 발행인, 자금공급자인 투자자, 주식발행사무를 대행하고 발행위험을 부담하는 인수인으로 구성된다.

② **유통시장** … 발행된 주식의 시장성과 환금성을 높여주고 자유경쟁을 통해 공정한 가격을 형성하는 역할을 한다.

구분	내용
유가증권시장(코스피시장)	
코스닥시장	장내시장
코넥스시장	
K-OTC시장	장외시장

③ **장내시장의 주식매매단계**

㉠ 매매되기 위해서는 상장이라는 등록절차를 거쳐야 한다.

㉡ 유통시장에서 투자자의 매매주문은 투자중개업을 영위하는 금융투자회사를 거쳐 한국거래소에서 체결한다.

㉢ 결제는 매매일로부터 3일째 되는 날 한국예탁결제원을 통해 이루어진다.

⊘ 주식시장의 구분

① **코스피(KOSPI)시장** … 증권거래소에 상장된 회사들의 유가증권이 유통되는 시장으로 코스피는 종합주가지수를 뜻하며 유가증권시장의 주가지수를 코스피지수, 유가증권시장을 코스피시장이라고 부르기도 한다.

② **코스닥(KOSDAQ)시장** … 기업과 벤처기업의 자금조달을 목적으로 나스닥(NASDAQ)을 본떠 개설된 첨단 벤처기업 중심 시장이다. 중소기술주 중심 시장의 특성을 고려하여 코스피시장에 비해 진입요건이 상대적으로 완화되었다.

③ **코넥스(KONEX)시장** … 설립 초기 중소기업에 특화되어 중소기업이 자금을 조달할 수 있도록 개장한 시장이다. 「중소기업기본법」상 중소기업만 상장 가능하다.

④ **K-OTC시장** … 금융투자협회가 운영하던 비상장주식 장외 매매시장인 프리보드를 확대 개편한 장외 주식시장이다.

⊘ 중립금리(neutral rate)

경기를 과도하게 부양하거나 억제하지 않는, 경제를 안정된 상태로 유지할 수 있는 금리 수준을 의미한다. 이 금리 수준에서는 경제가 인플레이션이나 디플레이션 없이 잠재적인 성장률 수준으로 유지된다. 중립금리는 경기 부양이나 긴축 정책을 의도하지 않은 중립적인 상태에서 설정되는 금리이다.

⊘ 채권

정부나 공공·특수법인 및 기업이 장기자금을 일시에 조달하기 위하여 발행하는 유가증권이다. 채권에는 상환 기간이 정해져 있으며 만기 시에 정해진 이율에 따라 이자를 지급한다. 명시된 발행처는 채무자를 뜻하며 액면가는 빌리는 원금을 말한다. 표면금리(발행금리)는 고정적으로 지급하는 이자를 말하며, 대체로 은행의 예금금리보다 높다. 발행일과 만기일은 돈을 빌리는 기간을 말하며, 발행주체에 따라 국채, 지방채, 특수채, 금융채, 회사채로 분류할 수 있다.

⊘ 채권의 종류

① 국채
- ㉠ 중앙정부가 공공목적에 필요한 자금을 조달하기 위하여 발행하는 채권으로 국고채, 국민주택채권, 외국환 평형기금채권이 있다.
- ㉡ 국고채권이 국채의 대부분을 차지하며, 만기는 3년, 5년, 10년, 20년, 30년, 50년이 있다.

② 지방채
- ㉠ 지방자치단체가 재정자금을 조달하기 위하여 발행하는 채권으로, 지방개발사업에 필요한 경비를 조달하기 위해 발행된다.
- ㉡ 서울특별시에서 발행하는 지하철 공채와 각 지방단체에서 발행하는 상수도 공채, 지역개발공채 등이 있다.

③ 특수채
- ㉠ 한국전력공사처럼 특별법에 의해 설립된 특별법인이 발행하는 채권이다.
- ㉡ 한국토지공사가 발행하는 토지개발채권, 한국전력공사가 발행하는 한국전력공사채권 등이 있다.

④ 금융채
- ㉠ 은행, 여신금융전문회사 등 금융기관이 자금을 조달하기 위하여 발행하는 채권이다.
- ㉡ 한국은행이 발행하는 통화안정증권이 대표적이다. 일반은행의 금융채와 특수은행인 산업은행이 발행하는 산업금융채권, 기업은행이 발행하는 중소기업금융채권 등이 있다.

⑤ 회사채

　㉠ 일반 주식회사가 자금을 조달하기 위하여 발행하는 채권으로 사채라고도하며, 대부분 국채보다 금리가 높다.

　㉡ 보증사채, 무보증사채, 전환사채, 신주인수권부사채, 교환사채, 이익참가사채로 각각 분류된다.

✅ 채무자 구제제도

① 과중한 채무로 고통 받고 있는 채무자의 경제적 희생을 지원하는 제도이다.

② 신용회복위원회에서 지원하는 개인워크아웃제도와 프리워크아웃제도, 법원에 의해 운영되는 개인회생과 개인파산이 있다.

　㉠ **신용회복위원회**(사적구제제도)

　　• 개인워크아웃제도(채무조정) : 과중채무자를 대상으로 채무감면, 분할상환, 변제기 유예 등 채무조정을 지원하는 제도이다.

　　• 프리워크아웃제도(이자율 채무조정) : 과중채무자를 대상으로 연체이자 전액감면, 이자율 인하, 상환기간 연장을 통해 금융채무불이행자로 전락하지 않도록 지원하는 제도이다.

　㉡ 법원(공적제도)

　　• 개인회생 : 재정적 어려움으로 파탄에 직면하고 있는 개인채무자를 장래 또는 지속적으로 수입을 얻을 가능성이 있는지 등 이해관계인의 법률관계를 조정함으로써 채무자의 효율적 회생과 채권자의 이익을 도모하기 위하여 마련된 제도이다.

　　• 개인파산 : 모든 채권자가 평등하게 채권을 변제받도록 보장함과 동시에, 면책 절차를 통하여 채무자에게 남아 있는 채무에 대한 변제 책임을 면제받아 경제적으로 재기·갱생할 수 있는 기회를 부여하는 제도이다.

✅ 챗봇(Chatter Robot)

인공지능(AI)이 빅데이터 분석을 바탕으로 대화하는 메신저로, 챗봇은 크게 인공지능형과 시나리오형으로 나눌 수 있다. 시나리오형은 미리 정해 놓은 단어에 따라 정해진 답을 하기에 보안 위험은 크지 않으며, 인공지능형은 복잡한 질문에도 응답할 수 있고 자기학습도 가능하기 때문에 이용자의 입력 단어에 의도치 않게 행동하여 개인정보 유출 및 해킹 같은 보안 위험이 있다.

✅ 커버드 콜(Covered Call)

투자자가 보유한 주식에 대해 콜 옵션을 매도하여 추가 수익을 얻거나 위험을 줄이는 전략이다. 주가가 하락하거나 보합일 경우, 옵션 매도에 따른 프리미엄으로 일부 손실을 상쇄할 수 있다. 주가가 상승할 경우, 콜 옵션에서 손해가 발생할 수 있지만, 보유 주식의 가치 상승으로 이를 보완할 수 있다.

⊘ 코요테 모멘트

두렵고 피하고 싶었던 상황에 처해 있다는 것을 갑자기 깨닫게 되는 순간을 의미한다. 증권시장에서는 증시의 갑작스러운 붕괴나, 지난 2008년 세계 금융위기가 초래한 부동산 거품 붕괴 등을 일컫는다. 최근에는 신종 코로나바이러스 감염증(코로나19) 쇼크를 코요테 모멘트로 지목하며 경기 침체를 예고하기도 했다.

⊘ 코코본드(Contingent Convertible Bond)

발행기관이 경영개선명령을 받거나 부실금융기관으로 지정될 경우 상각되거나 보통주로 전환되는 조건이 부가되어 있는 채권(조건부 자본증권)을 말하며, 우발전환사채라고도 한다.

강제로 상각되거나 주식으로 전환되기에 발행기관의 채무 부담은 줄어들고 자본은 확충된다. 채권이 상각될 경우 투자자가 원금 손실을 입게 되는 위험을 반영하여 코코본드의 발행금리를 일반 회사채보다 비교적 높게 형성된다.

바젤Ⅲ에서 금융기관 자본의 인정요건을 강화하였는데, 후순위채권 등에 대해서는 유사 시 주식을 전환되거나 상각되는 조건부 자본 요건을 추가로 충족하도록 요구하고 있다. 바젤Ⅲ 규제 하에서 금융기관 입장에서는 코코본드를 발행하게 되면 자본이 증가해 건전성지표인 자기자본비율이 개선되는 효과가 있다.

⊘ 콜금리(Call Rate)

금융기관들이 시장에서 초단기로 차입하거나 대여할 때 적용하는 금리를 말한다. 주로 콜시장의 상황에 따라 결정되며, 빌리는 돈을 콜머니(Call Money)라 하고 빌려주는 돈은 콜론(Call Loan)이라고 한다.

콜금리가 기준금리보다 낮게 유지되는 현상은 은행의 자금 사정이 여유가 있다는 것을 의미한다.

⊘ 콜(Call)시장

금융기관들이 일시적인 자금 과부족을 조절하기 위하여 초단기로 자금을 차입하거나 대여하는 시장을 말한다. 금융기관은 고객을 상대로 예금을 받고 대출을 하는 과정에서 수시로 자금이 남기도 하고 모자라기도 하는데, 이러한 자금 과부족을 콜시장에서 금융기관 간 자금거래를 통하여 조절하는 것이다. 콜금리를 통해 장단기 시장금리, 예금 및 대출금리, 궁극적으로는 실물경제 활동에 파급되기 때문에 콜시장은 통화정책 수행에 있어서도 매우 중요한 위치를 차지하고 있다.

⊘ 콜 옵션(Call Option)

특정 기본자산을 당사자들이 미리 정한 가격(행사가격)으로 미래의 특정 시점 또는 그 이전에 살 수 있는 권리를 매매하는 계약이다. 콜 옵션 매수자는 콜 옵션 매도자에게 프리미엄을 대가로 지급하며 그 대신 매도자는 기본자산을 사전에 정한 가격에 팔아야 할 의무를 진다.

⚡ 크라우드 펀딩(Crowd Funding)

대중을 의미하는 크라우드(Crowd)와 자금 조달을 뜻하는 펀딩(Funding)의 합성어로, 온라인 플랫폼을 이용해 대중으로부터 자금을 조달하는 방식을 말한다.

① 후원형 … 대중의 후원으로 목표 금액을 달성하면 프로젝트가 성공하는 방식으로, 공연과 예술 분야에서 많이 활용되고 있다.

② 기부형 … 보상이나 대가 없이 기부 목적으로 지원하는 방식이다.

③ 대출형 … 개인과 개인 사이에서 이뤄지는 P2P 금융으로, 소액 대출을 통해 개인 혹은 개인사업자가 자금을 지원받고 만기에 원금과 이자를 다시 상환해 주는 방식이다.

④ 증권형 … 이윤 창출을 목적으로 비상장 주식이나 채권에 투자하는 형태로, 투자자는 주식이나 채권 등의 증권으로 보상받는다.

⚡ 타깃 데이트 펀드(TDF : Target Date Fund)

근로자 은퇴 날짜에 맞춰 펀드 매니저가 알아서 주식과 채권 비중을 조절해 운용하는 펀드로, 투자자 생애주기에 맞춰 주기적인 포트폴리오 재조정이 이루어진다. 은퇴시기가 가까워질수록 배당주나 국·공채 비중을 높여 안정적으로 운용하는 식이다. 일반 연금펀드는 투자자가 직접 펀드 갈아타기를 해야 하지만 TDF 내에서는 글로벌 자산 비중이 자동으로 조절된다.

⚡ 통화

유동화폐의 준말로 발행권한이 부여된 기관에 의하여 금액이 표시된 지불수단으로 강제통용력이 인정된 것을 말한다. 금액이 표시되지 않았거나 강제통용력이 인정되지 아니한 것은 통화로 보기 어렵다.

⚡ 통화스와프(CRS ; Currency Swap)

장외파생상품의 일종으로 거래 당사자끼리 서로 다른 통화를 교환하고 이자를 주고받으며, 일정 기간 (만기) 후 원금을 재 교환하기로 약정하는 거래이다. 외화용 마이너스통장의 개념으로 환율을 고정시켜 두고 일정 기간, 일정 한도로 서로 다른 통화를 교환하여 환율 변동을 헤지하는 것이다. 기업과 국가 모두 환율과 금리 변동 리스크를 방지와 외화 유동성 확충을 위해 사용한다. 우리나라 경우엔 외환위기를 겪은 이후 통화스와프시장이 성장하였다.

✅ 통화정책

중앙은행이 물가안정과 금융안정 등을 달성함으로써 경제가 지속가능한 성장을 이룰 수 있도록 하는 정책을 말한다.

① 공개시장 조작

　㉠ 중앙은행이 단기금융시장이나 채권시장과 같은 공개시장에서 금융기관을 상대로 국공채 등 증권을 매매하는 것이다.

　㉡ 금융기관의 자금사정을 변화시키고 이를 통해 통화나 금리를 조절하는 중앙은행의 가장 기본적인 금융정책수단이다.

② 여·수신제도

　㉠ 중앙은행이 금융기관과의 대출 및 예금거래를 통해 자금의 수급을 조절하는 정책수단을 말한다.

　㉡ 중앙은행의 통화정책 수단은 공개시장운영, 지급준비제도와 함께 대출제도를 의미하였지만 최근 중앙은행이 개별 금융기관을 상대로 한 일시적 부족자금 대출과 함께 일시적 여유자금을 예수할 수 있는 대기성 여수신제도를 도입하였다.

③ 지급준비제도

　㉠ 금융기관으로 하여금 예금 등과 같은 금융기관 부채의 일정 비율에 해당하는 금액을 중앙은행에 예치하는 것을 의무화하는 제도이다.

　㉡ 지급준비율을 변경하여 본원통화를 조절하면 승수효과를 통해 통화량에 영향을 주므로 지급준비정책은 중앙은행의 유동성 조절 수단이 된다.

✅ 통화지표

통화량 측정의 기준이 되는 지표를 말하며, 통화정책 수립의 가장 기본적인 자료로 쓰인다. 통화지표는 우리나라에서는 M1(협의통화)과 M2(광의통화)를 통화지표로, Lf(금융기관유동성)와 L(광의유동성)을 유동성 지표로 이용하고 있다.

① M1(협의통화) … M1 = 현금통화 + 결제성 예금

　지급수단으로서 화폐의 지급결제기능 통화지표, 경제성 예금은 수표발행, 자동이체서비스 등 입출금이 자유로워 바로 현금과 교환될 수 있기 때문에 M1에 포함된다.

② M2(광의통화) … M = M1 + MMF, 2년 미만의 정기 예·적금, 수익증권 등

　화폐의 거래적인 기능과 가치를 저장하는 수단으로서의 기능을 포괄, M1에 MMF, 예금취급기관의 각종 저축성예금, 시장형 금융상품, 실적배당형 금융상품, 금융채 등을 더한 것이다. 만기 2년 미만의 금융상품만 포함한다.

③ Lf(금융기관유동성) … Lf=M2+2년 이상 장기 금융상품, 생명보험계약 준비금 등

전체 금융기관의 자금상황을 나타내는 지표. 과거 M3라 하였으나 Lf로 변경하였다. M2에 예금취급기관의 만기 2년 이상 정기예·적금, 금융채 등과 생명보험회사의 보험계약준비금 등 유동성 낮은 금융상품까지 포함한다.

④ L(광의유동성) … L=Lf+기타 금융기관 상품, 정부·기업 발행 채권 등

보유한 전체 유동성의 크기를 측정하기 위한 지표. Lf에 증권회사 RP, 여신전문기관의 채권, 예금보험공사채, 자산관리공사채, 자산유동화전문회사의 자산유동화증권, 국채, 지방채, 기업어음, 회사채 등을 포함한다.

⚓ 퇴직연금

① **확정급여형**(DB ; Defined Benefit) … 회사가 근로자의 퇴직연금 재원을 일부 금융회사에 적립하여 운용하고, 근로자 퇴직 시 정해진 금액을 지급하도록 하는 제도로 DB형이 퇴직급여 금액은 기존의 퇴직금 금액과 동일하며, 근무 마지막 연도의 임금을 기준으로 지급되므로 임금상승률이 높고 장기근속이 가능한 기업의 근로자에게 유리하다.

② **확정기여형**(DC ; Defined Contribution) … 회사가 매년 연간 임금총액의 일정비율을 적립하고, 근로자가 적립금을 운용하는 방식으로 회사가 근로자 퇴직급여계좌에 매년 일정액을 납입하고 근로자가 직접 운용하므로 파산위험 및 임금체불 위험이 있는 회사에 근무하는 근로자나 임금상승률이 낮은 근로자 등에게 유리하다.

③ **개인형 퇴직연금**(IRP ; Individual Retirement Pension) … 퇴직한 근로자가 퇴직 시 수령한 퇴직급여를 운용하거나 재직 중인 근로자가 DB나 DC 이외에 자신의 비용 부담으로 추가로 적립하여 운용하다가 연금 또는 일시금으로 수령할 수 있는 계좌이다.

⚓ 투자은행(IB)

① 상업은행(CB)과 달리, 수신업무는 하지 않고 유가증권 인수를 통한 자금 공급을 주업으로 한다.

② 기업공개(IPO), 회사채 발행 등의 중개와 인수합병(M&A) 등을 주관하고 자문하는 투자은행이나 투자은행 업무를 가리킨다.

③ 주식·채권 등을 통해 장기자금을 조달하려는 수요자(기업)와 자금 공급자인 투자자를 연결시키며, 직접 투자하기도 한다. 상업은행과 투자은행의 겸업은 불가하다.

⊘ 파생금융상품

파생금융상품이란 통화, 채권, 주식 등 기초금융자산의 가치변동에 의해 결정되는 금융상품을 말한다. 1996년 한국증권거래소에서 주가지수를 이용한 KOSPI200 선물과 KOSPI200 옵션을 상장하여 처음 파생상품거래가 시작되었으며, 1999년 한국선물거래소의 설립으로 국채, 금, 달러 등 다양한 상품이 거래되고 있다.

거래소를 통하는 장내파생상품과 당사자 간의 계약인 장외파생상품으로 구분되며, 장내파생상품은 거래소가 계약이행을 보장하지만 장외파생상품은 신용도에 의존하기 때문에 거래 상대방 위험이 상대적으로 높다.

⊘ 풋 옵션(Put Option)

특정 기본자산을 당사자들이 미리 정한 가격(행사가격)으로 만기일 또는 그 이전에 팔 수 있는 권리를 매매하는 계약이다. 풋 옵션 매수자는 풋 옵션 매도자에게 사전에 정한 가격으로 일정시점에 매도할 권리를 소유하는 대가로 프리미엄을 지급하며 매도자도 매수자가 기본자산을 미리 정한 가격에 사줘야 할 의무를 진다.

⊘ 핀테크(FinTech)

금융을 뜻하는 '파이낸스(Finance)'와 기술을 뜻하는 '테크놀로지(Technology)'의 합성어이다. 예금, 대출, 자산 관리, 결제, 송금 등 다양한 금융 서비스가 IT, 모바일 기술의 발달과 더불어 새로운 형태로 진화하고 있으며, 넓은 의미에서 이러한 흐름에 해당하는 모든 서비스를 핀테크 서비스라 할 수 있다.

서비스 외에 관련된 소프트웨어나 솔루션, 플랫폼을 개발하기 위한 기술과 의사 결정, 위험관리, 포트폴리오 재구성, 성과 관리, 시스템 통합 등 금융 시스템의 개선을 위한 기술도 핀테크의 일부라 할 수 있다. 핀테크 서비스들은 은행과 다른 방식으로 은행이 주지 못한 새로운 가치를 이용자들에게 제공한다.

⊘ 하이일드 펀드(High Yield Fund)

수익률은 매우 높은 반면 신용도가 취약한 고수익, 고위험 채권에 투자하는 펀드를 말한다.

채권의 신용등급이 투자부적격 채권을 주로 편입해 운용하는 펀드이므로 발행자의 채무불이행 위험이 정상채권에 비해 상당히 높다. 투자를 잘하면 고수익이 보장되지만 반대의 경우 원금을 날릴 수도 있다.

✅ 핫머니(Hot Money)

국제금융시장을 이동하는 단기성 자금으로, 각국의 단기금리와 환율의 차이에 의한 투기적 이익을 목적으로 하는 것과 국내 통화불안을 피하기 위한 자본도피를 하는 두 종류가 있다. 핫머니의 특징으로는 자금 이동이 일시에 대량으로 이루어지고, 자금이 유동적인 형태를 취한다는 점을 들 수 있다. 외환의 수급관계를 크게 요동시켜 국제 금융시장의 안정을 저해한다. 대표적으로는 소수의 투자자들로부터 자금을 모아 금리와 환율 예상을 조합해 파생상품에 투자하는 헤지펀드가 있다.

✅ 화폐의 기능

① 교환 수단의 기능 … 재화 및 용역을 교환하는 수단으로 화폐의 가장 근원적인 기능이다.

② 지불 수단의 기능 … 원하는 물건의 값을 치르는 지불 기능과 거래로 인하여 발생한 채무를 결제할 수 있는 기능을 가지고 있다.

③ 보관 수단의 기능 … 언제든지 교환이 가능한 수단이기 때문에 부를 축적하는 기능을 가지고 있다.

④ 가치 척도의 기능 … 물건의 가치를 판단할 수 있는 기능을 가지고 있다.

✅ 헤지 펀드(Hedge Fund)

소수의 거액 투자자들에 의해 투기적으로 운용되는 펀드이다. 헤지란 위험을 회피, 분산시킨다는 의미이지만 지역이나 투자대상 등 규제를 받지 않고 고수익을 노리는 만큼 투자위험도 높은 투기 성격을 지닌다.
손실이 커질 경우 금융시장 불안을 야기하기도 한다. 1980년대 후반 세계적으로 금융자유화가 확산되면서 급속히 성장했으며, 헤지 펀드의 대표적인 예로 퀀텀 펀드나 타이거 펀드 등이 있다.

✅ BIS 자기자본비율(BIS Capital Adequacy Ratio)

BIS(국제결제은행)이 정한 자기자본비율의 기준으로, 국제적인 은행시스템의 건전성과 안정성을 확보하고 은행 간 형평을 기하기 위해 국제결제은행의 은행감독규제위원회(바젤위원회)에서 정한 것이다.
위험가중자산 대비 자기자본비율로 산출하며 은행이 유지해야 할 최저 수준은 8%이다.
BIS 규제는 과거의 단순 자기자본비율(총자산 대비 자기자본비율) 규제방식에서 위험가중자산 대비 자기자본비율 규제방식으로 전환시켰다.

$$BIS\ 자기자본비율 = \frac{자기자본}{위험가중자산} \times 100\%$$

- 6 ~ 8% : 경영개선 권고
- 2 ~ 6% : 경영개선 요구
- 2% 미만 : 경영개선 명령

KIKO(Knock In, Knock Out)

서로 다른 통화를 일정한 환율로 교환하는 것이 목적인 파생금융상품이다. 환율하락으로 인한 환차손 위험을 커버하기 위해 수출기업과 은행이 체결하는 일종의 통화옵션 계약이다. 환율이 일정 범위에서 움직이는 기업은 환헤지 효과와 더불어 환차익을 얻을 수 있다. 환율이 하한 이하로 내려가면 계약이 무효가 되고 환차손이 발생하고 상한 이상으로 올라가면 큰 손실을 입는다.

P2P 금융

온라인으로 대출과 투자를 연결하는 서비스이다. 온라인으로 모든 대출과정을 자동화하여 지점운영비 용이나 인건비, 대출영업비용 등의 경비 지출을 최소화하고 그 수익으로 대출자에게는 낮은 금리를, 투자자에게는 높은 수익을 제공하는 금융과 기술을 융합한 핀테크 서비스이다. 일반 은행이나 카드사 대출보다 금리가 낮은 게 특징이다.

출제예상문제

1 다음 중 중앙은행의 역할로 옳지 않은 것은?

① 화폐 발권

② 통화안정증권 발행

③ 기준금리 결정

④ 공개시장에서의 증권매매

⑤ 서민대출

> ✔ 해설 중앙은행의 역할
>
> ㉠ 화폐 발권
>
> ㉡ 금융기관에 대한 대출
>
> ㉢ 금융기관의 예금과 예금지급준비
>
> ㉣ 정부 및 정부대행기관과의 업무
>
> ㉤ 한국은행 통화안정증권 발행
>
> ㉥ 기준금리 결정
>
> ㉦ 공개시장에서의 증권매매
>
> ㉧ 지급결제 업무
>
> ㉨ 민간에 대한 업무

Answer 1.⑤

2 다음에서 설명하고 있는 것은?

> 개인이 받은 주택담보대출 이외에도 신용대출, 카드론 등 금융권에서 받은 대출정보를 합산한 금액에서 연간 원리금을 연소득으로 나눈 비율이다. 대출을 원하는 사람의 소득에 대비하여 전체 금융부채에 대한 대출상환능력이 적절한지를 심사하기 위한 것이다.

① 유동비율

② 당좌비율

③ 주택담보대출비율

④ 총부채상환비율

⑤ 총부채원리금상환비율

 해설 ⑤ 총부채원리금상환비율(DSR) : 대출 원리금을 포함하여 기타 다른 대출금과 이자를 모두를 합산하여 원리금 상환액으로 대출 상환능력을 심사하기 위한 것이다.
① 유동비율 : 유동자산의 유동부채에 대한 비율을 의미한다.
② 당좌비율 : (당좌자산÷유동부채)×100으로 구하는 백분율로 단기지급능력을 측정하기 위한 지표에 해당한다.
③ 주택담보대출비율(LTV) : 주택을 담보로 대출을 할 때 인정받을 수 있는 자산가치 비율을 의미한다.
④ 총부채상환비율(DTI) : '(주택대출 원리금 상환액+기타 대출 이자 상환액)÷연간소득'으로 산출하는 것이다. 담보대출을 받을 때 채무자가 벌어들이는 소득으로 상환할 수 있는 능력이 있는지 판단하기 위한 것이다.

Answer 2.⑤

3 BIS에 대한 설명으로 옳지 않은 것은?

① 중앙은행들의 중앙은행
② BIS 자기자본비율은 국제결제은행이 정한 기준
③ 은행 유지 최저 수준 8%
④ 1930년 헤이그협정으로 설립
⑤ 세계에서 두 번째로 오래된 국제금융기구

> ✔해설 국제결제은행(BIS:Bank for Internal Settlements)
> ㉠ 1930년 헤이그협정을 모체로 설립되었다.
> ㉡ 세계에서 가장 오래된 국제금융기구로서 중앙은행 간 정책협력을 주요기능으로 하고 있다.
> ㉢ 국제금융거래의 원활화를 위한 편의 제공, 국제결제업무와 관련한 수탁자 및 대리인으로서의 역할도 수행하고 있으며 중앙은행들의 중앙은행이라고도 한다.
> ㉣ 최고의사결정기관인 총회, 운영을 담당하는 이사회, 일반 업무를 관장하는 집행부로 구성되어 있다.
> ㉤ 중앙은행 간 정보교환기능 제고를 위해 총재회의, 특별회의, 각종 산하 위원회 회의 등을 수시로 개최하고 있다.
> ㉥ 아시아 지역과 아메리카 지역 중앙은행과의 관계를 증진하기 위하여 홍콩 및 멕시코시티에 지역사무소를 개설하였고, 한국은행은 1997년 정식회원으로 가입하였다.

4 다음 중 서민금융으로 옳지 않은 것은?

① 사잇돌대출
② 적격대출
③ 새희망홀씨대출
④ 미소금융
⑤ 햇살론

> ✔해설 서민금융의 종류
> ㉠ 사잇돌대출 : 4~7등급의 중·저신용자의 부담을 덜기 위해 만든 중금리 대출상품
> ㉡ 미소금융 : 저소득자와 저신용자를 대상으로 창업 및 운영자금·시설개선자금 등을 지원해 주는 소액 대출사업
> ㉢ 새희망홀씨대출 : 시중은행의 대출상품으로, 저소득자를 위한 생계지원이 목적
> ㉣ 햇살론 : 상호금융기관의 대출상품으로, 저신용자와 저소득층을 위한 저금리 자금 지원제도

Answer 3.⑤ 4.②

5 퇴직연금 확정급여(DB)형의 특징으로 옳지 않은 것은?

① 회사가 매년 연간 임금총액의 일정비율을 적립하고 근로자가 직접 운용한다.

② 회사가 직접 외부 금융회사에 적립하여 운용한다.

③ 근로자가 퇴직 시 정해진 금액을 지급한다.

④ 퇴직급여의 금액은 기존의 퇴직금 금액과 같다.

⑤ 장기근속이 가능한 기업의 근로자에게 유리하다.

> **✔해설** 퇴직연금의 종류
> ㉠ 확정급여형(DB ; Defined Benefit)
> - 회사가 근로자의 퇴직연금 재원을 외부 금융회사에 적립하여 운용하고, 근로자 퇴직 시 정해진 금액을 지급하도록 하는 제도이다.
> - DB형의 퇴직급여 금액은 기존의 퇴직금 금액과 동일하다.
> - 근무 마지막 연도의 임금을 기준으로 지급되므로 임금상승률이 높고 장기근속이 가능한 기업의 근로자에게 유리하다.
> ㉡ 확정기여형(DC ; Defined Contribution)
> - 회사가 매년 연간 임금총액의 일정비율을 적립하고, 근로자가 적립금을 운용하는 방식이다.
> - 회사가 근로자 퇴직급여계좌에 매년 일정액을 납입하고 근로자가 직접 운용하므로 파산위험 및 임금 체불 위험이 있는 회사에 근무하는 근로자나 임금상승률이 낮은 근로자 등에게 유리하다.
> ㉢ 개인형 퇴직연금(IRP ; Individual Retirement Pension) : 퇴직한 근로자가 퇴직 시 수령한 퇴직급여를 운용하거나 재직 중인 근로자가 DB나 DC 이외에 자신의 비용 부담으로 추가로 적립하여 운용하다가 연금 또는 일시금으로 수령할 수 있는 계좌이다.

Answer 5.①

6 각국의 통화 단위가 알맞게 묶인 것은?

① 이스라엘 - ZAR 랜드
② 에티오피아 - TRY 리라
③ 브라질 - BRL 헤알
④ 터키 - MYR 링깃
⑤ 말레이시아 - Birr 비르

✅ 해설 주요국 통화

구분	내용	구분	내용
태국	THB 바트	영국	GBP 파운드
인도	INR 루피	대만	TWD 달러
베트남	VND 동	싱가포르	SGD 달러
터키	TRY 리라	쿠웨이트	KWD 디나르
캄보디아	KHR 리엘	체코	CZK 코루나
말레이시아	MYR 링깃	러시아	RUB 루블
인도네시아	IDR 루피아	에티오피아	Birr 비르/버르
덴마크	DKK 크로네	이스라엘	ILS 세켈
브라질	BRL 헤알	남아프리카공화국	ZAR 랜드

7 그림자 금융의 종류로 옳지 않은 것은?

① 헤지펀드
② 머니마켓펀드
③ 환매조건부채권
④ 자산담보부 기업어음
⑤ 콜금리

✅ 해설 그림자 금융의 종류
㉠ 머니마켓펀드(MMF)
㉡ 환매조건부채권(RP)
㉢ 헤지펀드
㉣ 자산담보부 기업어음(ABCP)

Answer 6.③ 7.⑤

8 리스크 관리 내용으로 옳지 않은 것은?

① 시장 리스크 – 스트레스 테스트
② 시장 리스크 – 차이니즈 월 설치
③ 신용 리스크 – 익스포저 관리
④ 유동성 리스크 – 모니터링 강화
⑤ 운영 리스크 – 파이어 월 설치

> ✔해설 차이니즈 월(Chinese Wall) … 금융회사의 부서 간 또는 계열사 간 정보 교류를 차단하는 장치나 제도이다. 불필요한 정보 교류를 차단하지 않으면 고객의 이익보다 회사의 이익을 위하는 방향으로 자산을 운용할 가능성이 있기 때문이다. 파이어 월(Fire Wall)은 방화벽 또는 침입방지 보안시스템이다.

9 ELS, ELD, ELF 비교로 옳지 않은 것은?

① ELS의 발행기관은 증권사이다.
② ELD는 정기예금 형태이다.
③ ELF는 펀드 상품으로 원금이 보장되지 않는다.
④ 주가지수연동예금은 이자를 파생상품으로 운용한다.
⑤ 주가연계증권의 발행기관은 증권사이다.

> ✔해설 주가연계펀드(ELF : Equity Linked Fund)
> ㉠ 투자금의 상당액을 채권으로 운용하면서 여기에서 발생하는 이자로 증권사가 발행하는 ELS 워런트에 투자한다.
> ㉡ 주가나 주가지수의 변동과 연계되어 수익이 결정된다.
> ㉢ 환매가 자유롭고 소액 투자가 가능하다. 만기 시점까지 기초자산 가격이 손실구간 밑으로 떨어지지 않으면 원리금과 이자를 돌려받는다는 점에서 수익구조는 ELS와 거의 차이가 없다.

Answer 8.② 9.③

10 다음 중 장외시장으로 옳은 것은?

① 유가증권시장

② 프리보드

③ 코스닥시장

④ K-OTC시장

⑤ 코넥스시장

✔해설 장내시장과 장외시장
ⓐ 장내시장 : 상장 주식을 거래하는 시장, 코스피시장, 코스닥시장, 코넥스시장
ⓑ 장외시장 : 비상장 주식을 거래하는 시장, K-OTC시장

11 국내외 주가지수로 다르게 묶인 것은?

① 한국 - 코스닥 종합지수

② 미국 - 나스닥

③ 미국 - 다우존스 산업평균지수

④ 대만 - 항셍지수

⑤ 중국 - 상하이종합

✔해설 국내외 주가지수
ⓐ 한국 : 코스피(KOSPI), 코스피200(KOSPI200), 코스닥 종합지수
ⓑ 미국 : 다우존스 산업평균지수((DJIA), 아메리카증권거래소(AMEX), 나스닥(NASDAQ), S&P500지수
ⓒ 일본 : 니케이225
ⓓ 중국 : 상하이종합
ⓔ 대만 : 자이취엔지수
ⓕ 홍콩 : 항셍지수

Answer 10.④ 11.④

12 두렵고 피하고 싶었던 상황에 처해 있다는 것을 갑자기 깨닫게 되는 순간을 무엇이라 하는가?

① 블랙스완

② 코요테 모멘트

③ 베어마켓랠리

④ 불마켓

⑤ 회색 코끼리

> ✔해설 코요테 모멘트 … 두렵고 피하고 싶었던 상황에 처해 있다는 것을 갑자기 깨닫게 되는 순간을 의미한다.
> 증권시장에서는 증시의 갑작스러운 붕괴나, 지난 2008년 세계 금융위기가 초래한 부동산 거품 붕괴 등
> 을 일컫는다. 최근에는 신종 코로나바이러스 감염증(코로나19) 쇼크를 코요테 모멘트로 지목하며 경기
> 침체를 예고하기도 했다.

13 1,000원인 주식을 2주 합쳐 2,000원 1주로 만들고, 주식 수를 줄이는 것은?

① 무상감자

② 액면분할

③ 액면병합

④ 유상증자

⑤ 유상감자

> ✔해설 액면병합 … 액면가를 높이는 것으로 낮아진 주가를 끌어올리기 위해 사용된다. 주식수가 줄어든다는 측면
> 에서는 감자와 비슷하지만 자본금에 변화가 없으며 주주들의 지분 가치에도 변함이 없다는 점이 다르다.
> 예를 들면 500원인 주식을 합쳐 5,000원으로 만드는 것을 의미한다.

Answer 12.② 13.③

14 주식시장에서 주가가 갑자기 급등락하는 경우 시장에 미치는 충격을 완화하기 위해 주식매매를 일시정지하는 제도는 무엇인가?

① 블랙먼데이   ② 사이드 카

③ 서킷 브레이커   ④ 서브프라임 모기지

⑤ 라임사태

> ✔**해설** 서킷 브레이커
>
> ㉠ 정의
> - 주식시장에서 주가가 갑자기 급등락하는 경우 시장에 미치는 충격을 완화하기 위해 주식매매를 일시 정지하는 제도이다.
> - 주식거래 일시 중단 제도라고도 한다.
>
> ㉡ 특징
> - 지수가 전날 종가보다 10% 이상 하락한 상태로 1분간 지속되면 서킷 브레이커가 발동돼 20분 간 모든 종목의 거래가 중단된다.
> - 서킷 브레이커가 발동되면 30분 후에 매매가 재개되는데 처음 20분 동안은 모든 종목의 호가접수 및 매매거래가 중단되고, 나머지 10분 동안은 새로 호가를 접수하여 단일가격으로 처리한다.
> - 서킷 브레이커는 주식시장 개장 5분 후부터 장이 끝나기 40분 전인 오후 2시 20분까지 발동할 수 있고, 하루에 한번만 발동할 수 있다.
> - 한번 발동한 후에는 요건이 충족되어도 다시 발동할 수 없다.
> - 미국 주가 대폭락사태인 블랙먼데이 이후 주식시장의 붕괴를 막기 위해 처음으로 도입되었으며, 사이드 카와 비슷하나 서킷 브레이커가 보다 강력한 수단으로 작용된다.

15 다음 중 유로본드인 것을 모두 고른 것은?

㉠ 딤섬본드	㉡ 양키본드
㉢ 김치본드	㉣ 아리랑본드
㉤ 불독본드	

① ㉠

② ㉡

③ ㉠, ㉡

④ ㉠, ㉢

⑤ ㉡, ㉢, ㉤

> ✔**해설** 유로본드
> ㉠ 쇼군본드(일본) : 일본 시장에서 외국기업이 엔화가 아닌 다른 통화로 발행하는 채권을 말한다. 엔화 표시로 채권을 발행하면 사무라이본드가 된다.
> ㉡ 딤섬본드(홍콩) : 홍콩 시장에서 외국기업이 위안화 표시로 발행하는 채권을 말한다.
> ㉢ 김치본드(한국) : 국내 시장에서 외국기업이 외화 표시로 발행하는 채권을 말한다.

16 스트래들 전략에 관한 설명으로 옳지 않은 것은?

① 동일한 주식에 대해 동일한 만기와 행사가격을 갖는 콜옵션 1개와 풋옵션 1개로 구성된다.

② 주가가 향후 큰 변동을 보일 것으로 예상되나 방향이 불확실할 때 유용하다.

③ 만기일의 주가가 행사가격과 동일할 경우 손실이 발생한다.

④ 만기일의 주가가 행사가격보다 올라가는 경우 콜옵션 행사를 통해 이익을 얻는다.

⑤ 만기일의 주가가 행사가격을 벗어나는 경우 언제든지 이익을 얻을 수 있다.

> ✔**해설** ③ 만기일의 주가가 행사가격과 동일할 경우 손실도 이익도 발생하지 않게 된다.

17 채권의 특징에 관한 설명으로 옳지 않은 것은?

① 채권은 이자지급 방식에 따라 순수할인채권, 이표채, 복리채 등으로 나눌 수 있다.

② 액면이자는 지급이자를 계산하는 기준이 된다.

③ 영구채권은 만기가 없이 영원히 이자만 받는 채권이다.

④ 채권에 투자한 투자자는 이자를 지급받을 권리와 원금을 상환 받을 권리를 갖게 된다.

⑤ 표면이자는 시장가격에 표면이자율을 곱하여 계산한다.

> ✔ **해설** ⑤ 표면이자는 액면가에 표면이자율을 곱하여 계산한다.

18 전환사채(CB)의 특징으로 옳지 않은 것은?

① 사채보다 이자는 낮다.

② 사채권자 지위를 유지하는 동시에 주주의 지위도 얻는다.

③ 일정 기간이 지나면 발행회사의 주식으로 전환할 수 있는 권리가 있다.

④ 자본금에 변동이 있다.

⑤ 발행방식에는 사모와 공모가 있다.

> ✔ **해설** 전환사채(Convertible Bond)
> ㉠ 발행 당시엔 사채로 발행되지만, 일정 기간이 지나면 발행회사의 주식으로 전환할 수 있는 권리가 부여된 사채를 말한다.
> ㉡ 주식전환권이 행사되면 채권을 주식으로 바꿔 주가 상승의 이익을 취할 수 있다.
> ㉢ 발행만기기간과 전환가격 등을 표시하며 주식으로의 전환은 의무사항이 아니다.
> ㉣ 주식으로 전환하지 않을 경우 별도로 정해놓은 이자율을 받을 수 있다.
> ㉤ 전환사채를 발행하려면 정관 또는 정관 변경의 특별결의서로서 전환의 조건, 전환으로 인하여 발행할 주식의 내용, 전환을 청구할 수 있는 기간 등을 정해야 한다.

Answer 17.⑤ 18.②

19 벤처 펀드에 대한 설명으로 옳지 않은 것은?

① 투자대상은 최근 3년 이내에 1회 이상 부도를 내거나 파산 등을 신청한 기업이다.

② 부실기업이나 정크본드를 주요 투자대상으로 한다.

③ 제일은행을 인수한 뉴브리지캐피탈도 벤처 펀드 성격이 강하다.

④ 직접 경영권을 인수하여 되파는 방법 등이 있다.

⑤ 운용대상에 제한 없이 자유로운 운용이 가능하다.

✔ **해설** 벌처 펀드(Vulture Fund)
　　ㄱ 파산한 기업이나 경영위기에 처한 기업 혹은 부실채권을 저가에 인수하여 경영을 정상화 시킨 후 고가에 되팔아 단기간에 차익을 내는 회사 또는 그 자금을 말한다.
　　ㄴ 투자대상은 최근 3년 이내에 1회 이상 부도를 내거나 파산 등을 신청한 기업, 부채비율이 업종 평균 1.5배를 넘는 기업들이다.
　　ㄷ 부실기업이나 정크본드를 주요 투자대상으로 하기 때문에 고위험, 고수익이다.
　　ㄹ 미국 투자은행 로스차일드사가 운영하는 벌처 펀드가 한라그룹에 투자한 사례 등이 이에 속한다. 제일은행을 인수한 뉴브리지캐피탈, 대한생명 인수를 추진했던 파나콤 등도 모두 벌처 펀드의 성격이 강하다.
　　ㅁ 영업 형태는 직접 경영권을 인수하여 되파는 방법과 부실기업의 주식 또는 채권에 투자하여 주주로서 권리행사를 통해 간접 참여하는 방법 등이 있다.

20 뮤추얼 펀드에 대한 설명으로 옳지 않은 것은?

① 예금자보호를 받을 수 있는 상품이다.

② 안정적인 자산증식을 원하는 대다수 소액투자자들이 운용한다.

③ 간접투자이다.

④ 투자대상은 유가증권이 주를 이룬다.

⑤ 운용 실적대로 배당이 이루어진다.

✔ **해설** 뮤추얼 펀드(Mutual Fund)
　　ㄱ 투자자들의 자금을 모아 하나의 페이퍼컴퍼니를 설립하여 주식이나 채권 파생상품 등에 투자한 후 그 운용 수익을 투자자들에게 배당의 형태로 돌려주는 펀드이다.
　　ㄴ 안정적인 자산증식을 원하는 대다수 소액투자자들이 포트폴리오 수단으로 활용된다.
　　ㄷ 펀드 전문가가 운용해 주는 간접투자라는 점이 특징이다. 운용 실적대로 배당이 이뤄지며 투자손익에 대한 책임도 투자자들이 진다.
　　ㄹ 투자대상은 주식과 채권, 기업어음(CP), 국공채 등 유가증권이 주를 이룬다.

Answer 19.⑤ 20.①

21 핀테크의 특징으로 옳지 않은 것은?

① 전통적 핀테크와 신흥 핀테크로 분류할 수 있다.

② 기술발달과 더불어 다양한 금융 서비스도 핀테크 서비스에 포함된다.

③ 기존 금융 서비스 전달 체계를 변혁한다.

④ 인터넷 전문은행의 비대면 거래도 핀테크에 포함된다.

⑤ 금융 시스템 개선을 위한 기술은 핀테크라고 할 수 없다.

✔해설 핀테크(FinTech)의 특징

㉠ 예금, 대출, 자산 관리, 결제, 송금 등 다양한 금융 서비스가 IT, 모바일 기술의 발달과 더불어 새로운 형태로 진화하고 있으며, 넓은 의미에서 이러한 흐름에 해당하는 모든 서비스를 핀테크 서비스라할 수 있다.

㉡ 서비스 외에 관련된 소프트웨어나 솔루션, 플랫폼을 개발하기 위한 기술과 의사 결정, 위험관리, 포트폴리오 재구성, 성과 관리, 시스템 통합 등 금융 시스템의 개선을 위한 기술도 핀테크의 일부라할 수 있다. 핀테크 서비스들은 은행과 다른 방식으로 은행이 주지 못한 새로운 가치를 이용자들에게 제공한다.

22 금융과 기술의 합성어로 정보기술을 활용한 금융 서비스는 무엇인가?

① 핀테크   ② 로보 어드바이저
③ 파이낸싱   ④ 텐센트
⑤ 재테크

✔해설 핀테크(FinTech)의 정의 … 금융을 뜻하는 '파이낸스(Finance)'와 기술을 뜻하는 '테크놀로지(Technology)'의 합성어이다.

Answer 21.⑤ 22.①

23 온라인 플랫폼을 이용하여 대중으로부터 자금을 조달하는 방식으로 옳은 것은?

① 오픈API

② 크라우드 펀딩

③ 로보 어드바이저

④ P2P 금융

⑤ 인슈어테크

> ✔해설 크라우드 펀딩(Crowd Funding) … 대중을 의미하는 크라우드(Crowd)와 자금 조달을 뜻하는 펀딩 (Funding)의 합성어로, 온라인 플랫폼을 이용해 대중으로부터 자금을 조달하는 방식을 말한다.

24 분산형 데이터 저장기술이라고도 부르며 암호화폐와도 관련이 있는 기술은?

① 블록체인

② 로보 어드바이저

③ 핀테크

④ 비트코인

⑤ 가상화폐

> ✔해설 블록체인(Blockchain)
> ㉠ 블록에 데이터를 담아 체인 형태로 연결하여 수많은 컴퓨터에 복제하여 저장하는 분산형 데이터 저장 기술. 공공 거래 장부라고도 부르며, 가상화폐 거래에서 해킹을 막는 기술이다.
> ㉡ 기존 금융회사의 경우 중앙 집중형 서버에 거래 기록을 보관하는 반면, 블록체인은 거래에 참여하는 모든 사용자에게 거래 내역을 보내주며 거래마다 이를 대조하여 데이터 위조를 막는다.
> ㉢ 대표적으로 가상화폐인 비트코인에 활용되고 있다. 이 밖에도 위조화폐 방지, 전자투표, 전자시민권 발급, 부동산 등기부, 병원 간 공유되는 의료기록관리 등 신뢰성이 요구되는 다양한 분야에 활용할 수 있다.

25 각국의 통화단위로 옳지 않은 것은 무엇인가?

① 태국 – 바트

② 영국 – 파운드

③ 브라질 – 헤알

④ 이스라엘 – 랜드

⑤ 터키 – 리라

> ✔해설 ④ 이스라엘 – ILS 세켈

26 각국의 중앙은행으로 옳지 않은 것은?

① 한국 – 한국은행

② 미국 – 연방준비제도 이사회

③ 유로존 – 유럽중앙은행

④ 중국 – 영란은행

⑤ 캐나다 – 캐나다 은행

> ✔해설 중국의 중앙은행은 중국인민은행(PBC)이다.
> 영란은행(BOE ; Bank of England)은 영국의 중앙은행이다.

27 자금세탁 방지제도의 구성으로 볼 수 없는 것은?

① 혐의거래보고

② 고액현금거래보고

③ 소액현금거래보고

④ 고객확인제도

⑤ 고객알기절차

> ✔해설 자금세탁 방지제도는 자금의 위험한 출처를 숨겨 적법한 것처럼 위장하는 과정을 말하며, 불법재산의 취득·처분 사실을 가장하거나 재산을 은닉하는 행위 및 탈세 목적으로 재산의 취득·처분 사실을 가장하거나 그 재산을 은닉하는 행위를 말한다.
> ※ 자금세탁 방지제도는 혐의거래보고, 고액현금거래보고, 고객확인제도, 고객알기절차, 강화된 고객확인제도 절차를 걸쳐 자금세탁의심거래를 가려낸다.

Answer 26.④ 27.③

28 화폐의 기능으로 옳지 않은 것은?

① 교환의 기능

② 신용의 기능

③ 보관의 기능

④ 가치척도의 기능

⑤ 지불의 기능

> ✔해설 화폐의 기능은 교환, 지불, 보관, 가치척도의 기능을 가지고 있다.
> ※ 화폐의 기능
> ㉠ 교환수단의 기능 : 재화 및 용역을 교환하는 수단으로 화폐의 가장 근원적인 기능이다.
> ㉡ 지불수단의 기능 : 원하는 물건의 값을 치르는 지불 기능과 거래로 인하여 발생한 채무를 결제할 수 있는 기능이다.
> ㉢ 보관수단의 기능 : 교환이 가능한 수단이기 때문에 부를 축적하는 기능을 가지고 있다.
> ㉣ 가치척도의 기능 : 물건의 가치를 판단할 수 있는 기능이다.

29 국내외 주가지수로 옳은 것은?

① 대만 – 자이취엔지수

② 중국 – 항셍지수

③ 미국 – 동증주가지수

④ 미국 – 니프티지수

⑤ 한국 – 다우존스지수

> ✔해설 자이취엔지수는 대만의 주가지수이다.
> ② 중국은 상하이종합지수이며, 항셍지수는 홍콩의 종합지수이다.
> ③ 미국의 지수는 나스닥, 다우존스, S&P지수 등이 있으며, 동증주가지수는 동경증권주가지수로 일본의 종합지수이다.
> ④ 니프티지수 인도의 주가지수이다.
> ⑤ 한국의 주가지수로는 코스피, 코스닥 종합지수 등이 있다.

Answer 28.② 29.①

30 기준금리에 대한 설명으로 옳지 않은 것은?

① 자금조정 예금 및 대출 등의 기준이 되는 정책금리이다.
② 한국은행에 설치된 금융통화위원회에 의해 결정된다.
③ 물가 동향, 국내외 경제 상황 등을 고려하여 연 8회 기준금리를 결정한다.
④ 실물경제에 영향을 미친다.
⑤ 각 일반은행에서 기준금리를 결정한다.

> **✔해설** ⑤ 한국의 중앙은행의 최고결정기구인 금융통화위원회에서 기준금리를 결정한다.
> ※ 기준금리는 금융기관과 환매조건부증권(RP) 매매, 자금조정 예금 및 대출 등의 거래를 할 때 기준이 되는 정책금리이다. 물가 동향, 국내외 경제 상황, 금융시장 여건 등을 종합적으로 고려하여 연 8회 기준금리를 결정하고 있다. 이렇게 결정된 기준금리는 콜금리, 장단기 시장금리, 예금 및 대출 금리 등의 변동으로 이어져 실물경제에 영향을 미친다.

31 다음 중 서민금융으로 옳지 않은 것은?

① 햇살론
② 미소금융
③ 방카슈랑스
④ 사잇돌대출
⑤ 새희망 홀씨대출

> **✔해설** ③ 방카슈랑스 : 은행과 보험회사가 서로 연결되어 개인에게 폭넓은 금융서비스를 제공하는 시스템이다.
> ※ 서민금융이란 사회적 취약계층을 대상으로 한 소액금융활동이다.

Answer 30.⑤ 31.③

32 다음 중 유로채를 모두 고르면?

㉠ 양키본드	㉡ 불독본드
㉢ 김치본드	㉣ 딤섬본드
㉤ 쇼군본드	

① ㉠, ㉡

② ㉡, ㉢

③ ㉠, ㉢

④ ㉡, ㉢, ㉣

⑤ ㉢, ㉣, ㉤

> ✔ **해설** 유로채는 채권발행자가 본국 이외의 국가에서 발행하는 채권이다. 김치본드(한국)는 외국 기업들이 국내에서 발행하는 외화표시 채권이다. 딤섬본드(홍콩)는 외국기업이 위안화 표시로 발행하는 채권을 말하며, 쇼군본드(일본) 역시 일본 채권시장에서 비거주자가 엔화가 아닌 다른 통화표시로 채권을 발행하는 것을 말한다.
> • 양키본드(미국) : 미국 시장에서 비거주자가 발행하여 유통되는 달러 채권이다.
> • 불독본드(영국) : 영국 시장에서 외국 정부나 기업이 발행하는 파운드화 표시채권을 말한다.

33 다음에서 설명하고 있는 주식시장의 명칭은?

> (　　　)은 성장단계에 있는 중소, 벤처기업들이 원활히 자금을 조달할 수 있도록 비상장 벤처기업들의 자금난을 해소하는 창구가 되고 있다.

① KRX

② AMEX

③ NYSE

④ NASDAQ

⑤ Free Board

> ✔ **해설** ⑤ 프리보드(Free Board)는 유가증권과 코스닥시장에 상장되지 않은 종목을 모아 거래하는 제3시장의 이름이다.

34 5대 그룹의 보험 산업 진입이 전면 허용되고 은행업과 보험업의 영역을 허무는 이 제도는 2003년부터 점진적으로 도입되었다. 은행과 보험사가 상호 제휴와 업무협력을 통해 종합금융서비스를 제공하는 이것을 무엇이라고 하는가?

① 랩어카운트
② 방카슈랑스
③ 트릴레마
④ 벤더파이낸싱
⑤ 파생상품

✔ 해설 ① 랩어카운트(자산종합관리계좌 ; wrap account) : 'wrap(포장하다)'과 'account(계좌)'의 합성어로 투자자가 증권사에 돈을 맡기고 계약을 맺으면 그에 따라 증권사가 자산을 대신 운용해 주는 계좌를 말한다.
② 방카슈랑스 : 은행과 보험사가 상호 제휴와 업무협력을 통해 종합금융서비스를 제공하는 새로운 금융결합의 형태이다.
③ 트릴레마(trilemma) : 물가안정, 경기부양, 국제수지개선의 3중고를 가리키는 말로 이 3가지는 3마리 토끼에도 비유되는데 물가안정에 치중하면 경기가 침체되기 쉽고, 경기부양에 힘쓰면 인플레이션 유발과 국제수지 악화가 초래될 염려가 있음을 말한다.
④ 벤더파이낸싱(vendor financing) : 하드웨어·장비의 판매업자를 뜻하는 '벤더(vendor)'와 금융을 통한 자금조달을 의미하는 '파이낸싱(financing)'의 합성어이다. 우리말로 풀어보면 '장비공급자에게서 금융지원받기' 정도가 된다.
⑤ 파생상품(derivatives) : 특정상품이나 유가증권 등 실물을 소유하지 않고서도 투자할 수 있게 하는 제도이다. 파생상품은 특정 투자의 위험부담을 줄일 수 있는 보험 역할도 가능하다.

Answer 34.②

35 다음 ( ) 안에 들어갈 용어로 적절한 것이 차례로 짝지어진 것은?

- (㉠) – 장래의 특정 시점에 인도할 것을 약정하는 계약
- (㉡) – 장래의 일정기간 동안 미리 정한 가격으로 산출된 금전 등을 교환할 것을 약정하는 계약
- (㉢) – 당사자 어느 한 쪽의 의사표시에 의하여 산출된 금전 등을 수수하는 거래를 성립시킬 수 있는 권리를 부여하는 것을 약정하는 계약

	㉠	㉡	㉢
①	옵션	선물	스왑
②	옵션	스왑	선물
③	스왑	옵션	선물
④	선물	스왑	옵션
⑤	선물	옵션	스왑

✔**해설** 파생상품의 정의
㉠ 선물 : 기초자산이나 기초자산의 가격·이자율·지표·단위 또는 이를 기초로 하는 지수 등에 의하여 산출된 금전 등을 장래의 특정시점에 인도할 것을 약정하는 계약
㉡ 옵션 : 장래의 일정기간 동안 미리 정한 가격으로 기초자산이나 기초자산의 가격·이자율·지표·단위 또는 이를 기초로 하는 지수 등에 의하여 산출된 금전 등을 교환할 것을 약정하는 계약
㉢ 스왑 : 당사자 어느 한 쪽의 의사표시에 의하여 기초자산이나 기초자산의 가격·이자율·지표·단위 또는 이를 기초로 하는 지수 등에 의하여 산출된 금전 등을 수수하는 거래를 성립시킬 수 있는 권리를 부여하는 것을 약정하는 계약

Answer 35.⑤

36 증권시장에서 지수선물 · 지수옵션 · 개별옵션 등 3가지 주식상품의 만기가 동시에 겹치는 날을 뜻하는 것은?

① 넷데이

② 레드먼데이

③ 더블위칭데이

④ 트리플위칭데이

⑤ 쿼드러플위칭데이

> ✔ 해설 ④ 트리플위칭데이(Triple Witching Day)란 3 · 6 · 9 · 12월 둘째 목요일에 지수선물 · 지수옵션 · 개별옵션 등 3가지 주식상품의 만기가 동시에 겹치는 것을 뜻한다.

37 다음 중 옵션가격의 결정요인으로 적절하지 않은 것은?

① 이자율

② 잔존기간

③ 가격변동성

④ 증거금

⑤ 행사가격

> ✔ 해설 ④ 증거금은 선물거래 시 거래의 특징으로서 옵션가격의 결정요인과는 관계없다.
> ※ 옵션가격의 결정요인
> ㉠ 기초자산가격
> ㉡ 행사가격
> ㉢ 이자율
> ㉣ 잔존기간
> ㉤ 가격변동성

Answer 36.④ 37.④

38 다음에서 설명하는 개념은 무엇인가?

> 증권회사 등이 투자자의 자산규모와 투자성향 및 위험수용도 등을 분석하여 투자자의 자산을 적당한 금융상품 등에 투자해주고 일정한 수수료를 받는 것을 말한다.

① 단기금융집합투자기구
② 랩어카운트
③ 대안투자상품
④ late trading
⑤ 이연판매보수

> ✔해설 랩어카운트(Wrap Account) … 랩(Wrap)과 어카운트(Account)의 조합어로 고객의 투자성향을 파악하여 이에 따른 총체적인 자산종합관리 서비스의 제공을 통해 일정한 수수료를 수취하는 자산종합계좌를 말한다.

39 다음 중 MMF의 특징으로 옳지 않은 것은?

① 입출금이 자유롭다.
② 예금자보호제도의 보호대상 상품이다.
③ 증권사뿐만 아니라 은행에서도 가입 가능하다.
④ 단기 여유자금을 예치하는데 알맞다.
⑤ 실적배당금융상품이다.

> ✔해설 ② MMF(money market fund)란 '수시입출금식 초단기 채권형펀드'를 의미하며 예금자보호제도의 비보호대상이다.

40 다음의 기사를 읽고 선물시장에서 일어날 수 있는 상황을 추론할 때 적절하지 않은 것은?

> 10일 KOSPI 200선물시장이 폭락했다. 외국인이 폭발적인 규모의 순매수를 기록했지만, 미국의 조기 금리인상과 국제유가 상승 등 대내외의 악재에 밀려 낙폭이 커졌다. 지수는 103선 아래로까지 떨어졌다. 이날 KOSPI 200선물 최근 월물인 6월물지수는 전일 대비 6.65포인트 하락한 102.40으로 장을 마감했다. 지수는 소폭 하락 출발해 오후 들어 낙폭을 급격히 키웠고, 지수가 5% 이상 급락함에 따라 오후 2시 14분 사이드 카(Side Car)가 발동되기도 했다.

① 이날 발생한 사이드 카는 이 건이 유일한 것으로 단 한번뿐이었을 것이다.

② 만약 종합주가지수가 전일대비 10% 이상 하락하였다면 사이드 카 발동으로 선물시장은 20분간 중단될 것이다.

③ 주식시장의 프로그램매매 매도호가의 효력을 정지한 관계로 5분간 지연하여 매매가 체결되었을 것이다.

④ KOSPI 200선물시장에서 전일 거래량이 가장 많은 종목의 가격이 전일 종가대비 5% 이상 변동하여 1분 이상 지속되었다.

⑤ 사이드 카가 발생한 것으로 보아 발생시기는 개장 후 5분 경과 전이나 장 마감 40분 전에 발생한 것은 아니다.

✔**해설** 사이드 카에 대한 기본사항을 묻는 문제이다.
② 서킷 브레이커(Circuit Breakers)에 대한 설명이다.

41 선물저평가(백워데이션 ; back-wardation)에 대한 설명으로 옳지 않은 것은?

① 선물가격이 현물보다 낮아지는 현상을 말한다.

② 역조시장(逆調市長)이라고도 한다.

③ 일반적으로 선물가격이 현물보다 높은 까닭은 기회비용 때문이다.

④ 반대 현상을 콘탱고(contango)라고 한다.

⑤ 선물저평가 상태의 시장을 비정상시장(Inverted Market)이라 한다.

✔**해설** ③ 일반적으로 선물(先物)가격이 현물(現物)가격보다 높은 이유는 미래 시점에 받을 상품을 사는 것이므로 그에 대한 이자와 창고료, 보험료 같은 보유비용이 다 포함되어 있기 때문이다.

Answer 40.② 41.③

42 주식매입과 주가지수 선물매입에 관한 설명으로 옳지 않은 것은?

① 주가지수 선물매입은 만기가 있다.

② 이익을 얻으려면 주식거래 시에는 우선 주식을 매입하고 나중에 그 주식을 비싸게 판다.

③ 주가지수 선물매입에서 이익을 얻기 위해서는 우선 매도한 후 나중에 매도가격보다 비싸게 매입해도 이익을 얻을 수 있다.

④ 개별기업에 관한 정보(발행기업의 자금사정, 경영자의 활동, 발행기업의 수지상황)가 주가 가격을 결정한다고 볼 수 있다.

⑤ 주가지수 선물가격은 거시경제여건(산업생산, 국제수지, 시중자금사정 등)의 영향을 받는다.

✔**해설** ③ 주가지수 선물매입에서 이익을 얻기 위해서는 우선 매도를 한 후 나중에 매도가격보다 싸게 매입해도 이익을 얻을 수 있다.

43 사과가격이 현재 시장에서 2,000원에서 2,100원으로 올랐다. 이 경우 기초자산 가격과 옵션가격과의 관계에 대해 바르게 설명한 것은?

① 콜 옵션 매입자와 풋 옵션 매도자는 이익을 얻게 된다.

② 콜 옵션 매수자와 풋 옵션 매도자는 이익을 얻게 된다.

③ 콜 옵션 매입자와 풋 옵션 매수자는 이익을 얻게 된다.

④ 콜 옵션 매입자와 풋 옵션 매수자는 손해를 본다.

⑤ 콜 옵션 매수자와 풋 옵션 매도자는 손해를 본다.

✔**해설** ① 현재 가격이 오르면 행사가격이 한 달 뒤에 2,000원 아래로 떨어질 가능성이 낮아지므로 콜 옵션 매입자와 풋 옵션 매도자는 이익을 얻게 된다.

Answer 42.③ 43.①

44 김 대리는 최근 주식시장의 강세에 따라 주식형 펀드 가입을 고려하고 있다. 다음의 조건을 바탕으로 할 때 가장 유리한 선택을 하는 펀드는?

<조건>
- 김 대리는 펀드선택시 과거 6개월간 수익률의 변동성이 반영된 샤프지수를 가장 중요하게 생각한다.
- 종합주가지수 상승률 : 35%
- 무위험자산수익률 : 5%

펀드	펀드수익률	수익률 표준편차	베타
A	7%	10%	0.5
B	15%	10%	0.8
C	20%	32%	1.0
D	30%	28%	1.2
E	40%	44%	1.5

① A

② B

③ C

④ D

⑤ E

✔해설 ② 각 펀드의 샤프지수를 계산하면 B펀드가 1로 가장 높다.

※ 샤프지수(Sharpe ratio) … 펀드의 성과분석에서는 수익률뿐만 아니라 위험도 함께 살펴보아야 한다. 이때 위험 조정 성과로 가장 많이 활용되는 것이 샤프지수로서 수익률을 위험(표준편차)으로 나누어 계산한다. 따라서 이 수치는 수익률의 변동성 대비 수익률의 높은 정도 즉, 샤프지수는 위험의 한 단위당 수익률을 나타내므로 이 수치가 높을수록 투자성과는 성공적이라고 할 수 있다. 샤프지수의 측정은 다음과 같다.

$$\frac{\overline{R_p} - \overline{R_f}}{\sigma_p}$$

- $\overline{R_p}$: 포트폴리오의 평균 수익률
- $\overline{R_f}$: 무위험 수익률의 평균
- σ_p : 펀드 수익률의 표준 편차

45 다음 중 저축목적과 그에 적합한 금융상품의 연결이 옳지 않은 것은?

① 자녀교육비마련 – 교육보험

② 주택자금마련 – 장기주택마련저축

③ 노후자금마련 – 종신보험

④ 대출을 위한 저축 – 신용부금

⑤ 생활의 안정성 – 교통상해보험

> ✔해설 ③ 종신보험은 생활의 안정성을 확보하기 위한 목적에 적합하다.

46 다음 중 금융상품 선택요령이 가장 적절하지 않은 것은?

① 일반적으로 금융상품을 선택할 때에는 안전성, 수익성, 유동성을 고려하여 선택하는 것이 적절하다.

② 금융상품의 안전성은 저축자금의 원금 또는 이자의 보호 정도를 의미하며 주요 경영지표 등을 이용하여 우량금융기관을 선택하는 것이 현명하다.

③ 유동성이 높은 상품을 선택하고자 한다면 자금의 필요시점에 언제든 보유금융상품을 현금화 할 수 있는 저축성 예금이나 신탁, 채권 등을 선택하는 것이 적절하다.

④ 취급기관의 운용방식·능력에 따라 동일금융상품도 수익률이 상이할 수 있으므로 거래금융기관을 선택할 때 취급기관의 운용방식·능력 및 부대서비스, 직원 업무능력 등을 알아보는 것이 좋다.

⑤ 시장실세금리를 반영하는 변동금리는 금리하락 시 수익률도 하락하므로 장기 확정금리상품을 선택하는 것이 유리하다고 볼 수 있다.

> ✔해설 ③ 채권이나 신탁 또는 만기가 1년 이상인 상품 등은 중도해지, 환매 등에 따른 불이익으로 유동성이 낮다. 따라서 유동성이 높은 상품을 선택하고자 한다면 수익성은 낮지만 입출금이 자유로운 상품을 선택하는 것이 적절하다고 할 수 있다.

47 우리나라의 금융기관을 구분할 경우 그 성격이 나머지와 다른 하나는?

① 새마을금고
② 상호저축은행
③ 신용협동조합
④ 중소기업은행
⑤ 우체국예금

> ✔**해설** 취급 상품 및 운용 목적에 따른 금융기관의 분류
> ㉠ 은행
> • 일반은행 : 가계나 기업에서 예금·신탁을 받거나 채권을 발행하여 모은 자금을 돈이 필요한 사람에게 빌려주는 업무. 다양한 서비스와 편리성을 갖추고 있으며 예금 금리가 비교적 낮음
> • 특수은행 : 채산성이 낮아 자금을 지원받기 어렵거나 하는 곳에 도움을 주는 업무. 한국산업은행, 한국수출입은행, 중소기업은행, NH농협은행, 수산업협동조합중앙회 등
> ㉡ 비은행 예금 취급기관
> • 새마을금고 : 지역 주민 및 소기업 대상의 예금 및 대출 업무
> • 상호저축은행 : 지역의 서민, 소규모 기업 대상의 예금 및 대출 업무
> • 신용협동조합 : 조합원에게 예금 및 대출 업무를 하며 조합원 간 상부상조 도모
> • 우체국예금 : 전국 우체국에서 취급 중인 공영 예금기관
> ㉢ 보험회사 : 보험 계약자로부터 징수한 보험료를 대출·유가증권·부동산 등에 투자하여 보험계약자의 사망 보험금 지급 업무
> • 생명보험회사
> • 손해보험회사
> ㉣ 금융투자회사
> • 증권회사 : 주식·채권 등 유가 증권의 매매·인수·중개 업무
> • 자산운용회사 : 증권투자대행기관의 역할을 하며, 전문지식이 부족하거나 직접투자가 어려운 투자자들이 이용하기에 적합한 투자신탁펀드 및 뮤추얼펀드 운용
> ㉤ 기타 금융기관 : 기타 금융 중개 업무를 맡는 기관으로 여신 전문 금융회사, 증권 금융회사, 증권투자회사, 선물회사, 자금중개회사, 투자신탁회사, 투자자문회사, 유동화 전문기관 등

Answer 47.④

48 다음 중 현재 우리나라의 통화지표로 사용하지 않는 것은?

① M1

② M2

③ M3

④ L

⑤ Lf

> ✔ 해설 통화지표는 시중에 유통되고 있는 통화의 크기와 변동을 나타내는 척도로 통화신용 정책의 기초 자료가
> 된다. 우리나라는 M1(협의통화), M2(광의통화), Lf(금융기관유동성), L(광의유동성)을 편제하고 있다.
> ㉠ M1 : 가장 일반적인 지불수단인 민간보유 현금과 은행의 요구불예금(예금주의 요구가 있을 때 언제든
> 지 지급할 수 있는 예금)의 합계를 가리킨다. 즉 M1은 현재 가지고 있는 현금처럼 지급을 요구하면
> 바로 빼 쓸 수 있는 요구불예금, 수시 입출식 저축성예금 등의 양을 의미하는 것이다.
> ㉡ M2 : M1에 저축성예금과 거주자외화예금을 합계한 것을 말한다. 저축성예금이란 이자율은 높으나 약
> 정기간이 경과해야 현금 인출이 가능한 예금을 말하며, 거주자외화예금은 우리나라 사람이 가진 외
> 화를 예금한 것을 의미한다. M2는 시중유동성을 가장 잘 파악할 수 있는 지표로 활용된다.
> ㉢ Lf : 과거 M3로 불렸던 것으로 M2에 만기 2년 이상 장기금융상품과 생명보험계약준비금, 증권금융
> 예수금을 더한 것이다. M2에 비해 만기가 길어 저축의 성격도 강하지만 필요하면 쉽게 현금화할 수
> 있다는 공통점이 있다.
> ㉣ L : 가장 넓은 의미의 지표로 정부와 기업이 발행한 각종 채권과 어음 등이 총망라된 것이다. 금융기
> 관이 공급하는 유동성만을 포괄하고 있는 Lf를 포함한 한 나라 경제가 보유하고 있는 전체 유동성의
> 크기를 재는 지표이다.

Answer 48.③

49 다음 중 한국은행의 업무가 아닌 것은?

① 한국은행권 및 주화의 발행
② 통화신용에 관한 정책의 수립
③ 파생통화 창조
④ 외국환업무
⑤ 금융기관에 대한 대출

> ✔️ 해설 한국은행의 업무
> ㉠ 한국은행권 및 주화의 발행
> ㉡ 통화신용에 관한 정책의 수립 및 집행
> ㉢ 금융기관 등의 예금의 수입과 예금지급준비금의 관리
> ㉣ 금융기관에 대한 대출
> ㉤ 공개시장에서의 증권의 매매
> ㉥ 국고금의 예수와 정부 및 정부대행기관과의 여수신
> ㉦ 지급결제제도의 운영 · 관리
> ㉧ 외국환업무

50 다음 중 금리(이자율)의 기능을 모두 고르면?

㉠ 자금배분	㉡ 경기전망
㉢ 경기조절	㉣ 물가조정

① ㉠, ㉡, ㉢   ② ㉠, ㉡, ㉣
③ ㉠, ㉡, ㉢, ㉣   ④ ㉠, ㉢, ㉣
⑤ ㉡, ㉢, ㉣

> ✔️ 해설 금리의 기능 … 자금배분기능, 경기조절기능, 물가조정기능

Answer 49.③ 50.④

51 다음 밑줄 친 금융상품의 특성을 잘 파악하고 있는 사람을 모두 고른 것은?

> 노 씨는 생활비를 충당하기 위해 살고 있는 주택을 담보로 맡기고 <u>역모기지론</u> 상품에 가입했다.

> 김 씨 : 주택을 담보로 맡기고 연금 형태로 생활비를 지급 받고, 사망하면 금융회사가 집을 처분해 그 동안의 대출금과 이자를 상환 받는 형태로 운영되지.
> 이 씨 : 대출받는 사람 입장에서는 집을 먼저 산 뒤 장기간에 걸쳐 원리금을 분할 상환할 수 있는 제도로 목돈 마련의 부담이 없어서 좋지.
> 최 씨 : 노후에 안정된 생활을 돕기 위해 도입된 것으로 고령화시대에 필요한 금융상품이다.
> 강 씨 : 집을 담보로 맡기고 돈을 한 번에 대출 받은 뒤 원금과 이자를 갚아 나가는 제도를 뜻하지.

① 김 씨, 최 씨
② 이 씨, 강 씨
③ 김 씨, 이 씨
④ 최 씨, 강 씨
⑤ 김 씨, 강 씨

> ✔해설 역모기지론은 집을 담보로 하고 연금 형태로 생활비를 지급받고, 사망 후에는 금융회사가 집을 처분해 대출금과 이자를 상환 받는 형태로 노인들의 노후생활 안정을 돕기 위해 도입된 것이다.

Answer 51.①

52 甲은 현재 은행에 고정금리로 예금을 하고 있고 변동금리로 주택담보대출을 받은 상태이다. 향후 금리하락이 예상된다면 甲의 재테크 전략은 어떻게 바뀌는 것이 바람직한가? (단, 예금과 대출 모두 변동금리와 고정금리로 자유롭게 전환할 수 있다고 가정한다)

① 어떤 방법으로 전환하여도 효과는 동일하다.

② 예금은 변동금리로 전환하고, 주택담보대출은 고정금리로 전환한다.

③ 예금은 고정금리를 유지하고, 주택담보대출은 고정금리로 전환한다.

④ 예금은 변동금리로 전환하고, 주택담보대출은 변동금리를 유지한다.

⑤ 예금은 고정금리를 유지하고, 주택담보대출은 변동금리를 유지한다.

> **✔해설** 예금은 자신에게 들어오는 수익의 형태이므로 고정금리를 유지하는 것이 유리하고 주택담보대출은 비용의 형태이므로 변동금리를 유지하여 더 적은 비용을 부담할 수 있도록 한다.

53 금리에 관련된 설명으로 옳지 않은 것은?

① 금리가 오를 경우에는 경제 전체적으로 자금을 효율적으로 배분하는 기능을 하게 된다.

② 금리가 오를 경우 소비가 줄어들게 된다.

③ 금리가 하락하면 투자가 증가하게 된다.

④ 경기가 과열되어 있을 때 금리를 높이면 경기를 진정시킬 수 있다.

⑤ 금리가 오르면 항상 물가가 상승한다.

> **✔해설** ⑤ 금리는 원가에 포함되기 때문에 금리상승은 제품가격을 올리는 요인이 되며 또한 기업의 투자활동과 가계의 소비가 위축되는 등 경제전반적으로 수요가 감소하여 물가를 하락시킬 수도 있다. 따라서 금리가 물가에 미치는 영향은 서로 상반되는 요인 중 어느 쪽 영향이 더 큰가에 따라 달라질 수 있다.

54 한국은행이 콜금리 목표를 인하하겠다고 결정하였을 때 다음 중 추론으로 가장 적절한 것을 고르면?

> ㉠ 부동산에 대한 수요 증가
> ㉡ 원화환율의 상승으로 인한 경상수지의 개선효과
> ㉢ 케인즈 학파의 견해에 따를 경우 큰 폭으로 투자수요 증가
> ㉣ 주식보다 채권에 대한 투자매력 증가

① ㉠, ㉡

② ㉠, ㉢

③ ㉠, ㉡, ㉢

④ ㉠, ㉢, ㉣

⑤ ㉠, ㉡, ㉢, ㉣

✔ **해설** 한국은행이 공개시장조작 정책 등을 실시하여 콜금리를 종전보다 낮게 조절하면 장단기 시장금리나 은행 여수신금리도 하락하게 된다. 따라서 이자율이 감소하므로 가계의 소비가 증가하고 기업 역시 투자가 증가한다.
㉠ 대출금리 및 차입금리의 하락으로 아파트 등의 부동산 투자가 증가한다.
㉡ 콜금리의 조정으로 국내금리가 하락하므로 우리나라 화폐 가치가 하락(원화환율 상승)하므로 수출은 늘고 수입은 감소하므로 경상수지 개선효과가 있다.
㉢ 케인즈 학파는 투자가 이자율에 비탄력적인 것으로 판단한다.
㉣ 금리가 인하되면 채권보다 주식에 대한 투자매력이 증가한다.

Answer 54.①

55 다음 내용이 설명하는 것은 무엇인가?

> 중앙은행인 한국은행이 경기상황이나 물가수준, 금융·외환시장 상황, 세계경제 흐름 등을 종합적으로 고려하여 시중의 풀린 돈의 양을 조절하기 위해 금융통화위원회 의결을 거쳐 인위적으로 결정하는 정책금리를 말한다.

① 실질금리
② 명목금리
③ 기준금리
④ 시장금리
⑤ 장기금리

> ✔해설 지문의 내용은 기준금리의 내용이다. 모든 금리의 출발점이자 나침반 역할을 하는 기준금리는 금융통화위원회의 의결을 거쳐 결정되는 정책금리이다. 일반적으로 기준금리를 내리면 시중에 돈이 풀려 정체된 경기가 회복되고 물가가 상승하며, 기준금리를 올리면 시중에 돈이 말라 과열된 경기가 진정되고 물가가 하락한다.

56 다음 지문에서 설명하는 것에 포함되지 않는 것은?

> 다수의 계약자로부터 보험료를 받아 자금을 운용하여 계약자의 노후, 사망, 질병, 사고발생 시에 보험금을 지급하는 업무를 수행하는 금융회사

① 공제기관
② 한국무역보험공사
③ 생명보험회사
④ 예금보험공사
⑤ 손해보험회사

> ✔해설 지문에서 설명하는 것은 보험회사에 대한 내용이다. 보험회사에는 생명보험회사, 손해보험회사, 공제기관, 한국무역보험공사 등이 있다.
> ④ 예금보험공사는 금융회사가 예금을 지급할 수 없을 때 예금지급을 보장하는 금융유관기관이다.

Answer 55.③ 56.④

57 다음 중 금융시장의 기능이 아닌 것은?

① 금융자산의 환금성

② 위험분산기능

③ 자원배분기능

④ 인플레이션의 지연기능

⑤ 시장규율기능

> ✔**해설** 금융시장의 기능
> ㉠ 자원배분기능
> ㉡ 위험분산기능
> ㉢ 금융자산의 환금성
> ㉣ 금융거래의 필요한 비용과 시간 절감
> ㉤ 시장규율기능

58 다음에서 설명하는 것은 무엇인가?

> 환율, 금리 또는 다른 자산에 대한 투자 등을 통해 보유하고 있는 위험자산의 가격변동을 제거하는 것을 말하며, 확정되지 않은 자산을 확정된 자산으로 편입하는 과정이라 할 수 있다. 주로 선물 옵션과 같은 파생상품을 이용한다. 이를 통해 가격변동에 대한 리스크를 줄일 수 있다.

① 레버리지

② 랩어카운트

③ 풀링

④ 헤징

⑤ 공매도

> ✔**해설** ① 타인의 자본을 빌려 자기 자본의 이익률을 높이는 것
> ② 주식, 채권 등의 자금을 한꺼번에 싸서 투자전문가에게 운용서비스 및 부대서비스를 포괄적으로 받는 계약
> ③ 금융회사가 여러 투자자로부터 자산을 모아 집합시키는 일
> ⑤ 주식을 가지고 있지 않은 상태에서 매도 주문을 내는 것

Answer 57.④ 58.④

59 서원이는 연이율 10% 단리로 적용되는 적금에 10,000원을 넣었다. 3년 후 원리금은 얼마인가?

① 13,000원

② 13,310원

③ 13,440원

④ 13,450원

⑤ 13,600원

> ✔해설 단리는 원금에 대해서만 미리 정한 이자율을 적용하여 이자를 계산한다.
>
> $$현재가치 \times \left[1 + \left(\frac{10}{100} \times 3\right)\right] = 13,000원$$
>
> 원금과 이자를 합친 원리금은 13,000원이다.

60 다음에서 설명하고 있는 것은 무엇인가?

천재지변, 전쟁 등과 같이 분산투자로 인해 줄일 수 없는 위험

① 체계적 위험

② 비체계적 위험

③ 불확실성의 위험

④ 분산투자의 위험

⑤ 분산가능위험

> ✔해설 투자는 불확실성으로 인해 반드시 리스크(위험)가 수반되며 이를 줄이기 위해 개별 자산을 나누어 여러 가지 자산으로 구성하면(포트폴리오) 투자 리스크가 감소하게 된다. 이때 분산투자로 줄일 수 없는 천재 지변과 같은 위험을 체계적 위험이라 하고 줄일 수 있는 산업재해, 파업 등의 위험을 비체계적 위험이 라고 한다.

Answer 59.① 60.①

61 상속예금의 지급절차가 올바르게 나열된 것은?

> ㉠ 상속예금지급 시 상속인 전원의 동의서 및 손해담보약정 체결
> ㉡ 상속재산관리인 선임여부 확인
> ㉢ 상속인의 지분에 영향을 미치는 상속포기, 한정승인 등이 있는지 확인
> ㉣ 상속인들로부터 가족관계증명서, 유언장 등을 징구
> ㉤ 각종 증빙서류가 적법한 지 확인
> ㉥ 상속재산의 분할여부 확인

① ㉠ – ㉡ – ㉢ – ㉣ – ㉤ – ㉥   ② ㉡ – ㉢ – ㉣ – ㉠ – ㉥ – ㉤

③ ㉢ – ㉥ – ㉣ – ㉡ – ㉤ – ㉠   ④ ㉣ – ㉢ – ㉤ – ㉡ – ㉥ – ㉠

⑤ ㉢ – ㉣ – ㉠ – ㉥ – ㉡ – ㉤

> ✔ **해설** 상속예금의 지급절차
> • 상속인들로부터 가족관계등록사항별 증명서 · 유언장 등을 징구하여 상속인을 확인한다.
> • 상속인의 지분에 영향을 미치는 상속의 포기 · 한정승인 · 유류분의 청구 등이 있는지 확인한다.
> • 각종 증빙서류가 적법한 것인지를 확인한다.(유언검인심판서 · 한정승인심판서 등)
> • 상속재산관리인 선임여부를 확인한다.
> • 상속재산의 분할여부를 확인한다.
> • 상속예금지급 시 상속인 전원의 동의서 및 손해담보약정을 체결한다.

62 다음에서 설명하고 있는 내용은 무엇인가?

> 금융과 통신의 대표적인 서비스 융합사례로서 장소의 제약을 받지 않고 자유롭게 이용할 수 있다.

① 인터넷뱅킹   ② 텔레뱅킹

③ 모바일뱅킹   ④ CD/ATM서비스

⑤ 타운뱅킹

> ✔ **해설** 지문에 대한 내용은 모바일뱅킹이다. 휴대전화나 스마트기기 등을 수단으로 무선인터넷을 이용하여 금융서비스를 받는 전자금융서비스로 인터넷뱅킹 서비스에 포함되는 것으로 보이지만 공간적 제약과 이동성 면에서 차이가 있다.

Answer 61.④ 62.③

63 다음 중 은행의 예금자보호 금융상품이 아닌 것은?

① 적립식 예금

② 저축성 예금

③ 외화예금

④ 주택청약저축

⑤ 요구불예금

> ✔ 해설 은행의 예금자보호 금융상품과 비보호 금융상품
>
> ㉠ 보호금융상품
> - 보통예금, 기업자유예금, 별단예금, 당좌예금 등 요구불예금
> - 정기예금, 저축예금, 주택청약예금, 표지어음 등 저축성 예금
> - 정기적금, 주택청약부금, 상호부금 등 적립식 예금
> - 외환예금
> - 예금자보호대상 금융상품으로 운용되는 확정기여형 퇴직연금제도 및 개인형 퇴직연금제도의 적립금
> - 개인종합자산관리계좌(ISA)에 편입된 금융상품 중 예금보호 대상으로 운용되는 금융상품
> - 원본이 보전되는 금전신탁 등
>
> ㉡ 비보호금융상품
> - 양도성예금증서(CD), 환매조건부채권(RP)
> - 금융투자상품(수익증권, 뮤추얼펀드, MMF 등)
> - 은행 발행채권
> - 주택청약저축, 주택청약종합저축 등
> - 확정급여형(DB형) 퇴직연금제도의 적립금
> - 특정금전신탁 등 실적배당형 신탁
> - 개발신탁

Answer 63.④

64 다음 빈칸에 들어갈 내용으로 바르게 짝지어진 것은?

> 위험은 사건발생에 연동되는 결과에 따라서 구분할 수 있다. (㉠)은 손실이 발생하거나 손실이 발생하지 않는 불확실성에 대한 리스크이며, (㉡)은 이익이 발생하는 불확실성에 대한 리스크이다.

	㉠	㉡
①	정태적 위험	동태적 위험
②	순수 위험	투기적 위험
③	동태적 위험	순수 위험
④	투기적 위험	동태적 위험
⑤	정태적 위험	투기적 위험

✔해설 위험은 사건발생에 연동되는 결과에 따라서 구분되는 순수 위험과 투기적 위험, 위험의 발생상황에 따라서 구분되는 정태적 위험과 동태적 위험이 있다.

㉠ 순수 위험 : 조기사망, 교통사고와 같이 손실이 발생하거나 발생하지 않는 불확실성에 대한 리스크로 원칙적으로 보험상품의 대상이 되는 위험이다.

㉡ 투기적 위험 : 주식투자, 도박과 같이 손실이 발생하거나 이익이 발생할 수 있는 불확실성에 대한 리스크이다.

㉢ 정태적 위험 : 사회·경제적 변화와 관계없이 발생하는 화재, 방화 등의 개인적인 위험으로 개별적 사건 발생은 우연적이나, 대수의 법칙에 의해 예측이 가능하므로 보험상품의 대상이 되는 위험이다.

㉣ 동태적 위험 : 산업구조의 변화, 물가변동 등 위험의 영향범위와 확률을 측정하기 어렵고 경제적 손실 가능성과 동시에 이익 창출의 기회를 가지기 때문에 보험의 대상이 되기 어렵다.

Answer 64.②

65 다음에서 설명하고 있는 금융상품으로 알맞은 것은?

> 종합금융회사가 고객의 예탁금을 어음 및 국공채 등에 운용하여 그 수익을 고객에게 돌려주는 실적 배당 금융상품으로서, 예탁금에 제한이 없고 수시 입출금이 가능한 상품

① CMA(Cash Management Account)
② CD(Certificate of Deposit)
③ RP(Repurchase Agreement)
④ MMDA(Money Market Deposit Account)
⑤ ISA(Individual Savings Account)

 해설 ② 양도성예금증서 : 은행이 양도성을 부여하여 무기명 할인식으로 발행한 정기예금증서
③ 환매조건부채권 : 금융기관이 보유하고 있는 국공채 등 채권을 고객이 매입하면 일정기간이 지난 뒤 이자를 가산하여 고객으로부터 다시 매입하겠다는 조건으로 운용되는 단기 금융상품
④ 시장금리부 수입출금식예금 : 고객이 우체국이나 은행에 맡긴 자금을 단기금융상품에 투자하여 얻은 이 익을 이자로 지급하는 구조로 되어 있어 시장실세금리에 의한 고금리가 적용되고 입출금이 자유로우 며 각종 이체 및 결제기능이 가능한 단기상품
⑤ 개인종합자산관리계좌 : 하나의 통장으로 예금, 적금, 주식, 펀드, 주가연계증권(ELS) 등 다양한 상품 에 투자할 수 있는 계좌

66 다음의 현상을 의미하는 용어는?

> 은행은 고객의 예금이 들어오면 일정비율의 지급준비금만을 남기고 나머지는 대출에 사용을 한다. 이 대출금이 또 다시 은행에 예금으로 돌아오면 그 금액의 일정부분을 지급준비금으로 남기고 또 다 시 대출로 사용이 된다. 이와 같이 은행이 대출와 예금을 통해서 최초 예금액의 몇 배 이상으로 예 금통화를 창출하는 현상을 (   )라고 한다.

① 그렉시트   ② 신용창조
③ 시뇨리지   ④ 사모발행
⑤ 양적완화

해설 예금과 대출이 꼬리에 꼬리를 물면서 당초 100만 원이었던 통화량은 100만 원을 훌쩍 넘는 큰 액수로 증대된다. 이와 같이 시중의 통화량이 한국은행이 발행한 통화량 이상으로 증가하는 현상을 예금창조 또는 신용창조라고 한다.

Answer 65.① 66.②

67 다음에서 설명하는 것은 무엇인가?

> 금융기관 간에 자금 과부족을 조정하기 위하여 초단기(1일 이상 90일 이내)로 자금을 거래하는 시장

① 콜시장   ② 사채시장
③ 증권시장   ④ 한국거래소
⑤ 통화안정증권시장

> ✔해설 자금이 부족한 금융기관이 자금이 남는 다른 곳에 자금을 빌려달라고 요청하는 것을 콜(call)이라 하며, 이러한 금융기관 사이에 거래를 하는 시장을 콜시장이라 한다. 즉 금융기관 간에 단기간에 돈을 빌려주거나 빌리는 시장을 말하며, 콜금리는 1일물(overnight) 금리를 의미하며 단기자금의 수요와 공급에 의해 결정된다.

68 단기 금융과 장기 금융은 자금이 융통되는 기간의 장단에 의한 분류로 보통 몇 년을 기준으로 하는가?

① 1년   ② 2년
③ 3년   ④ 4년
⑤ 5년

> ✔해설 1년 이내인 단기금융이 거래되는 시장을 화폐시장 또는 단기금융시장이라 부르며, 그 이상의 금융기간이 거래되는 시장을 자본시장 또는 장기금융시장이라 한다.

69 일반 은행이 예금자의 인출 요구에 언제나 응할 수 있도록 예금의 일정 비율을 중앙은행에 예치하는 것을 무엇이라 하는가?

① 지급준비금   ② 예치금
③ 손실보전금   ④ 미납금
⑤ 시재금

> ✔해설 은행은 예금 중 일부를 지급준비금으로 한국은행에 예치해 두었다가 필요할 때 찾고, 한국은행으로부터 대출을 받기도 한다. 한국은행은 금융기관이 일시적으로 자금이 부족하여 예금자의 예금 인출 요구에 응하지 못할 경우에는 긴급자금을 지원한다.

Answer   67.①   68.①   69.①

70 한국은행에서 수행하는 통화정책 수단이 아닌 것은?

① 공개시장조작　　　　　　　　　② 지급준비제도

③ 여·수신제도　　　　　　　　　　④ 정부규제 최소화

⑤ 대출정책

> ✔해설　한국은행의 통화 신용 정책은 중앙은행이 물가 안정을 독적으로 통화량과 신용공급량을 조절하거나, 금융기관의 대출과 금리를 직접 규제하는 활동이다. 최근에 이용하는 통화신용정책에는 대출정책, 공개시장조작, 지급준비율정책 등 양적 통화 정책에 중점을 두고 있다.

71 은행 등이 예금자의 귀중품·유가증권 등을 요금을 받고 보관하는 행위를 무엇이라 하는가?

① 보호예수　　　　　　　　　　　② 상호부금

③ 지급대행　　　　　　　　　　　④ 팩토링

⑤ 금고대행

> ✔해설　보호예수 … 은행 등이 예금자의 귀중품·유가증권 등을 요금을 받고 보관하는 행위를 말한다. 보호예수에는 목적물의 내용을 명시하여 보관하는 개봉예수와 봉함한 채로 보관하는 봉함예수가 있으며, 은행이 금고의 일부를 열쇠와 함께 빌려주는 대여금고도 은행업무상 보호예수에 포함되어 있으나, 법률적으로는 임대차계약으로 보호예수와는 성질이 다르다.

72 화폐의 발달 순서로 올바른 것은?

① 상품화폐 → 지폐 → 신용화폐 → 금속화폐 → 전자화폐

② 상품화폐 → 지폐 → 금속화폐 → 신용화폐 → 전자화폐

③ 금속화폐 → 상품화폐 → 지폐 → 신용화폐 → 전자화폐

④ 상품화폐 → 금속화폐 → 지폐 → 신용화폐 → 전자화폐

⑤ 금속화폐 → 신용화폐 → 지폐 → 상품화폐 → 전자화폐

> ✔해설　화폐는 시대에 따라 여러 가지 재료와 모양으로 사용되어 왔으며 시대의 흐름에 따라 상품화폐 → 금속화폐 → 지폐 → 신용화폐 → 전자화폐로 발전해 왔다.
>
> ※ 화폐의 종류
> 　　㉠ 상품화폐 : 실물화폐로도 불리며 원시사회에서 물물교환시 발생하는 불편을 줄이기 위해 조개, 곡물, 무기, 소금 등 사람들이면 누구나 수용 가능한 물품을 이용하였다.
> 　　㉡ 금속화폐 : 금·은으로 주조된 화폐로 상품화폐보다 휴대성과 보관이 용이하나 만들 수 있는 금과 은의 양이 부족하기 때문에 지폐가 출현하게 되었다.

Answer　70.④　71.①　72.④

ⓒ 지폐 : 금속화폐의 단점인 휴대성과 마모성을 보완한 화폐이다. 지폐는 국가가 신용을 보장한다.
ⓔ 신용화폐 : 은행에서 돈을 대신하여 쓸 수 있도록 발행한 수표, 어음, 예금화폐 등으로 은행화폐로도 불린다.
ⓜ 전자화폐 : 정보통신사업의 발달로 등장한 것으로 기존의 현금의 성질을 전자적인 정보로 변형시킨 새로운 형태의 화폐이다.

73 다음 중 특수은행이 아닌 것은?

① 한국산업은행
② 한국수출입은행
③ 상호저축은행
④ 중소기업은행
⑤ 수협은행

 특수은행이란 「은행법」의 적용을 받는 일반 은행과 달리 특별 단행 법령의 적용을 받는 은행을 말한다. 일반 은행의 특성상 특정 부문에 대하여 필요한 자금을 충분히 공급하지 못하는 곳에 자금을 원활히 공급하기 위하여 개별법에 따라 설립된 은행을 말하며 상업금융의 취약점을 보완하는 보완금융기관으로서의 기능과 특정부문에 대한 전문금융기관으로서의 기능을 담당한다. 한국산업은행, 한국수출입은행, 중소기업은행, 농협은행, 수협은행이 특수은행에 해당한다.

※ 특수은행
ⓐ 한국산업은행 : 한국산업은행법에 따라 설립된 특수은행으로 정부의 장기자금 융자업무 및 국제금융, 기업구조조정업무, 기업대출 등을 수행한다. 산업금융채권을 독점발행하며 개인금융보다는 기업금융을 중심으로 운영된다.
ⓑ 중소기업은행 : 중소기업은행법에 따라 중소기업자에 대한 효율적인 신용제도를 확립함으로써 중소기업자의 자주적인 경제활동을 원활하게 하게 하기 위해 설립된 특수은행이다. 중소기업에 대한 금융업무를 수행하며 이를 위해 중소기업 금융채권을 발행한다.
ⓒ 한국수출입은행 : 한국수출입은행법에 의해 설립된 은행으로 수출입, 해외투자 및 해외자원개발 등 대외 경제협력에 필요한 금융을 제공하기 위해 만들어졌다. 한국기업의 자본재 수출과 해외 투자, 해외 자원 개발, 주요 자원의 수입 등에 필요한 중장기 금융을 제공하여 대한민국의 경제발전과 국제협력을 도모하는 역할을 맡는다.
ⓓ 수협은행 : 수산업협동조합법에 따라 어업인과 수산물가공업자의 경제적·사회적·문화적 지위의 향상과 어업 및 수산물가공업의 경쟁력 강화를 도모하기 위해 설립된 은행이다. 수산업협동조합은 회원조합과 중앙회로 구성되어 있으며 수협중앙회는 어업인들이 조직하는 협동조합인 지구별 조합, 업종별 조합, 수산물 가공 조합을 회원으로 구성되어 있다. 수협은행은 지난 1962년 설립된 수산업협동조합중앙회의 신용사업부문이다.
ⓔ 농협은행 : 농업협동조합법에 의해 설립된 특수은행으로 농업인의 자주적인 협동조직을 바탕으로 농업인의 경제적·사회적·문화적 지위를 향상시키고, 농업의 경쟁력 강화를 위해 조직되었다. 중앙회는 지역조합, 품목조합 및 품목조합연합회를 회원으로 구성되어 있으며 농자재 구입과 자금의 융통, 일반 은행 업무, 회원의 경제활동 지원 사업을 하고 있다.

Answer 73.③

74 다음 중 일반 은행의 업무가 아닌 것은?

    ㉠ 대출업무   ㉡ 예금업무

    ㉢ 내국환업무   ㉣ 보호예수업무

    ㉤ 지급결제제도업무

---

① ㉠, ㉡   ② ㉡, ㉣

③ ㉠, ㉣   ④ ㉣, ㉤

⑤ ㉤

✔ **해설** 한국은행은 지급결제가 편리하고 안전하게 이루어지도록 지급결제제도의 운영 및 관리를 하고 있다.

※ 일반 은행의 업무 … 「은행법」에 따르면 은행의 업무에는 은행만이 할 수 있는 예금·적금의 수입 등 고유 업무와 채무의 보증 또는 어음의 인수, 보호예수 등 은행 업무에 부수하는 업무인 부수업무, 은행업이 아닌 업무로서 「자본시장과 금융투자업에 관한 법률」에 따른 신탁업무 등의 겸영업무로 구분하고 있다.

㉠ 은행업무
- 예금·적금의 수입 또는 유가증권, 그 밖의 채무증서의 발행
- 자금의 대출 또는 어음의 할인
- 내국환·외국환

㉡ 부수업무
- 채무의 보증 또는 어음의 인수
- 상호부금(相互賦金)
- 팩토링(기업의 판매대금 채권의 매수·회수 및 이와 관련된 업무를 말한다)
- 보호예수(保護預受)
- 수납 및 지급대행
- 지방자치단체의 금고대행
- 전자상거래와 관련한 지급대행
- 은행업과 관련된 전산시스템 및 소프트웨어의 판매 및 대여
- 금융 관련 연수, 도서 및 간행물 출판업무
- 금융 관련 조사 및 연구업무

㉢ 겸영업무
- 파생상품의 매매·중개 업무
- 파생결합증권(금융위원회가 정하여 고시하는 파생결합증권으로 한정한다)의 매매업무
- 국채증권, 지방채증권 및 특수채증권의 인수·매출 업무
- 국채증권, 지방채증권, 특수채증권 및 사채권의 매매업무
- 국채증권, 지방채증권 및 특수채증권의 모집·매출 주선업무
- 집합투자업(투자신탁을 통한 경우로 한정)

Answer 74.⑤

- 투자자문업
- 신탁업
- 집합투자증권에 대한 투자매매업
- 집합투자증권에 대한 투자중개업
- 일반사무관리회사의 업무
- 명의개서대행회사의 업무
- 환매조건부매도 및 환매조건부매수의 업무
- 보험대리점의 업무
- 퇴직연금사업자의 업무
- 신용카드업
- 담보부사채에 관한 신탁업
- 자산구성형 개인종합자산관리계약에 관한 투자일임업
- 본인신용정보관리업
- 금융관련법령에 따라 인가 · 허가 및 등록 등을 받은 금융업무

75 한 나라의 화폐 액면가를 가치변동 없이 동일한 비율의 낮은 숫자로 끌어내리거나, 아예 통화 단위와 호칭을 변경하는 조치를 나타내는 용어는?

① 리디노미네이션
② 인플레이션
③ 스태그플레이션
④ 인스타제이션
⑤ 디플레이션

✔ 해설 리디노미네이션 ··· 화폐 단위를 변경하는 것으로 통용되는 모든 지폐와 동전의 액면을 1,000 대 1 또는 100 대 1 등과 같이 동일한 비율의 낮은 숫자로 변경하는 것을 뜻한다. 리디노미네이션을 단행할 경우 실질적인 의미에서 가치가 변동하거나 자산 규모가 줄어드는 것은 아니므로 리디노미네이션은 돈의 여러 가지 기능 중에서 가치척도 기능인 표시 단위를 변경하는 정책이라고 할 수 있다. 한편 리디노미네이션을 할 때 화폐의 호칭을 바꾸지 않으면 경제생활에 혼란이 일어날 수 있기 때문에 보통 화폐의 호칭도 함께 변경을 한다.

76 다음 중 국제금융시장에서 단기금리의 대표적인 지표로 사용되는 것은?

① 공정금리

② 리보금리

③ T-bill

④ 키보금리

⑤ 유리보

> ✔해설 ① 중앙은행이 일반은행에 자금을 빌려줄 때 적용하는 금리로 공정할인율과 함께 시중 할인율과 각종 금리를 좌우하며 통화공급을 조절하는 정책수단으로 활용되고 있다.
> ② 국제금융시장의 중심지인 영국 런던의 은행 등 금융기관끼리 단기자금을 거래할 때 적용하는 금리로, 유로달러 시장이 국제금융에 커다란 역할을 하고 있어 이 금리는 세계 각국의 금리결정에 주요 기준이 되고 있다.
> ③ 만기가 1년 이하인 국채. 원래 미국의 재무부가 정부를 대신해 발행하는 단기 국채를 뜻했으나 요즘은 미국의 국채뿐 아니라 모든 국가의 단기 재정증권을 포괄하는 개념으로 사용되고 있다
> ④ 좁게는 서울, 넓게는 한국 시중은행 사이에서 이루어지는 금리로, 아시아통화기금(AMF) 창설, 통화 스와프 체결, 아시아 공동화폐 도입 등이 논의되는 과정에서 제기되었다.
> ⑤ 유럽연합(EU) 국가들이 유로화를 단일 통화로 사용하기로 하면서 리보(LIBOR)를 대신해 국제간 금융거래시 새롭게 떠오르고 있는 기준 금리를 말한다. 유리보는 유로은행간 금리의 약자이다.

77 금융위기가 발생하여 개별 금융기관 또는 전체 금융시장에 돈 부족 사태가 나타날 때 위기 극복을 위하여 돈을 공급해 줄 수 있는 마지막 보루를 뜻하는 것은?

① 재할인제도

② 최종대부자

③ 모럴해저드

④ 대출자시장

⑤ 원화예치금

> ✔해설 **최종대부자(Lender of Last Resort)** … 금융위기가 발생하여 개별 금융기관 또는 전체 금융시장에 돈 부족 사태가 나타날 때 위기 극복을 위하여 돈을 공급해 줄 수 있는 마지막 보루를 뜻한다. 이는 현실적으로 화폐의 독점적 발행권과 무제한 공급능력을 가지고 있는 중앙은행만이 할 수 있다.

Answer 76.② 77.②

78 금융기관이 영업과정에서 예기치 못한 손실을 입는 경우에도 정부나 중앙은행의 자금지원 없이 스스로 손실을 감당할 수 있을 만큼의 최소 자본을 사전에 쌓아 두도록 하는 제도는 무엇인가?

① 동일인대출한도제도

② 지급여력제도

③ 자기자본규제제도

④ 위험기준자기자본제도

⑤ 회전대출한도제도

✔ **해설** 금융기관은 영업을 하는 과정에서 다양한 위험에 노출되어 있으며 이를 적절하게 관리하지 못하는 경우 도산할 수도 있다. 예를 들어 은행은 대출한 자금을 만기에 완전히 상환 받지 못할 수 있는 위험, 즉 신용위험에 노출되어 있다. 이외에도 은행은 보유하고 있는 채권이나 주식의 가격 하락, 직원의 자금 횡령 등 다양한 종류의 위험에 노출되어 있다. 따라서 은행이 도산하지 않고 영업을 지속할 수 있으려면 위험이 현실화되어 손실로 나타난 경우에도 이를 충당할 수 있을 만큼의 자본을 보유할 필요가 있는데 이를 제도화한 것이 자기자본규제제도이다. 즉 자기자본규제제도는 금융기관이 영업과정에서 예기치 못한 손실을 입는 경우에도 정부나 중앙은행의 자금지원 없이 스스로 손실을 감당할 수 있을 만큼의 최소 자본을 사전에 쌓아 두도록 하는 제도가 바로 자기자본규제제도이다. 바젤은행감독위원회는 2010년 12월 금융위기의 교훈을 바탕으로 은행부문의 복원력 제고를 위해 현행 자본규제체계를 크게 강화한 '바젤Ⅲ 규정기준서'를 발표하였다. 이 기준서의 주요 내용은 규제자본의 질(質)과 양(量)을 강화하고 레버리지비율 규제를 신설하는 등 글로벌 규제자본체계를 강화하고 글로벌 유동성 기준을 새로 도입하는 것이다.

Answer 78.③

PART

03

경영상식

경영상식

⊘ 가치사슬

① **개념** ··· 1985년 마이클 포터 교수가 주장한 이론으로, 기업이 부가가치 창출에 직·간접적으로 수행하는 주요 활동들을 의미한다. 주활동과 지원활동으로 구분할 수 있다.

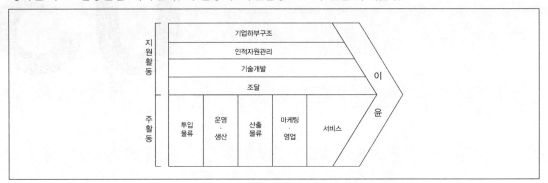

② **목적**

　㉠ 각 단계에서 핵심활동의 강점과 약점, 차별화를 분석할 수 있다.

　㉡ 다른 기업과 비교하여 기업 내부역량을 분석하고 경쟁우위를 구축하는 것을 목적으로 한다.

③ **지원활동** ··· 조달·기술개발·인사·재무·기획 등 현장업무를 지원하는 지원활동으로 부가가치가 창출에 간접적인 역할을 한다.

　㉠ **기업하부구조** : 일반 경영관리나 기획, 법률, 회계 등의 활동을 포함한다.

　㉡ **인적자원관리** : 직원 채용 및 훈련, 개발, 보상 등의 활동을 포함한다.

　㉢ **기술개발** : 연구개발, 설계 등 신기술 개발 활동을 포함한다.

　㉣ **조달** : 투입 물류 외에 부품이나 기업에서 필요한 물품을 구매, 보관 및 조달하는 활동을 포함한다.

④ **주활동** ··· 제품의 생산부터 운송·마케팅·판매·물류·서비스 등과 같은 현장업무로 직접적으로 부가가치를 창출하는 역할을 한다.

　㉠ **물류 투입** : 생산에 사용되는 물류 접수 및 보관, 관리 수송계획 등의 활동을 포함한다.

ⓛ 운영 · 생산 : 투입된 물류를 가공, 포장, 테스트 등 최종 제품으로 전환하는 활동을 포함한다.

ⓒ 물류 산출 : 최종 제품을 주문실행, 유통관리 등 소비자에게 출고하는 활동을 포함한다.

ⓔ 마케팅 및 영업 : 광고나 프로모션, 가격설정 등 소비자가 제품을 구매할 수 있도록 하는 활동을 포함한다.

ⓜ 서비스 : 고객 상담, 제품 설치 및 수리 등 기업과 제품의 가치 유지와 강화활동을 포함한다.

✔ 거래적 리더십

① 특징

ⓐ 리더와 구성원 간 교환관계에 기초한다.

ⓛ 리더는 구성원들이 원하는 것을 제공하며 구성원들의 성과를 유도한다.

ⓒ 구성원 개인의 성장이나 발전보다 조직의 목표달성에 목적을 둔다.

② 거래적 리더십 요소

ⓐ 조건적 보상

• 리더는 명확한 조직의 목표를 제시

• 그 목표를 달성한 경우, 리더가 인센티브나 적절한 보상을 제공함으로써 구성원들의 동기 및 협조를 유발

ⓛ 예외관리

• 목표달성 과정 중 예기치 못한 사건이 발생할 시 리더가 개입하는 것

• 구성원들의 실수로 문제가 발생하지 않도록 사전에 점검하는 적극적인 관리와 업무 결과가 기준에 부합하지 않을 경우에 개입하는 소극적인 관리로 구분

✔ 경영자 계층별 유형

① 최고경영자

ⓐ 조직 상위에 속하는 최고경영층으로 회장, 사장, 부사장 등 고위 인사가 이에 해당한다.

ⓛ 기업의 전반적인 경영정책 및 의사결정 등을 수행한다.

② 중간경영자

ⓐ 조직 중간에 속하는 중간경영층으로 부장, 차장, 과장 등이 이에 해당한다.

ⓛ 최고경영층이 수립한 계획을 실행하며 상위자와 하위자 간의 능력을 조화시키는 역할을 한다.

③ 일선경영자

    ㉠ 현장경영자라고도 불리며, 가장 낮은 단계에 속하는 경영층으로 대리 등이 이에 해당한다.

    ㉡ 작업을 감독·지시하고 생산이나 제조에 직접 관여한다.

⊘ 경영자 분류

① 소유경영자

    ㉠ 기업의 출자자인 동시에 경영을 맡고 있는 사람이다.

    ㉡ 경영활동의 위험과 책임을 직접 부담한다.

    ㉢ 주로 규모가 작은 기업의 경영자가 이에 해당한다.

② 고용경영자

    ㉠ 경영의 일부를 위임받아 활동하는 사람이다.

    ㉡ 대리인 개념으로, 경영활동의 지휘 및 감독업무를 담당한다.

    ㉢ 최종 의사결정은 소유경영자가 한다.

③ 전문경영자

    ㉠ 전문 지식과 능력을 갖추고 윤리적 행동을 실천하는 경영자로서, 경영권을 위탁받아 기업을 경영하는 사람이다.

    ㉡ 기업이 대규모화됨에 따라 일반적인 기업의 이익 극대화뿐만 아니라 사회적 윤리 실천까지 추구한다.

    ㉢ 규모가 큰 대기업의 경영자가 이에 해당한다.

⊘ 경영자 역할

경영자는 기업의 목표를 달성하기 위해 계획을 수립하고 지휘하며 경영활동을 책임지는 사람으로, 캐나다의 헨리 민츠버그 교수가 정리한 경영자의 역할은 다음과 같다.

① 대인관계 역할

    ㉠ 대표자 : 기업을 대표하여 여러 가지 행사를 수행하는 상징적인 역할을 한다.

    ㉡ 리더 : 목표를 달성을 위해 구성원들에게 동기유발과 격려, 갈등 해소 역할을 한다.

    ㉢ 연결고리 : 조직 내 각 관계에서 연결고리 역할을 한다.

② 정보수집 역할

　　㉠ 관찰자 : 빠르고 정확한 의사결정을 위해 관련 정보를 수집하고 관찰하는 역할을 한다.

　　㉡ 전달자 : 수집한 정보를 구성원들에게 전달하는 역할을 한다.

　　㉢ 대변인 : 외부인들에게 정보전달 및 투자를 유치하는 역할을 한다.

③ 의사결정 역할

　　㉠ 기업가 : 기업의 지속적인 성장을 위해 창의적 방법을 모색하는 역할을 한다.

　　㉡ 분쟁조정가 : 노사관계 등에서 조직 내 갈등을 조정하는 역할을 한다.

　　㉢ 자원분배역할 : 기업의 자원을 효율적으로 활용·배분하는 역할을 한다.

　　㉣ 협상자 : 내부뿐만 아니라 외부와의 협상에서 기업에게 유리한 결과를 끌어내도록 협상하는 역할을 한다.

☑ 경영자의 요구능력

① 개념화능력(Conceptual Skill)

　　㉠ 본질을 파악하고 의미를 부여하는 능력이다.

　　㉡ 기업의 성장과 목표달성을 위해 전략적이고 효율적인 의사결정을 해야 하는 최고경영자에게 상대적으로 중요하게 요구되는 능력이다.

② 대인관계능력(Human Skill)

　　㉠ 조직의 일원으로서 원활한 의사소통 및 협동에 필요한 능력이다.

　　㉡ 갈등 해결과 동기부여, 공공의 목표를 달성해야 하는 모든 계층 경영자에게 공통적으로 요구되는 능력이다.

③ 현장업무수행능력(Technical Skill)

　　㉠ 현장에서의 업무수행에 필요한 지식과 기술 능력이다.

　　㉡ 각 업무 분야에 필요한 능력이며 특히 일선경영자에게 중요하게 요구되는 능력이다.

☑ 공급사슬

① 개념 … 제품이나 서비스를 생산하고 최종제품을 소비자에게 출고하기까지의 각종 활동 및 일련의 과정을 말하며 내부공급사슬과 외부공급사슬로 나눌 수 있다.

　　㉠ 내부공급사슬 : 기업 내에서의 자재 흐름(구매 및 생산, 유통)

　　㉡ 외부공급사슬 : 외부 공급자와 소매점 및 소비자

② **공급사슬관리(SCM)** … 공급자로부터 소비자에게 이르기까지의 모든 활동과 과정을 관리하는 것으로 자재의 흐름을 효율적으로 관리하고, 서비스 수준과 경쟁력을 향상시키는 것을 목적으로 한다.

✓ 관여도

관여도는 소비자가 제품을 구매하기 전 정보 탐색에 들이는 시간과 노력의 정도를 말하며, 미국 마케팅 연구자 허버트 크루그먼에 의해 처음 도입된 개념이다.

① **특징** … 관여도를 증가시키는 요인에는 제품의 중요도, 욕구, 관심 등이 있으며 저관여 구매행동과 고관여 구매행동으로 구분할 수 있다.

　㉠ **저관여 구매행동**
　　• 소비자가 제품이나 서비스에 대하여 비교적 관심이 적고 정보 탐색 과정이 짧은 경우를 말한다.
　　• 습관적으로 소비하는 저가의 제품일수록 저관여 구매행동이 나타나며 최소한의 정보로 구매 결정을 내린다.

　㉡ **고관여 구매행동**
　　• 소비자가 구매에 앞서 신중한 의사결정을 하게 되는데 구매하려는 제품이나 서비스에 대한 관심과 상황 등에 결정된다.
　　• 정보 탐색 과정에서 많은 시간과 노력을 들이는 경우로 구매 빈도가 낮고 고가의 제품일수록 고관여 구매행동이 나타난다.

② **소비자와 구매의사결정 과정**

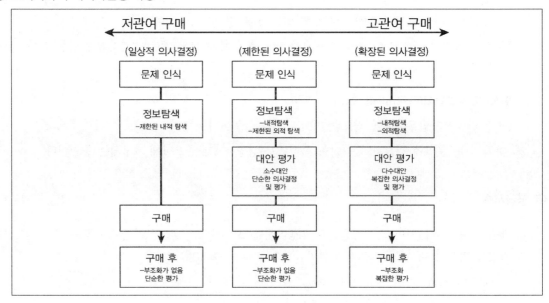

긱 이코노미(Gig Economy)

산업 현장에서 필요에 따라 임시로 계약을 맺고 일을 맡기는 '임시직 경제'를 총칭한다. 활성화될수록 정규직, 비정규직 등의 이분법적 고용 형태 구분이 무색해질 전망이다.

넛지 마케팅(Nudge Marketing)

제품의 특성을 강조하고 구매를 촉진하는 것과 달리 소비자가 제품을 선택할 때 보다 유연하게 접근하도록 하는 마케팅이다. 선택은 소비자가 하는 것이지만 원하는 방향으로 특정 행동을 유도한다. 직접적인 명령이나 지시를 내리지 않는다.

니치 마케팅(Niche Marketing)

'틈새시장'이라는 뜻으로, 시장의 빈틈을 공략하는 제품을 잇따라 내놓는 마케팅으로, 시장 전체가 아닌 특정한 성격을 가진 소규모의 소비자를 대상으로 판매목표를 설정한다.

디 마케팅(De Marketing)

소비자의 자사 제품 구매를 의도적으로 줄이는 마케팅으로, 수익성이 낮은 고객을 줄이고 충성도가 높은(수익성이 높은) 고객에게 집중하기 위한 마케팅이다. 소비자보호나 환경보호 등 사회적 책무를 강조하면서 기업의 이미지를 긍정적으로 바꾸는 효과가 있다.

디드로 효과(Diderot Effect)

친구가 선물한 빨간 가운과 서재의 낡은 가구가 어울리지 않는다고 생각이 하여 하나 둘 바꾸다가 결국 모든 가구를 바꾸게 되었다는 프랑스 철학자 디드로의 일화에서 유래되었다. 하나의 제품을 구매하고 제품과 관련된 다른 제품을 추가로 계속 구매하는 현상으로 제품의 조화를 추구하려는 욕구가 충동구매를 불러일으키며 눈으로 보여 지는 제품일수록 디드로 효과는 강하게 나타난다.

립스틱 효과(Lipstick Effect)

경제 불황기에 나타나는 소비패턴으로, 소비자 만족도가 높으면서 가격이 저렴한 사치품의 판매량이 증가하는 현상이다. 1930년 미국 대공황 때 경제가 어려움에도 립스틱 매출이 오르는 기현상에서 유래되었다.
립스틱뿐만 아니라 최저비용으로 사치욕구를 충족시킬 수 있는 상품과 서비스에 적용할 수 있다.

⚷ 마케팅

① 개념 … 본질적으로 고객에게 가치를 전달하는 것으로 개인이나 조직의 목표를 충족시키기 위한 교환을 창출하기 위해 추진되는 일련의 과정이다.

② 마케팅 개념의 발전

    ㉠ **생산 개념(Production Concept)** : 수요에 비해 공급이 부족하여 소비자들이 제품을 구매하기 어려운 경우, 기업은 생산만 하면 쉽게 판매할 수 있으므로 생산량을 증가시키는 데 집중하는 마케팅 개념을 일컫는다.

    ㉡ **제품 개념(Product Concept)** : 공급이 증대됨에 따라 경쟁이 심화되면서 기업은 제품의 품질이나 성능 등 차별화를 주게 된다. 생산 개념과 달리 제품 개선에 집중하는 마케팅 개념을 일컫는다.

    ㉢ **판매 개념(Selling Concept)** : 제품이 차고 넘치는 공급과잉 시장이 되면서 기업에서는 판매량을 최대화하기 위한 전략을 펼치게 되는데, 제품의 판매 촉진 활동 마케팅 개념을 일컫는다.

    ㉣ **마케팅 개념(Marketing Concept)** : 고객의 니즈에 집중하는 것으로 고객의 욕구를 충족시키고 고객을 만족시킴으로써 이익을 실현하는 것을 목표로 하는 마케팅 개념을 일컫는다.

    ㉤ **사회적 마케팅 개념(Societal Marketing Concept)** : 소비자 만족과 기업의 이윤은 사회 전체 이익에 기여하고 충족시켜야한다는 마케팅 개념을 일컫는다. 기업의 봉사활동이나 그린마케팅 이 이에 해당한다.

③ 마케팅 관리의 과정

    ㉠ 효과적인 조직 목표 달성을 위해 시장의 변화에 집중하여 분석하고 분석결과에 따라 표적시장의 고객을 만족시키는 마케팅 전략을 계획·실행·통제하는 경영 관리 활동이다.

    ㉡ **분석** : 현재 상황을 인지하고 자사분석, 소비자 분석, 경쟁사분석 등의 활동을 통해 기업의 마케팅 성과를 향상시킬 수 있는 목표를 수립하는 단계이다.

    ㉢ **전략(장기)과 계획(단기) 수립** : 분석 단계를 통해 목표 수립 후 구체적인 마케팅 활동을 결정하는 단계이다. 이 단계에서 시장 세분화와 표적시장, 포지셔닝, 마케팅 믹스 활동이 이루어진다.

    • **시장세분화** : 소비자의 니즈, 특성 등을 기준으로 다양한 집단으로 세분화하여 이들이 원하는 요인을 조사하여 시장을 세분화한다.

    • **표적시장 선정** : 기업이 세분화한 시장 중 집중적으로 공략하는 시장을 말한다.

    • **포지셔닝** : 자사제품이 경쟁제품과는 다른 차별적 경쟁우위 요인을 가지고 있어 표적시장에서 소비자들의 욕구를 보다 효율적으로 잘 충족시켜 줄 수 있음을 소비자에게 인식시켜주는 것으로, 기업 경쟁에서 가장 유리한 포지션에 자리를 잡을 수 있도록 하는 활동을 말한다.

- 마케팅믹스(4P) : 기업이 마케팅 목표의 효과적인 달성을 위해 사용하는 마케팅도구의 집합으로, 제품(Product), 가격(Price), 유통(Place), 촉진(Promotion)으로 분류된다. 4P는 표적시장에서 좋은 위치를 선점하는 데 활용된다.
  - ㄹ **실행 및 통제** : 마케팅을 실행하고 목표달성 여부를 평가 및 피드백 하는 단계이다. 이후 기업의 마케팅 활동에 대한 방향을 설정에 많은 영향을 미친다.

✅ 마케팅 믹스(4P) 전략

① **제품관리**(Product Management)

　　㉠ 4P의 첫 번째로 가장 중요한 요소이다.

　　㉡ 제품전략은 제품생산, 브랜드, 포장 등에 대한 종합적인 의사결정을 말한다.

　　㉢ 라이프사이클 관리로 제품의 경쟁력과 차별성을 확보한다.

② **가격관리**(Price Management)

　　㉠ 4P 중 단기간에 효과가 확연하게 나타나는 특징을 가지고 있다.

　　㉡ 비가격요소의 역할이 강조되고 있지만 가격은 여전히 4P의 주요 요소이다.

　　㉢ 지역별로 가격을 차별화 할 수 있고 할인 및 공제정책도 활용할 수 있으며 서로 다른 세분시장에 대해 가격을 설정할 수도 있다.

③ **유통관리**(Place Management)

　　㉠ 생산된 제품을 소비자에게 전달되는 과정으로 모든 생산자가 직접 소비자와 만날 수 없으므로 이와 같은 관리가 필요하다.

　　㉡ 제품이나 서비스가 고객에게 효율적으로 전달될 수 있도록 하는 것이 중요하다.

④ **촉진관리**(Promotion Management)

　　㉠ 마케터가 제품의 혜택을 소비자에게 확신시키기 위해 펼치는 모든 활동을 말한다.

　　㉡ 촉진관리에는 광고, 판촉, 홍보, 인적 판매 등이 있다.

⚛ 마케팅전략

① 시장선도기업(Market Leader)의 경쟁시장 전략

    ㉠ 시장 규모를 확대하는 전략

    ㉡ 경쟁우위를 유지하는 전략

    ㉢ 진입장벽을 높이는 전략

    ㉣ 가격설정자(Price Market) 역할

② 시장도전기업(Market Challenger)의 경쟁시장 전략

    ㉠ 시장 점유율을 높이기 위한 제품 개발 전략

    ㉡ 시장 분석을 철저히 수행하는 전략

    ㉢ 가격 차별화(Price Discrimination) 전략

③ 시장추종기업(Market Follower)의 경쟁시장 전략

    ㉠ 시장선도기업을 모방하는 전략

    ㉡ 모방에서 점진적 개선 작업수행

    ㉢ 가격 수용자(Price Taker) 역할

④ 시장틈새기업(Market Nicher)의 경쟁시장 전략

    ㉠ 경쟁우위구축전략

    ㉡ 비용우위전략

    ㉢ 저가(Low Price) 전략

⚛ 바이럴 마케팅(Viral Marketing)

소비자가 SNS 등 전파 가능한 매체를 통해 자발적으로 홍보할 수 있도록 기업에서 홍보물을 제작하여 퍼트리는 마케팅 기법으로, 컴퓨터 바이러스처럼 확산된다고 하여 바이럴 마케팅이라는 이름이 붙었다. 기업은 광고인 듯 광고가 아닌 유행을 따르는 홍보물을 제작하여 간접광고를 하게 된다.

⚛ 밴드왜건 효과(Bandwagon Effect)

악단을 선도하며 사람들을 끌어 모으는 악대차(樂隊車)에서 유래되었으며, 유행하는 재화나 서비스의 정보에 동조하여 따라 구매하는 현상이다. 정치 분야에서도 사용되는데, 사전 여론 조사나 유세 운동 등에서 우세한 쪽으로 표가 집중되는 현상을 표현할 때 사용한다.

⊗ 버즈 마케팅(Buzz Marketing)

입소문을 통하여 소비자에게 제품 특성을 전달하는 마케팅으로, 소비자 간의 네트워크를 통하여 제품 특성을 전달하는 기법으로 입소문 마케팅 또는 구전 마케팅이라고도 한다. 대중매체를 통해 불특정 다수에게 전달하는 기존 마케팅과는 달리 제품 이용자가 주위 사람들에게 직접 전달하도록 유도하기 때문에 광고비가 거의 들지 않는다는 장점이 있다.

⊗ 베블런 효과(Veblen Effect)

상류층 소비자들에 의해 이루어지는 소비 형태를 말하며, 가격이 오르는데도 과시욕이나 허영심 등으로 수요가 줄어들지 않는 현상이다. 가격이 오르면 오를수록 수요가 증가하며 가격이 떨어지면 오히려 구매하지 않는 경향이 있다.

⊗ 변혁적 리더십

① 특징
  ㉠ 리더의 신념과 가치에 기초한다.
  ㉡ 구성원들의 의식 수준을 높이고 성장과 발전에 관심을 기울여 기대했던 성과보다 더 나은 결과를 유도한다.
  ㉢ 구성원들을 매슬로우의 인간 욕구 5단계 이론의 상위욕구를 추구할 수 있도록 한다.

② 변혁적 리더십 요소
  ㉠ 이상적 영향력 : 구성원들에게 자신감과 바람직한 가치관, 리더에 대한 존경심을 심어주고 비전과 사명감을 제시한다.
  ㉡ 영감적 동기부여 : 구성원들이 비전과 열정을 가지고 업무 수행할 수 있도록 격려하며 동기를 유발시킨다.
  ㉢ 지적 자극
   • 구성원들이 하나의 틀에 얽매이지 않고 새롭고 창의적인 관점으로 문제를 해결할 수 있도록 유도한다.
   • 구성원들의 신념과 가치뿐만 아니라 조직이나 리더의 신념과 가치에도 의문을 품고 더 나은 방향으로 변화할 수 있도록 지원한다.
  ㉣ 개별적 배려 : 구성원 개개인에게 관심을 가지며 그들의 욕구와 능력 차이를 인정하고 잠재되어 있는 능력을 끌어올릴 수 있도록 멘토의 역할을 한다.

⊘ 브랜드

① 개념
- ㉠ 제품이나 서비스를 식별하고 경쟁사와 차별화를 두기 위해 사용하는 이름 혹은 로고 및 디자인이다.
- ㉡ 어느 브랜드를 소비하느냐에 따라 자신의 사회적 위치와 개성을 드러낼 수 있기 때문에 단순한 상표에서 벗어나 기업과 제품의 가치를 담는 수단이다.

② 구성요소
- ㉠ 브랜드 네임 : 소비자들에게 쉽게 각인될 수 있어야 하며 제품이나 서비스의 특성이 나타나야 한다. 소비자와의 소통에서 가장 중요한 핵심 요소이다.
- ㉡ 심벌 및 로고 : 브랜드 이미지를 고착시키는 수단으로 아이덴티티를 나타낼 수 있는 차별화된 시각적인 효과가 필요하다.
- ㉢ 캐릭터 : 브랜드의 개성을 나타내며 기업이나 제품의 특징을 강조할 수 있어야 한다.
- ㉣ 슬로건 : 짧은 문장으로 소비자들에게 각인되기 쉬우면서 의미와 기업의 속성을 내포하고 있어야 한다.
- ㉤ 패키지 : 상품을 보호하고 편리함 제공과 더불어 브랜드의 이미지를 소비자에게 전달할 수 있어야 한다.

③ 계층구조
- ㉠ 한 기업이 제공하는 여러 제품들에 적용되는 브랜드 유형들 간의 서열을 나타낸 것으로 네 가지로 나눌 수 있다.
- ㉡ 종류
  - 기업 브랜드 : 기업명이 브랜드 역할을 하는 것으로 기업 이미지를 통합하거나 기업의 모든 활동을 의미한다.
  - 패밀리 브랜드 : 한 기업에서 생산하는 대표 유사제품 브랜드로 한 가지 브랜드를 부각시킨다.
  - 개별 브랜드 : 단일제품군 내에서 공동 브랜드를 사용하는 것보다 차별화를 둘 수 있으며 각 제품의 속성이나 특징을 잘 나타내어 이미지를 소비자에게 쉽게 전달할 수 있다.
  - 브랜드 수식어 : 이전 제품 모델과 구분하기 위한 짧은 형태의 숫자 또는 수식어를 의미한다.

ⓒ 사채

① **개념** … 이사회의 결의에 따라 일반 대중으로부터 장기 자금 조달의 방법으로 발행하는 회사의 확정 재무임을 표시하는 증권이다. 주식회사만 발행할 수 있으며 사채 발행 총액은 순자산액(자산 총액 − 부채 총액)의 4배를 초과하지 못한다. 사채발행 시 1좌당 10,000원 이상으로 금액은 균일해야 한다.

② **사채발행 이자율**

　ⓐ **액면 이자율**

　　• 사채권면(상환일 아래)에 표시된 이자율이다.
　　• 사채의 액면가액에 표시 이자율을 곱한 금액을 투자자에게 지급한다.

　ⓑ **시장 이자율**

　　• 채권시장에서 형성되는 실질 이자율을 의미한다.
　　• 사채의 시장가격을 결정하는 요소이다.

　ⓒ **유효 이자율**

　　• 사채의 현재가치와 사채의 발행가액을 일치시키는 할인율이다.
　　• 사채발행비가 발생하지 않은 경우에는 취득 당시의 시장 이자율과 동일하다.
　　• 사채발행비가 발생하면 사채의 발행가액은 시장 이자율로 할인한 사채의 현재가치에서 사채발행비를 차감하여 결정되므로 유효 이자율은 시장 이자율과 다르게 책정된다.

③ **사채발행방법**

　ⓐ **액면발행**(액면금액 = 발행가액)

　　• 주식이나 채권을 액면금액과 동일한 금액으로 발행하는 것이다.
　　• 액면 이자율과 유효 이자율이 같을 때 발행한다.

　ⓑ **할인발행**(액면금액 > 발행가액)

　　• 사채를 액면금액 이하로 발행하는 것이다.
　　• 액면 이자율이 유효 이자율보다 작을 때 발행한다.
　　• 재무상태표상에는 사채 할인 발행차금을 사채에서 차감하는 형식으로 표시한다.

　ⓒ **할증발행**(액면금액 < 발행가액)

　　• 사채를 액면금액 이상으로 발행하는 것이다.
　　• 액면 이자율이 유효 이자율보다 높을 때 발행한다.
　　• 재무상태표상에는 사채 할증 발행차금을 사채에 가산하는 형식으로 표시한다.

⚙ 서번트 리더십

① 특징

    ㉠ 자신보다 구성원들의 이익추구에 기초한다.

    ㉡ 지시나 명령이 아닌 낮은 자세를 취하며 구성원들의 성장과 발전을 도와 조직의 목표달성을 유도한다.

    ㉢ 리더가 희생하여 리더와 구성원들 사이의 신뢰를 형성한다.

② 서번트 리더십 요소

    ㉠ **경청하는 자세** : 구성원들의 의견을 수용하는 자세로 주의 깊게 듣는다.

    ㉡ **공감대 형성** : 구성원들의 상황과 입장을 이해한다.

    ㉢ **치유** : 업무로 인한 건강문제나 구성원들 간의 감정교류 및 스트레스를 경감한다.

    ㉣ **지각** : 구성원들보다 전체적인 상황과 요소들을 정확하고 빠르게 판단한다.

    ㉤ **설득** : 일방적인 지시를 내리는 것이 아니라 대화로 구성원들을 설득한다.

    ㉥ **제시** : 비전과 목표를 설정하고 제시한다.

    ㉦ **통찰** : 자신의 경험으로 앞으로의 결과를 예측한다.

    ㉧ **청지기 정신** : 자신이 감당해야 할 역할에 대해 책임을 다한다.

    ㉨ **능력개발** : 구성원들이 자신의 잠재력을 발견하고 성장할 수 있도록 지원한다.

    ㉩ **공동체 형성** : 구성원들이 소속감을 느끼고 협력할 수 잇도록 조성한다.

⚙ 소비자 의사결정 과정

소비자가 구매를 결정하기까지의 과정은 다섯 단계로 구분할 수 있다.

① 문제 인식

    ㉠ 의사결정의 첫 번째 단계로 소비자가 욕구를 느낄 때 발생한다.

    ㉡ 소비자는 문화나 사회적, 개인적인 다양한 요인으로 문제를 인식하게 된다.

② 정보 탐색

    ㉠ 소비자가 문제를 해결할 수 있는 제품에 대해 정보를 획득하는 단계이다.

    ㉡ 내적 탐색과 외적 탐색으로 나눌 수 있다. 내적 탐색은 경험이나 지식 등에서 탐색하는 것이고 외적 탐색은 외부에서 정보를 추가적으로 탐색하는 것을 말한다.

③ 대안 평가

　　㉠ 구매 대안을 비교하고 평가내릴 때 발생하는 단계이다.

　　㉡ 가능성과 가치 판단이 대안 평가의 중심이 된다.

④ 구매 결정 … 다양한 대안 중 소비자가 하나의 대안을 선택하게 되는 단계이다.

⑤ 구매 후 행동

　　㉠ 소비자는 구매 한 제품이나 서비스에 대해 반응하는 모든 것을 구매 후 행동이라고 한다.

　　㉡ 소비자의 제품 재구매 여부가 결정되는 단계이다.

☑ 소비자의 의사결정에 영향을 미치는 요인

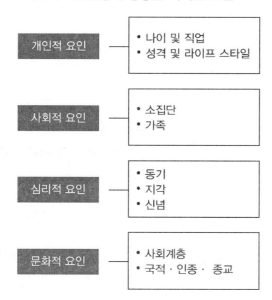

개인적 요인	• 나이 및 직업 • 성격 및 라이프 스타일
사회적 요인	• 소집단 • 가족
심리적 요인	• 동기 • 지각 • 신념
문화적 요인	• 사회계층 • 국적 · 인종 · 종교

☑ 소비자 행동

소비자들이 제품을 구매하고 사용하고 평가하는 일련의 모든 행동을 말하며, 제품을 선택한 이유와 방법, 시점이나 빈도 등도 소비자 행동에 포함된다. 소비자의 의사결정 단위에는 정보수집자, 영향력행사자, 의사결정자, 구매자 등 다양한 역할을 맡은 개개인들이 존재한다.

⊘ 스놉 효과(Snob Effect)

특정 제품에 대한 수요가 증가할 경우 오히려 그 제품에 대한 수요가 떨어지는 현상으로, 다른 사람과는 차별화된 소비를 지향하며 마치 까마귀 속에서 혼자 떨어져 고고하게 있는 백로의 모습 같다고 해서 '백로 효과'라고도 한다.

⊘ 앤소프 매트릭스 전략

러시아의 이고르 앤소프 박사가 제시한 기업의 성장전략 유형 매트릭스이다. '제품 – 시장 성장 매트릭스'라고도 하며, 이 유형은 기업의 향후 방향을 결정하고 성장전략을 파악하는 데 도움을 준다.

① 시장 침투(Market Penetration) 전략

　㉠ 기존 제품을 변경하지 않고 기존 고객들의 제품 사용량을 증가시키는 방법이다.

　㉡ 가장 안정적인 방법이며, 브랜드 리뉴얼 전략이라고도 한다.

　㉢ 광고 등을 통하여 소비자가 인식하지 못했던 특징을 어필하거나, 생산원가절감 등을 통하여 가격 경쟁력을 높여 경쟁사의 고객을 유인하고 시장 점유율을 확대할 수 있다.

② 시장 개발(Market Development) 전략

　㉠ 기존 제품을 새로운 시장에 판매하는 것으로 지역이나 고객층을 확대하는 방법이다.

　㉡ 이미 국내 시장을 지배하고 있는 기업은 해외 시장으로 확대하여 기존 제품에 대한 새로운 수요를 창출할 수 있다.

③ 제품 개발(Product Development) 전략

　㉠ 기존 시장에 신제품을 개발 · 출시하여 시장 점유율을 확대하는 전략이다.

　㉡ 고객과의 소통이 활발하고 브랜드 충성도가 높은 기업은 시장의 흐름과 소비자의 니즈를 파악하기 쉽기 때문에 매우 효율적인 방법이다.

④ 다각화(Diversification) 전략

　㉠ 새로운 제품이나 서비스를 개발하여 새로운 시장을 개척하는 전략이다.

　㉡ 네 가지 성장전략 유형에서 가장 혁신성이 높고 위험도 가장 크다.

　㉢ 다각화 전략에는 기존 제품과 관련된 제품을 개발하여 새로운 시장에 내놓는 방법(관련 다각화)과 기존 제품과 관련이 없는 제품을 개발하여 새로운 시장에 내놓는 방법(비관련 다각화)이 있다.

⚙ 앰부시 마케팅(Ambush Marketing)

규제를 교묘하게 피해가는 간접 마케팅으로, 대형 스포츠 경기의 공식 후원업체가 아니면서 광고 문구 등으로 관련 있는 업체 인상을 준다.

⚙ 우발부채

① 개념

　㉠ 과거 사건은 발생했으나 기업이 통제할 수 없는 하나 이상의 불확실한 미래 사건의 발생 여부에 의해서만 그 존재여부가 확인되는 잠재적인 의무이다.

　㉡ 과거의 거래나 사건의 결과로 발생한 현재 의무이지만, 그 의무를 이행하기 위해 자원이 유출될 가능성이 적고, 가능성이 높아도 금액을 신뢰성 있게 추정할 수 없는 경우의 잠재적 부채이다.

② 우발부채 회계처리

　㉠ 충당부채와 달리 금액의 신뢰성 있는 측정이 불가하고 현재 의무여부가 확실하지 않은 잠재적 의무인 경우와 자원의 유출 가능성이 높지 않은 경우이므로 다음을 주석으로 공시한다.

　　• 우발부채의 추정금액

　　• 자원의 유출금액 및 시기와 관련된 불확실성의 정도

　　• 제3자에 의한 변제 가능성

　㉡ 과거 우발부채로 처리하였더라도 이후 충당부채의 인식조건을 충족하면 재무상태표에 충당부채를 인식하도록 한다.

⚙ 이익 잉여금

① 개념 … 영업활동이나 투자활동 등 기업의 이익창출황동에 의해 축적된 이익이며, 배당 등 사외에 유출하지 않고 사내에 유보한 이익을 말한다.

② 종류

　㉠ 가처분 이익 잉여금

　　• 법정적립금

　　－이익준비금 : 채권자를 보호하고 회사의 재무적 기초를 견고하게 하려는 상법의 규정에 의해 강제로 적립되는 법정준비금

　　－기타 법정적립금 : 상법 이외의 재무관리규정 등에 의하여 의무적으로 적립해야 하는 기업합리화 적립금

　　• 임의적립금 : 기업이 법률 규정에 의거하지 않고 주주총회 경의에 의하여 이익을 유보한 것으로

이용목적과 방법은 자유이다.

-적극적 적립금 : 적극적인 사업 확장 등을 목적으로 설정한 적립금으로 감채적립금, 신축적립금, 사업확장적립금 등이 해당된다.

-소극적 적립금 : 사업 확장이 아닌 거액의 비용이 발생하는 경우 보충하기 위한 목적으로 설정한 적립금으로 퇴직급여적립금, 배당평균적립금, 결손보전적립금 등이 해당된다.

ⓒ 미처분 이익 잉여금 : 기업의 활동으로 얻게 된 이익 중 상여금이나 배당 등으로 처분되지 않은 이익 잉여금이다.

⊘ 인적자원관리

① 개념

㉠ 인적자원관리는 기업에 필요한 인력을 발굴하고 교육·개발하여 그들을 효율적으로 관리하는 체제를 말한다.

ⓒ 직무 분석 및 설계, 모집 및 선발, 훈련, 보상, 노조와의 관계 등이 있다.

② 관리체계

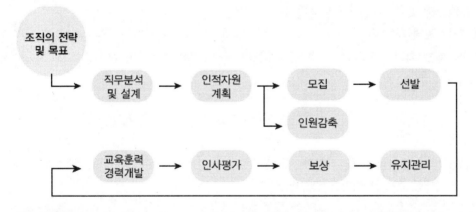

③ 인적자원관리의 필요성

㉠ 내부환경

• 기업의 규모 확대 : 기업의 규모가 확대되어 그에 맞는 인사관리 필요성 대두

• 노동력 변화 : 구성원들의 연령 변화와 전문성 증가, 여성근로자의 증가 등

• 사고 변화 : 조직 중심의 사고에서 개인의 가치와 목표달성이 우선시 되는 사고

ⓛ 외부환경
　　　• 경제 변동 : 경기 호황과 불황에 따른 고용문제와 인력문제 발생
　　　• 기술 발달 : 자동화 기술 발달이나 시스템 발달 등으로 인한 재구축 필요성 대두
　　　• 사회적 책무 : 기업이 마땅히 해야 할 사회적 책임 수행
　　ⓒ 인적자원관리와 성과의 관계 : HRM 시스템이 구성원들의 태도와 지각에 영향을 주고 행동 변화
　　　를 촉진하며 이를 통하여 성과를 달성할 수 있다.

④ 전통적 HRM과 현대적 HRM
　　㉠ 전통적 HRM
　　　• 직무 중심의 인사관리
　　　• 소극적 관리
　　　• 조직 목표만을 강조
　　　• 평가 – 보상제도의 미흡한 체계
　　ⓛ 현대적 HRM
　　　• 경력 중심의 인사관리
　　　• 적극적 관리
　　　• 조직 목표와 개인 목표의 조화
　　　• 평가 – 보상제도의 확실한 체계

ⓥ 자본 잉여금

① 개념 … 증자나 감자 등 주주와의 거래에서 발생하여 자본을 증가시키는 잉여금을 말하며, 배당이
　　불가능하다.

② 종류
　　㉠ 주식발행초과금
　　　• 주식발행 시 액면가액을 초과하는 부분이다.
　　　• 주식발행과 관련하여 증권인쇄비, 주주모집을 위한 광고비 등 주식발행비가 발행하면 이는 직
　　　접적으로 발생한 비용이므로 주식의 발행가액에서 차감한다.
　　　• 주식이 할증 발행된 경우에는 신주발행비를 주식발행초과금에서 차감하고 액면발행이나 할인
　　　발행된 경우에는 주식할인발행자금으로 하여 자본조정으로 처리한다.

ⓛ 감자차익
- 감자 시 지급한 대가가 감자한 주식의 액면가액에 미달하는 경우에는 그 미달액을 자본거래로 인한 이익으로 보아 감자차익으로 하여 자본 잉여금으로 분류한다.
- 감자 대가가 감자한 주식의 액면가액을 초과하는 경우에는 그 초과액을 자본거래로 인한 손실로 보아 감자차손으로 하여 자본조정으로 분류한다.

ⓒ 자기주식처분이익
- 회사가 취득한 자기주식은 자본의 차감항목으로 자본조정에 계상한다.
- 자기주식을 매각할 때 자기주식의 처분가액이 자기주식의 취득원가를 초과하면 그 초과액을 자기주식거래로 인한 이익으로 보아 자본 잉여금에 분류한다.
- 자기주식의 처분가액이 취득원가에 미달하면 자기주식거래로 인한 손실로 보아 자본조정으로 분류한다.

⊘ 재무상태표

① 개념
ⓐ 일정 시점에 있어서 기업이 보유하고 있는 자산 및 자본, 부채에 관한 정보를 제공하는 보고서이다.
ⓑ 정보이용자들이 기업의 유동성과 재무적 탄력성, 수익성과 위험성을 평가하는 데 유용한 정보를 제공한다.

② 구조
ⓐ 자산 : 해당 자금을 어떻게 운용하였는지에 대한 결과를 나타내는 것으로 크게 유동자산(1년 이내에 현금으로 전환되거나 소비될 것으로 예상되는 현금이나 예금)과 비유동자산(유동자산으로 분류되지 않는 모든 자산)으로 구분할 수 있다.
- 당좌자산
- 재고자산을 제외한 유동자산이다.
- 판매과정을 거치지 않고 1년 이내에 현금으로 전환될 수 있는 자산이다.
- 현금 및 현금성 자산 , 단기금융상품, 단기매매증권, 미수금, 선급금 등이 있다.
- 재고자산
- 영업상 판매를 목적으로 구입하거나 자체적으로 생산한 재화이다.
- 판매과정을 통하여 현금으로 전환될 수 있는 자산이다.
- 상품, 제품, 원재료, 제공품 등이 있다.

- 투자자산
-다른 기업을 통제할 목적 혹은 장기적인 투자수익을 획득하기 위하여 보유하는 자산이다.
-장기금융상품, 매도가능증권, 투자부동산 등이 있다.
- 유형자산
-기업이 생산이나 영업 및 관리에 사용할 목적으로 보유하는 물리적 형태의 자산이다.
-토지, 건물, 구축물, 기계 등이 있다.
- 무형자산
-기업이 보유하는 물리적 형태가 아닌 비화폐성자산이다.
-영업권, 소프트웨어, 개발비 등이 있다.
- 기타 : 임차보증금, 장기미수금, 장기성 매출채권 등이 있다.

ⓒ **부채** : 금융기관을 비롯한 제3자에게 빌린 자본, 혹은 주주들에게 투자받은 자본을 말한다.
- 유동부채 : 1년 이내에 상환해야하는 채무를 의미하며 매입 채무, 미지급법인세, 유동성장기부채 등이 있다.
- 비유동부채 : 유동부채 이외의 부채로, 상환기간이 1년을 넘는 채무를 의미하며 장기미지급부채, 사채 등이 있다.

ⓒ **자본** : 자산 총액에서 부채 총액을 차감한 잔여액 또는 순자산이다.
- 자본금
-기업이 발행한 주식의 액면가액에 해당하는 금액
-보통주, 우선주 등
- 자본 잉여금
-기업활동으로 인하여 증가한 자본금 이외의 준자산증가의 유보액
-주식발행초과금, 감자차익, 자기주식처분이익 등
- 이익 잉여금
-자본거래 이외의 거래를 통해 발생한 순이익 중 주주에게 배당하지 않고 기업내부에 유보되어 있는 금액
-이익준비금, 미처분이익 잉여금, 기타법정적립금 등
- 자본조정 : 주식할인발행차금, 감자차손, 자기주식, 자기주식처분손실 등
- 기타 포괄손익누계액 : 매도가능증권평가손익, 해외사업환산손익 등

⚙ 재무제표

① 개념
- ㉠ 기업의 재무상태와 경영성과 등을 정보이용자에게 보고하기 위한 수단으로서 기업회계기준에 따라 작성하는 보고서이다.
- ㉡ 재무제표 중 재무상태표만이 일정시점의 개념이고 나머지 기본재무제표는 일정기간의 개념을 나타낸다.

② 목적
- ㉠ 투자자나 채권자 등 정보이용자들의 의사결정에 유용한 정보를 제공한다.
- ㉡ 향후 현금흐름, 즉 시기나 불확실성 등을 예측하는데 유용한 정보를 제공한다.
- ㉢ 기업의 재무상태, 경영상태, 자본변동 등에 대한 정보를 제공한다.
- ㉣ 경영자의 수탁업무 책임을 평가하는 데 정보를 제공한다.

③ 한계
- ㉠ 정확한 서술보다는 추정과 판단에 근거하여 신뢰성이 다소 떨어질 수 있다.
- ㉡ 기업에 관한 정보를 제공하므로 산업 또는 경제 전반에 관한 정보를 제공하지 않는다.
- ㉢ 화폐단위로 측정된 정보를 제공하기 때문에 계량화하기 어려운 정보는 생략한다.

④ 종류
- ㉠ **재무상태표** : 기업의 재무상태를 나타낸 표이다. (부채 + 자본)
- ㉡ **포괄손익계산서** : 기업의 영업활동 결과를 나타낸 표이다. (수익 - 비용)
- ㉢ **자본변동표** : 기업의 자본 크기와 변동에 관한 정보를 나타낸 표이다. (자본거래 + 손익거래)
- ㉣ **현금흐름표** : 기업의 실질적인 현금 흐름을 나타낸 표이다. (영업활동 + 투자활동 + 재무활동)
- ㉤ **주석** : 본문 내용을 보완하는 설명으로 구성

⚙ 전시 효과(Demonstration Effect)

타인의 소비행동을 모방하려는 소비성향을 말하며, 개인이 사회의 영향을 받아 상류층의 소비 형태를 모방하기 위해 무리한 지출을 하는 현상이다.

⊘ 제품수명주기(PLC ; Product Life Cycle)

제품이 시장에 출시되어 폐기될 때까지 순환되는 일련의 과정을 의미한다. 시간 흐름에 따라 도입 – 성장 – 성숙 – 쇠퇴의 단계를 거치는데, 각 단계마다 다른 마케팅 전략이 요구된다.

① 도입기 … 경쟁자가 적고 거의 독점 상태의 단계이다. 그러나 인지도도 낮기 때문에 매출도 낮은 단계이다.

　㉠ 마케팅 목표 : 제품 인지 증대에 주력

　㉡ 마케팅 전략 : 원가에 가산한 가격 전략, 유통업자를 대상으로 광고 전략 등

② 성장기 … 제품 판매량이 급속히 증가하면서 순이익이 발생하는 단계이다. 이때, 경쟁기업들이 점차적으로 생겨난다.

　㉠ 마케팅 목표 : 시장점유율 극대화

　㉡ 마케팅 전략 : 시장 세분화 전략, 제춤에 대한 인지도 구축 전략

③ 성숙기 … 매출 최고치를 찍고 경쟁으로 인해 서서히 매출이 줄어드는 단계이다.

　㉠ 마케팅 목표 : 기존 시장점유율 방어

　㉡ 마케팅 전략 : 시장 세분화 극대화, 제품 수정 및 광고 수정

④ 쇠퇴기 … 소비자의 기호 변화, 경쟁기업의 증가 등으로 매출이 쇠퇴하는 단계이다.

　㉠ 마케팅 목표 : 비용 절감 및 투자액 회수

　㉡ 마케팅 전략 : 제품 가격 인하, 선택적 유통경로 전략

⊘ 주식회사

① 개념 … 주식을 발행하여 설립된 회사로, 주주에게는 채무에 관한 직접 책임이 없고 소유와 경영이 분리되어 주주가 직접 경영에 참가할 필요가 없다.

② 특징

　㉠ 주주의 출자로 구성되며 자본은 주식으로 분배된다. 주주는 주식을 통하여 회사에 대한 출자의무를 질 뿐 그 밖의 아무런 책임은 지지 않는다.

　㉡ 소유와 경영이 분리되어있으며 기관의 분화가 이루어져 있다. 주식의 매매와 양도가 자유로워 주주의 지위를 떠날 수 있으므로 소유와 경영은 분리된다.

　㉢ 주주는 주주총회에서 회사의 기본 사항을 결정한다. 주주총회의 결의에 의해 해산하고 특별결의에 의해 회사를 계속 경영할 수 있다.

③ 기관

　㉠ 주주총회
　　• 기본적인 의사를 결정하는 기관으로 주주로 구성되어 있다.
　　• 소집 시기에 따라 정기적으로 개최하는 정기총회와 필요에 따라 개최하는 임시총회가 있다.
　　• 주요 결정사항에는 재무제표 승인, 이사·감사 및 청산인의 선임과 해임, 보수 결정, 합병 승인, 정관 변경, 전환사채 발행, 주식배당, 자본의 감소 등이 있다.
　　• 주주는 이사 인사권을 가지고 있으며 회사의 실질적 소유자로, 주주의 이익을 우선시 한다.

　㉡ 이사회
　　• 업무집행에 관한 사항을 결정하는 기관으로 이사로 구성되어 있다.
　　• 이사의 선임은 등기사항이며 회사의 자본총액이 5억 미만인 경우 1인 혹은 2인의 이사를 둘 수 있다.
　　• 회사경영을 맡고 있으며 대표이사가 이사들의 의견을 취합하여 의사결정을 한다.
　　• 이사는 주주총회에서 선출되며 언제든지 특별결의에 의한 주주총회 결의로 해임될 수 있다.

　㉢ 감사
　　• 회사의 회계감사를 임무로 하는 기관이다.
　　• 감사는 주주총회에서 선출한다.
　　• 감사의 의무로는 감사록 작성, 이사회에 대한 업무보고, 주주총회에 대한 보고의무, 감사보고서 제출이 있다.
　　• 감사의 의무를 해태 한 때에는 감사는 회사에 대하여 손해 배상할 책임이 있다.

⦿ 채찍 효과

① 개념

　㉠ 공급사슬관리에서 반복적으로 발생하는 문제점 중 하나로, 제품에 대한 수요정보가 공급사슬을 거쳐 전달될 때마다 왜곡되는 현상을 말한다.

　㉡ 고객의 수요가 상부로 전달될수록 수요의 변동성이 증가하는 현상이다. 소를 몰 때 긴 채찍을 사용하면 손잡이 부분에서 작은 힘이 가해져도 끝부분에서는 큰 힘이 생기는 데에서 붙여진 명칭으로 나비 효과와 유사하다.

　㉢ 공급에 있어서 수요의 작은 변동이 제조업체에 전달될 때는 확대되어 수요의 변동이 불확실하게 보이게 된다. 이처럼 정보가 왜곡되면 공급에 재고가 쌓이고 서비스 수준도 저하된다.

② 원인

　㉠ 수요예측 실패 : 시장수요의 정보 부재로 소비자들의 실제 수요보다 주문량에 근거하여 예측하게 되어 채찍효과를 야기한다. 기업 관점으로 의사결정을 하여 결국 전체 왜곡현상이 발생하게 된다.

ⓛ 리드타임의 장기화 : 리드타임은 생산에 착수하고 출하하는 시점을 말한다. 각 업체가 긴 리드타임을 갖게 될 경우에도 왜곡이 발생하고 재고비용의 증가로 연결될 수 있다.

⊘ 충당부채

① 개념 … 과거의 거래나 사건의 결과로 인한 현재의 의무로, 지출의 시기 또는 금액이 불확실하지만 요건을 모두 충족할 시 재무상태표에 부채로 올리며 관련 비용 또는 손실을 인식하여 그 성격에 따라 처리한다.

② 충당부채의 인식

ⓙ 과거의 거래나 사건의 결과 때문에 현재에 의무가 존재한다.

ⓛ 당해 의무를 이행하기 위하여 자원이 유출될 가능성이 높다.

ⓒ 의무의 이행에 소요되는 금액을 신뢰성 있게 측정할 수 있다.

⊘ 충당부채와 우발부채 비교

구분	충당부채	우발부채
현재의무 존재	현재의무 존재	잠재적 의무 존재
자원 유출가능성	높음	높지 않음
금액의 신뢰성 있는 추정	신뢰성 있는 추정 가능	신뢰성 있는 추정 불가능
재무상태표	부채로 인식	주석으로 공시하나 자원의 유출성이 몹시 희박하다면 주석 공시 불필요

⊘ 충당부채와 우발부채 회계 처리

자원유출 가능성	금액의 신뢰성 있는 추정	
	가능	불가능
높음	• 현재의무 : 충당부채로 인식하고 공시 • 잠재적 의무 : 우발부채로 공시	우발부채로 공시
높지 않음	우발부채로 공시	우발부채로 공시

⊘ 파노플리 효과(Panoplie Effect)

소비자가 특정 제품을 소비하면 그 제품을 소비하는 집단 혹은 계층과 같아진다는 환상을 갖게 되는 현상으로, 소비자가 구매한 제품을 통해 지위와 가치를 드러내려는 욕구에서 발생한다. 연예인이나 유명인이 사용하는 것으로 알려진 제품 수요가 높아지는 현상도 파노폴리 현상이다.

⊘ 포지셔닝 과정

① 소비자 분석 ··· 소비자 욕구와 기존제품에 대한 불만족 원인을 파악한다.

② 경쟁자 확인 ··· 제품의 경쟁 상대를 파악한다. 이때 표적시장을 어떻게 설정하느냐에 따라 경쟁자가 달라진다.

③ 경쟁제품의 포지션 분석 ··· 경쟁제품이 소비자들에게 어떻게 인식되고 평가받는지 파악한다.

④ 자사제품의 포지션 개발 ··· 경쟁제품에 비해 소비자 욕구를 더 잘 충족시킬 수 있는 자사제품의 포지션을 결정한다.

⑤ 포지셔닝의 확인 및 리포지셔닝 ··· 포지셔닝 전략이 실행된 후 자사제품이 목표한 위치에 포지셔닝이 되었는지 확인한다.

⊘ 프로슈머 마케팅(Prosumer Marketing)

생산자(Producer)와 소비자(Consumer)를 합성한 용어로 소비자가 신제품 개발에 참여하는 마케팅으로, 소비자들의 니즈를 파악한 후 신제품을 개발하던 방식에서 공모전이나 대회 등의 참여를 통하여 소비자가 직접 아이디어를 제안하고, 기업이 이를 제품으로 개발한다.

⊘ 프리 마케팅(Free Marketing)

상품과 서비스를 무료로 제공하는 마케팅으로, 고객의 시선을 끌기 위하여 사용되나 타 업체와의 경쟁 방법으로도 사용된다. 특정 시간대에만 통화료를 무료로 하거나 개인정보 수집을 동의하면 정보 열람을 무료로 하는 등 다양한 형태가 있다.

⊘ 플래그십 마케팅(Flagship Marketing)

가장 인기가 있고 성공을 거둔 특정 제품에 집중하여 판촉하는 마케팅으로, 특정 제품으로 브랜드에 대한 긍정적인 이미지를 다른 제품으로 확대·전파하여 전체 제품의 매출을 극대화하는 것이 목적이다. 비용을 절감할 수 있다는 장점이 있지만 주력 제품에 하자가 생겼을 경우 브랜드 이미지에 타격을 입을 수 있다.

⊘ 현금흐름표

① 개념

ⓐ 일정 기간 종안 기업의 현금 유입과 유출을 나타내는 재무제표로서 작성과 표시에 대해서 현금흐름표에 관한 기업회계기준에서 규정하고 있다.

ⓑ 현금흐름표는 재무제표이용자에게 현금 및 현금성자산 의 창출능력과 현금흐름의 사용도를 평가하는 데 유용한 정보를 제공한다.

② 현금흐름표의 유용성

ⓐ 기업의 유동성과 재무 건전성을 평가하여 부채상환능력, 배당금 지급능력, 외부자금조달의 필요성에 관한 정보를 평가할 수 있다.

ⓑ 손익계산서의 당기순이익과 영업활동에서 조달된 현금의 유·출입 간 차이 원인에 대한 정보를 제공한다.

ⓒ 영업성과에 대해 기업 간 비교를 할 수 있다.

ⓓ 투자활동과 재무활동이 기업 재무상태에 미치는 영향을 분석할 수 있다.

③ 현금흐름 구분

ⓐ **영업활동** : 제품의 생산과 구입 및 판매활동 등을 말한다.

구분	내용
영업활동에 의한 현금 유입	매출, 이익, 예금이자, 배당수입 등
영업활동에 의한 현금 유출	매입, 판공비, 대출이자 법인세 등

ⓑ **투자활동** : 현금 대여, 대여금 회수 등 비유동자산과 관련된 활동을 말한다.

구분	내용
투자활동에 의한 현금 유입	유가증권이나 토지 등의 매입, 예금 등
투자활동에 의한 현금 유출	유가증권이나 토지 매각 등

ⓒ 재무활동 : 자금 조달과 관련된 활동을 말한다.

구분	내용
재무활동에 의한 현금 유입	기차입금의 차입, 사채발행, 유상증자 등
재무활동에 의한 현금 유출	단기차입금이나 사채 상환 등

④ 현금흐름표 작성 방법

ⓐ **직접법** : 수익 혹은 비용항목을 총액으로 표시하며 현금 유입액은 원천별로, 현금 유출액은 용도별로 분류하여 표기하는 방법이다.

ⓑ **간접법** : 당기순이익에 현금유출이 없는 비용 등의 가산을 하고 현금유입이 없는 수익 등을 차감하며 기타 영업활동으로 인한 자산 및 부채의 변동을 가감하여 표시하는 방법이다. 현금흐름표는 간접법으로 작성해야 한다.

⊘ BCG 매트릭스

① 개념

ⓐ 1970년대에 보스턴컨설팅그룹에서 개발한 사업 포트폴리오분석 기법이다.

ⓑ Y축에는 시장성장률 , X측에는 상대적 시장점유율 을 두고 기업의 현재를 분석하여 향후 전략을 수립하도록 도와준다.

ⓒ BCG 매트릭스에서 사업군의 매출을 원의 크기로 나타낸다.

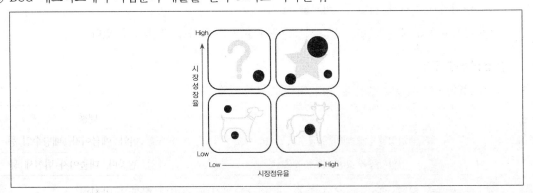

ⓓ 상대적 시장점유율의 기준은 1이며, 1 이상일 경우에는 자사가 시장 내에서 점유율 1위라는 의미이다.

② 포지션별 특징 및 전략

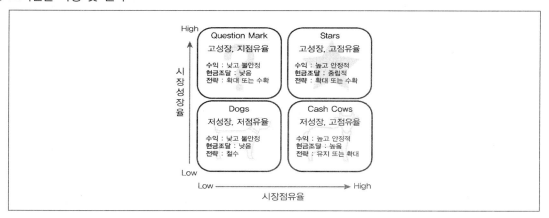

㉠ 별(Star)
- 고성장분야이면서 상대적 시장점유율이 높은 사업군, 성장사업을 의미한다.
- 현금 유입량이 많지만 성장을 위한 자금소요량도 많아서 현금조달이 중립적이다.
- 성장을 위한 지속적인 투자가 필요하다.

㉡ 물음표(Question Mark)
- 고성장분야이지만 상대적 시장점유율이 낮은 사업군, 신규사업을 의미한다.
- 수익은 낮고 불안정 하여 막대한 자금량이 소요된다.
- 투자를 확대하여 별(Star) 포지션으로 이동할지, 투자를 포기하고 개(Dog) 포지션으로 이동할지 의사결정이 필요하다.

㉢ 현금젖소(Cash Cow)
- 시장성장률은 낮으나 상대적 시장점유율이 높은 사업군, 수익수종사업을 의미한다.
- 수익이 높고 안정적이어서 현금조달이 높은 편이다.
- 현상유지전략을 통해 안정적인 현금회수가 가능하다.

㉣ 개(Dog)
- 시장성장률이 낮고 상대적 시장점유율도 낮은 사업군, 사양사업을 의미한다.
- 수익이 낮고 현금조달이 어렵다.
- 시장철수를 고려해야 하는 포지션이다.

③ GE/맥킨지 매트릭스
㉠ GE와 맥킨지가 공동으로 개발한 사업포트폴리오 분석기법이다.
㉡ BCG 매트릭스보다 발전된 기법으로 시장 매력도(외부요인) 와 사업단위의 시장 경쟁력(내부요인) 측면에서 평가한다.

ⓒ BCG 매트릭스가 높고, 낮음 두 가지로 구분했다면, GE/맥킨지 매트릭스는 높음, 중간, 낮음 세 가지 척도로 구분하였다.

④ BCG 매트릭스와 GE/맥킨지 매트릭스 비교

BCG 매트릭스	GE/맥킨지 매트릭스
• 객관적으로 측정이 가능한 지수로 평가(단일변수)	• 많은 요소를 반영하여 세밀한 평가(다양한 변수)
• 높고 낮음 두 가지로 측정	• 높음, 중간, 낮음 세 가지로 측정
• 4개의 포지션으로 구성	• 9개의 포지션으로 구성

ⓒ M&A(Mergers & Acquisitions)

① 개념 … 기업 외부경영자원 활용의 방법으로 기업의 인수와 합병을 의미한다. 최근에는 의미가 확장되어 인수와 합병, 전략적 제휴 등도 M&A로 정의하고 있다.

② M&A의 동기

　㉠ 경영전략적 동기
　• 기업 지속성장 추구 : 기업 내부자원을 활용한 성장에는 한계가 있으므로 M&A를 통해 기업의 목표인 지속적인 성장을 추구한다.
　• 국제화 추구 : 국제화 추세에 맞춰 기업과 기술의 국제화를 추구한다.
　• 효율성 극대화 : 비효율적인 부문은 매각하고 유망한 부문에 대해 전략을 구사하여 이익의 극대화를 추구한다.
　• 기술 발달 : 새로운 기술을 도입하고 보유하고 있는 기술을 발전시키기 위한 전략이다.

　㉡ 영업적 동기
　• 시장지배력 확대 : 시장구조를 독점하여 시장점유율과 시장지배력을 확대함으로 이익의 극대화를 추구한다.
　• 시장참여의 시간단축 : M&A를 통해 시장에 빠르게 진출하여 시장 선점의 시간을 단축할 수 있다.

　㉢ 재무적 동기
　• 위험분산 : M&A를 통해 재무위험을 감소시키고 기업 포트폴리오의 위험을 분산할 수 있어서 리스크를 줄일 수 있다.
　• 자금조달 능력 확대 : 위험분산 효과에 의해 파산위험이 줄어들 경우 인수기업의 자금 조달 능력이 확대될 수 있다.
　• 세금 절감 : 피인수기업의 입장에서 상대적으로 적은 양도소득세를 부담하고 보유주식을 현금화하여 세금을 절감할 수 있다.

③ 방식에 의한 분류

 ㉠ 합병

  • 흡수합병 : 하나의 회사는 존속하고 다른 하나의 회사는 소멸하여 존속회사에 흡수되는 합병 형태이다.

  • 신설합병 : 합병하는 모든 회사가 전부 소멸하고 새로운 회사를 신설하여 권리 및 의무를 모두 신설된 회사에 양도하는 합병 형태이다.

 ㉡ 인수

  • 주식인수 : 주식 매수를 통해 대상 기업의 경영권을 인수하는 형태이다.

  • 자산인수 : 대상 기업의 자산을 취득하여 경영권을 확보하는 형태이다.

④ 의사에 의한 분류

 ㉠ 우호적 M&A : 인수회사와 피인수회사가 합의하에 이루어지는 인수합병으로 기업 성장을 목적으로 한다.

 ㉡ 적대적 M&A : 피인수회사의 자발적 의사와는 상관없이 독단적으로 경영권을 취하는 경우이다.

⑤ 적대적 M&A

 ㉠ 곰의 포옹

  • 사전에 경고 없이 매수자가 목표 기업의 이사들에게 편지를 보내어 매수 제의를 하고 신속한 의사결정을 요구하는 기법이다.

  • 인수 대상 기업의 경영자에게 경영권을 넘기거나 협상에 응하지 않으면 회사를 통째 인수하겠다는 일종의 협박으로, 마치 곰이 다가와 포옹하는 것 같다 하여 곰의 포옹이라고 한다.

  • 시간적 여유가 없는 주말에 인수 의사를 대상 기업 경영자에게 전달하여 인수 대상 기업의 경영자가 수용여부를 빨리 결정토록 요구하는 것이다.

 ㉡ 그린메일

  • 보유주식을 팔기 위한 목적으로 대주주에게 편지를 보낼 때 초록색인 달러화를 요구한다는 의미에서 그린메일이라는 이름이 붙여졌다.

  • 그린메일은 경영권을 위협하는 수준까지 특정 회사의 주식을 대량으로 매집해놓고 기존 대주주에게 M&A를 포기하는 조건으로 일정한 프리미엄을 얻어 주식을 매입하도록 요구하는 행위를 말한다.

  • 경영권 탈취보다는 주식의 시세차익을 노리는 것이 보통이며, 그린메일 성사 후, 일정 기간 동안 적대적 M&A를 시도하지 않겠다는 약정을 맺을 수 있는데, 이를 불가침 협정이라고 한다.

ⓒ 공개매수(TOP)

- 매수자가 매수기간과 가격, 수량 등을 공개적으로 제시하고 불특정다수의 주주로부터 주식을 매수하는 방법이다.
- 우호적(목표 기업의 경영진이 동의한 경우)·적대적(공개매수에 반대한 경우)·중립적(어떠한 조언이나 입장을 취하지 않는 경우)공개매수로 구분되는데, 대부분 적대적 공개매수에 해당한다.

⑥ 방어수단

㉠ 백기사

- 적대적 M&A의 매수자보다 높은 가격으로 인수 제의를 하면서도 기존의 경영진을 유지시키는 우호세력을 끌어들여 경영권을 방어하는 수단이다.
- 백기사 커플이란 두 기업이 서로의 주식을 교환하여 서로가 백기사가 되어 주는 것을 말한다.
- 백기사의 반대개념으로 적대적인 공개매수를 취하는 측을 기업사냥꾼이라고 한다.

㉡ 포이즌 필 : 기존 주주들이 시가보다 저렴하게 주식을 살 수 있는 권리를 주거나 회사에 주식을 비싼 값에 팔 수 있는 권리를 주면서 적대적 M&A에 나선 기업이 부담을 갖게 되어 방어할 수 있다.

㉢ 황금낙하산

- 인수대상 기업의 CEO가 임기 전에 사임하게 될 경우를 대비하여 거액의 퇴직금, 스톡옵션, 일정 기간 동안의 보수와 보너스 등 받을 권리를 사전에 고용계약에 기재하여 안정성을 확보하고 동시에 기업의 인수비용을 높이는 방법이다.
- 경영자의 신분을 보장하고 기업의 입장에서 M&A비용을 높이는 효과가 있다. 한편 일반 직원에게도 일시에 거액의 퇴직금을 지급하도록 규정하여 매수하는 기업의 의욕을 떨어뜨리는 경우가 있는데 이를 주석낙하산이라고 한다.

☑ MBO(경영목표관리)

① 개념

㉠ 1954년 미국의 경제학자 피터 드러커가 저서 「경영의 실제」에서 제시한 이론으로, 맥그리거에 의해 발전되었다.

㉡ 피터 드러커는 기업의 계획행태를 개선하는 데 중점을 두고 MBO를 관리계획의 한 방법으로 소개하였으며, 맥그리거는 업적평가의 한 방법으로 정착시켰다.

㉢ 조직의 상·하위계층 구성원들이 참여를 통해 조직과 구성원의 목표를 설정하고 그에 따른 생산 활동을 수행한 뒤, 업적을 측정·평가함으로 관리의 효율을 기하려는 총체적인 조직관리 체제를 말한다.

② MBO의 과정 예시

　　㉠ **목표 설정** : 조직의 개선과 성장을 위하여 현재 상태를 인지하고 단기간에 달성해야 할 목표를 구체적으로 정한다. 이때, 구성원들의 참여를 통해 조직의 최종목표와 각 부문, 개인 목표를 설정한다.

　　㉡ **목표 실행 및 중간점검** : 정해진 목표와 계획에 따라 업무를 수행하며 실행계획이 제대로 진행되고 있는지 진행과정을 수시로 평가한다.

　　㉢ **최종평가 및 피드백** : 업무가 종료되면 최종평가를 통해 목표성취 여부를 판단하고 피드백 하여, 다음 기간의 목표관리를 추진한다.

③ MBO의 특징

　　㉠ 목표와 기간이 구체적이며 명확하다. – 조직의 최종목표를 결정하고 하위 부서와 개인의 목표를 결정하는 과정에서 목표뿐만 아니라 기간도 명확히 한다.

　　㉡ 참여적 의사결정을 통해 목표를 설정한다. – 조직의 상위계층에서 일방적으로 정한 목표를 지시하는 것이 아니라 하위계층까지 참여할 수 있도록 한다.

　　㉢ 피드백을 통하여 목표를 수정한다. – 수행과정에서도 목표와 성과를 비교하며 수정하고 환류할 수 있다.

④ 한계

　　㉠ 과정보다 결과를 중시한다.

　　㉡ 단기간의 목표만을 강조하며, 효과적인 목표달성을 위해 많은 시간을 투자해야 한다.

　　㉢ 외부환경의 변화에 대응하기 어렵다.

⑤ MBO의 장점

　　㉠ 조직의 상위계층과 하위계층 간의 의사소통이 원활해진다.

　　㉡ 업무에 대한 피드백을 통해 효율성을 높이고 구성원 개인의 능력 개발을 촉진할 수 있다.

　　㉢ 구성원들의 참여적 의사결정을 통해 동기부여와 수동적 업무 수행을 막을 수 있다.

　　㉣ 체계적인 평가를 할 수 있으며 구성원 개인의 기여도를 확인 할 수 있다.

⚑ PPL 마케팅(Product Placement Marketing)

TV프로그램이나 영화 속에서 특정 기업의 브랜드 명이나 제품을 넣어 노출시키는 마케팅으로, 제품의 이미지를 자연스럽게 노출시켜 시청자로 하여금 큰 거부감 없이 소비 욕구를 불러일으킬 수 있다. 최근에는 게임 콘텐츠에도 PPL 마케팅이 손을 뻗고 있다.

ⓥ SPA 브랜드

1986년 미국의 청바지사가 처음 도입한 방식으로 한 기업이 기획 및 생산, 유통 과정을 통합·총괄하는 브랜드를 의미한다.

장점으로는 유통단계가 축소되고 비용도 절감하여 제품을 비교적 저렴한 가격으로 제공할 수 있으며, 약 1~2주의 짧은 생산 주기로 재고를 줄이고 회전율이 빠르며 최신 트렌드를 즉각 반영할 수 있다. 그러나 최신 트렌드에 맞춰 생산되므로 시즌이 지나면 폐기되는 경우가 발생하며, 무분별하게 생산하여 환경오염을 야기하는 등 단점도 존재한다.

ⓥ SWOT 분석

조직내부의 강점과 약점을 조직외부의 기회와 위협요인과 대응시켜 전략을 개발하는 기법을 말한다.

① SO전략(강점-기회전략) … 강점으로 시장기회를 활용하는 전략

② ST전략(강점-위협전략) … 강점으로 시장위협을 회피하는 전략

③ WO전략(약점-기회전략) … 약점을 극복하여 시장기회를 활용하는 전략

④ WT전략(약점-위협전략) … 시장위협을 회피하고 약점을 최소화하는 전략

ⓥ Vroom의 기대이론

① 개념

　㉠ 자신이 조직 내에서 어떠한 일을 수행할 것인가를 결정하는 데는 그 일이 자신에게 가져다 줄 가치와 그 일을 함으로써 기대하는 가치가 달성될 가능성, 그리고 자신의 일처리 능력에 대한 평가가 복합적으로 작용한다는 것이다.

　㉡ 자신의 노력이 어떤 성과를 가져오리라는 기대감과 성과가 보상을 가져다 줄 것이라는 기대감에 의해 개인의 동기가 결정된다는 미국 경영학자 빅터 브룸의 동기이론이다.

　㉢ VIE 이론이라 부르기도 하는데, 기대·수단·유의성의 영향을 받아 형성된다.

② 동기유발 = 기대 × 수단 × 유의성

　　㉠ 기대(Expectancy) – 성과에 대한 기대
　　　• 자신의 행위와 노력의 결과가 나타내는 성과에 대한 기대를 의미한다.
　　　• 자신의 능력과 가능성에 대해 인지하는 정도로, 상황의 지각(知覺)에 따라 결정된다.
　　　• 자신의 노력이 성과로 나타날 것이라고 믿는 주관적인 확률이다.

　　㉡ 수단(Instrumentality) – 보상에 대한 기대
　　　• 일의 성과가 원하는 보상을 가져올 것이라는 기대를 의미한다.
　　　• 성과를 얻기 위한 도구이자 수단이다.
　　　• 높은 성과가 항상 낮은 보상을 가져올 것이라는 믿음인 '−1'에서 성과와 보상 사이에 차이가 없다고 믿는 '0', 높은 성과가 항상 높은 보상을 가져올 것이라는 완전한 믿음인 '1' 사이에 존재한다.

　　㉢ 유의성(Valence) – 보상에 대한 주관적인 판단
　　　• 어떤 보상에 대해 개인이 평가하는 정도를 말한다.
　　　• 개인의 욕구와 가치에 따라 중요성은 달라진다.
　　　• 승진이 보상이라면, 승진에 갈망이 높은 경우에는 긍정적인 유의성이 나타나고, 승진에 대한 갈망이 낮은 경우 부정적인 유의성이 나타난다.
　　　• 개인이 부정적인 유의성을 가질 때 '−1', 무관심할 경우에 '0', 긍정적인 유의성을 가질 때 '1' 사이에 존재한다.

출제예상문제

1 경영자 역할 중 의사결정 역할로 옳지 않은 것은?

① 대변인

② 기업가

③ 분쟁조정가

④ 자원분배역할

⑤ 협상자

> ✔ 해설 경영자의 의사결정 역할
> ㉠ 기업가: 기업의 지속적인 성장을 위해 창의적 방법을 모색하는 역할을 한다.
> ㉡ 분쟁조정가: 노사관계 등에서 조직 내 갈등을 조정하는 역할을 한다.
> ㉢ 자원분배역할: 기업의 자원을 효율적으로 활용·배분하는 역할을 한다.
> ㉣ 협상자: 내부뿐만 아니라 외부와의 협상에서 기업에게 유리한 결과를 끌어내도록 협상하는 역할을 한다.

2 매슬로우의 인간 욕구 5단계 이론을 조직의 요소에 적용시켰을 때 바르게 묶인 것은?

① 자아실현의 욕구 – 승진 및 업무 성과 인정

② 존중의 욕구 – 구성원 간의 의사소통 및 갈등해소

③ 생리적 욕구 – 직무 확충 및 발전 요소

④ 애정과 소속의 욕구 – 업무 환경

⑤ 안전의 욕구 – 임금보장 및 안정적인 근무조건

> ✔ 해설 ① 자아실현의 욕구 – 직무 확충 및 발전
> ② 존중의 욕구 – 승진 및 업무 성과 인정
> ③ 생리적 욕구 – 업무 환경
> ④ 애정과 소속의 욕구 – 구성원 간의 의사소통 및 갈등해소

Answer 1.① 2.⑤

3 다음 브룸의 기대이론을 보고 구성원들의 동기부여를 강화시키기 위환 방안으로 옳지 않은 것은?

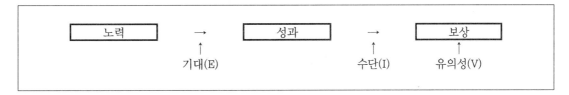

① 교육이나 훈련을 통한 동기부여
② 달성 가능한 목표 제시를 통한 동기부여
③ 적절한 직무 배당을 통한 동기부여
④ 성과에 대한 보상 가능성을 통한 동기부여
⑤ 개인적 기대에 부응하는 보상을 통한 동기부여

> ✔ 해설 기대이론
>
>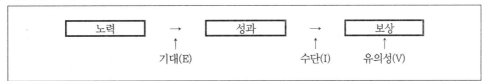
>
> ㉠ 기대(E) : 노력이 성과로 이어질 것이라는 기대감
> ㉡ 수단(I) : 성과에 상응하는 보상으로 이어진 것이라는 기대감
> ㉢ 유의성(V) : 보상에 대한 주관적인 판단

4 다음 중 주주총회에서 결정하지 않는 것은?

① 합병 승인 　　　　　　　　② 이사 선임
③ 대표이사 선임 　　　　　　　④ 감사 선임
⑤ 전환사채 발행

> ✔ 해설 주주총회
>
> ㉠ 기본적인 의사를 결정하는 기관으로 주주로 구성되어 있다.
> ㉡ 소집 시기에 따라 정기적으로 개최하는 정기총회와 필요에 따라 개최하는 임시총회가 있다.
> ㉢ 주요 결정사항에는 재무제표 승인, 이사·감사 및 청산인의 선임과 해임, 보수 결정, 합병 승인, 정관 변경, 전환사채 발행, 주식배당, 자본의 감소 등이 있다.
> ㉣ 주주는 이사 인사권을 가지고 있으며 회사의 실질적 소유자로, 주주의 이익을 우선시 한다.

Answer　3.①　4.③

5 MBO의 목표설정 과정으로 옳지 않은 것은?

① 도전적이며 수준 높은 목표를 설정해야 한다.

② 기한을 명확하게 설정해야 한다.

③ 현실성 있고 실행 가능한 목표를 설정해야 한다.

④ 목표를 최대한 구체적으로 설정해야 한다.

⑤ 구체적인 수치로 측정이 가능하도록 설정해야 한다.

> **✔해설** MBO의 과정 예시
> ㉠ 목표 설정 : 조직의 개선과 성장을 위하여 현재 상태를 인지하고 단기간에 달성해야 할 목표를 구체적으로 정한다. 이때, 구성원들의 참여를 통해 조직의 최종목표와 각 부문, 개인 목표를 설정한다.
> ㉡ 목표 실행 및 중간점검 : 정해진 목표와 계획에 따라 업무를 수행하며 실행계획이 제대로 진행되고 있는지 진행과정을 수시로 평가한다.
> ㉢ 최종평가 및 피드백 : 업무가 종료되면 최종평가를 통해 목표성취 여부를 판단하고 피드백 하여, 다음 기간의 목표관리를 추진한다.

6 BCG 사업 포트폴리오 매트릭스에 관한 설명으로 옳은 것은?

① 시장 매력도와 사업단위의 경쟁력 측면에서 평가한다.

② 많은 요소를 반영하여 보다 세밀한 평가가 가능하다.

③ 객관적으로 측정이 가능한 지수로 평가한다.

④ 9개의 포지션으로 구성되어 있다.

⑤ 높음, 중간, 낮음 세 가지로 측정한다.

> **✔해설** BCG 매트릭스
> ㉠ 객관적으로 측정이 가능한 지수로 평가(단일변수)
> ㉡ 높고 낮음 두 가지로 측정
> ㉢ 4개의 포지션으로 구성

Answer 5.① 6.③

7 가치사슬의 지원활동 중 옳지 않은 것은?

① 기업하부구조

② 기술개발

③ 조달

④ 마케팅 및 영업

⑤ 인적자원관리

> **✔해설** 지원활동 … 조달·기술개발·인사·재무·기획 등 현장업무를 지원하는 지원활동으로 부가가치가 창출
> 에 간접적인 역할을 한다.
> ㉠ 기업하부구조 : 일반 경영관리나 기획, 법률, 회계 등의 활동을 포함한다.
> ㉡ 인적자원관리 : 직원 채용 및 훈련, 개발, 보상 등의 활동을 포함한다.
> ㉢ 기술개발 : 연구개발, 설계 등 신기술 개발 활동을 포함한다.
> ㉣ 조달 : 투입 물류 외에 부품이나 기업에서 필요한 물품을 구매, 보관 및 조달하는 활동을 포함한다.

8 고객 정보가 상류로 전달되면서 정보가 왜곡되고 확대되는 현상은?

① 기대 효과

② 채찍 효과

③ 립스틱 효과

④ 스놉 효과

⑤ 승수 효과

> **✔해설** 채찍 효과
> ㉠ 공급사슬관리에서 반복적으로 발생하는 문제점 중 하나로, 제품에 대한 수요정보가 공급사슬을 거쳐
> 전달될 때마다 왜곡되는 현상을 말한다.
> ㉡ 고객의 수요가 상부로 전달될수록 수요의 변동성이 증가하는 현상이다. 소를 몰 때 긴 채찍을 사용
> 하면 손잡이 부분에서 작은 힘이 가해져도 끝부분에서는 큰 힘이 생기는 데에서 붙여진 명칭으로 나
> 비 효과와 유사하다.
> ㉢ 공급에 있어서 수요의 작은 변동이 제조업체에 전달될 때는 확대되어 수요의 변동이 불확실하게 보
> 이게 된다. 이처럼 정보가 왜곡되면 공급에 재고가 쌓이고 서비스 수준도 저하된다.

9 M&A 경영전략적 동기로 옳지 않은 것은?

① 시장구조를 독점하여 시장점유율과 시장지배력을 확대함으로 이익의 극대화를 추구한다.

② 기업 내부자원을 활용한 성장에는 한계가 있으므로 M&A를 통해 기업의 목표인 지속적인 성장을 추구한다.

③ 국제화 추세에 맞춰 기업과 기술의 국제화를 추구한다.

④ 비효율적인 부문은 매각하고 유망한 부문에 대해 전략을 구사하여 이익의 극대화를 추구한다.

⑤ 새로운 기술을 도입하고 보유하고 있는 기술을 발전시키기 위한 전략이다.

✔ 해설 경영전략적 동기

ⓐ 기업 지속성장 추구 : 기업 내부자원을 활용한 성장에는 한계가 있으므로 M&A를 통해 기업의 목표인 지속적인 성장을 추구한다.

ⓑ 국제화 추구 : 국제화 추세에 맞춰 기업과 기술의 국제화를 추구한다.

ⓒ 효율성 극대화 : 비효율적인 부문은 매각하고 유망한 부문에 대해 전략을 구사하여 이익의 극대화를 추구한다.

ⓓ 기술 발달 : 새로운 기술을 도입하고 보유하고 있는 기술을 발전시키기 위한 전략이다.

10 적대적 M&A 방어수단으로 옳지 않은 것은?

① 백기사

② 위임장 대결

③ 황금낙하산

④ 초토화법

⑤ 자산구조조정

✔ 해설 ⑤ 회사의 가치가 제대로 평가받지 못하고 있는 경우 자산을 재평가 하여 BPS 등을 높여 시장에서 보다 그 가치를 인정받으려고 하는 것을 말한다.

※ 적대적 M&A 방어수단의 종류 … 황금낙하산, 위임장 대결, 초토화법, 백기사, 팩맨, 주석낙하산 등

Answer 9.① 10.⑤

11 시장 세분화의 기준으로 옳지 않은 것은?

① 지리적 세분화

② 사회심리학적 세분화

③ 행동분석적 세분화

④ 사회마케팅적 세분화

⑤ 인구통계학적 세분화

> ✔해설 시장 세분화의 기준
> ㉠ 지리적 세분화 : 시장을 지역이나 규모, 인구 밀도 등으로 세분화 하는 것
> ㉡ 사회심리분석적 세분화 : 라이프스타일이나 욕구, 개성 등으로 세분화하는 것
> ㉢ 인구통계적 세분화 : 연령, 성별, 직업, 국정 등으로 세분화 하는 것
> ㉣ 행동분석적 세분화 : 사용량, 브랜드 충성도 등으로 세분화 하는 것

12 대형 스포츠 경기의 공식 후원사가 아님에도 공식후원사인 것 같은 인상을 주는 마케팅으로 옳은 것은?

① 디 마케팅

② 니치 마케팅

③ 바이럴 마케팅

④ 앰부시 마케팅

⑤ 넛지 마케팅

> ✔해설 앰부시 마케팅 … 규제를 교묘하게 피해가는 간접 마케팅 기법으로, 대형 스포츠 경기의 공식 후원업체가 아니면서 광고 문구 등으로 관련 있는 업체 인상을 준다.
> ① 수익성이 낮은 고객을 줄이고 충성도가 높은(수익성이 높은) 고객에게 집중하기 위한 마케팅이다.
> ② '틈새시장'이라는 뜻으로, 시장의 빈틈을 공략하는 제품을 잇따라 내놓는 마케팅이다.
> ③ 소비자가 SNS 등 전파 가능한 매체를 통해 자발적으로 홍보할 수 있도록 기업에서 홍보물을 제작하여 퍼트리는 마케팅 기법이다.
> ⑤ 제품의 특성을 강조하고 구매를 촉진하는 것과 달리 소비자가 제품을 선택할 때 보다 유연하게 접근하도록 하는 마케팅이다.

Answer 11.④ 12.④

13 PPL 마케팅의 사례로 옳은 것은?

① 인플루언서가 자신의 SNS로 제품을 홍보하는 경우

② 시청자 문자투표로 아이돌 오디션 프로그램에 참여하는 경우

③ 유명 스포츠 브랜드가 올림픽의 공식후원처가 아님에도 대중의 인식 속에 공식후원처로 각인되어 있는 경우

④ 유명 예능프로그램에서 제품을 사용하는 모습을 자연스럽게 연출한 경우

⑤ 주류회사가 광고에 음주 경고 문구를 내보이는 경우

> ✔해설 PPL 마케팅(Product Placement Marketing)
> ㉠ TV프로그램이나 영화 속에서 특정 기업의 브랜드 명이나 제품을 넣어 노출시키는 마케팅이다.
> ㉡ 제품의 이미지를 자연스럽게 노출시켜 시청자로 하여금 큰 거부감 없이 소비 욕구를 불러일으킬 수 있다.
> ㉢ 최근에는 게임 콘텐츠에도 PPL 마케팅이 손을 뻗고 있다.

14 의사결정에 영향을 미치는 요인으로 옳지 않은 것은?

① 개인적 요인

② 사회적 요인

③ 문화적 요인

④ 마케팅 요인

⑤ 심리적 요인

> ✔해설 의사결정에 영향을 미치는 요인
> ㉠ 개인적 요인 : 나이, 직업, 성격, 라이프스타일 등
> ㉡ 사회적 요인 : 소집단, 가족 등
> ㉢ 심리적 요인 : 동기, 지각, 신념 등
> ㉣ 문화적 요인 : 사회계층, 국적, 인종, 종교 등

Answer 13.④ 14.④

15 기업의 영문 브랜드 네임에 대한 특성으로 옳은 것은?

① 아이덴티티를 나타낼 수 있다.

② 개성을 나타내며 기업이나 제품의 특징을 강조할 수 있어야 한다.

③ 소비자와의 소통에서 가장 중요한 핵심 요소이다.

④ 짧은 문장이어야 한다.

⑤ 상품을 보호하고 편리함 제공과 더불어 이미지를 소비자에게 전달할 수 있어야 한다.

> **✔해설** 브랜드 네임 … 소비자들에게 쉽게 각인될 수 있어야 하며 제품이나 서비스의 특성이 나타나야 한다. 소비자와의 소통에서 가장 중요한 핵심 요소이다.

16 다음 재무제표의 종류로 옳은 것은?

① 손익계산서

② 대차대조표

③ 사업보고서

④ 현금흐름표

⑤ 매출전표

> **✔해설** 재무제표의 종류
> ㉠ 재무상태표 : 기업의 재무상태를 나타낸 표이다. (부채 + 자본)
> ㉡ 포괄손익계산서 : 기업의 영업활동 결과를 나타낸 표이다. (수익 − 비용)
> ㉢ 자본변동표 : 기업의 자본 크기와 변동에 관한 정보를 나타낸 표이다. (자본거래 + 손익거래)
> ㉣ 현금흐름표 : 기업의 실질적인 현금

Answer 15.③ 16.④

17 채권자를 보호하고 회사의 재무적 기초를 견고하게 하기 위한 강제 법정준비금으로 옳은 것은?

① 이익준비금

② 기타법정적립금

③ 이익적립금

④ 자기주식 처분이익

⑤ 주식발행 초과금

> ✔해설 이익준비금 … 채권자를 보호하고 회사의 재무적 기초를 견고하게 하려는 상법의 규정에 의해 강제로 적립되는 법정준비금

18 재무상태표상 부채로 인식되는 충당부채의 요건으로 옳은 것은?

① 과거 사건의 결과와 현재의무는 무관하다.

② 해당 의무를 이행하기 위하여 자원을 유출 할 가능성이 적다

③ 해당 의무를 이행하기 위하여 금액을 신뢰성 있게 추정할 수 있다.

④ 현재 의무가 존재하지 않는다.

⑤ 잠재적 의무가 존재한다.

> ✔해설 충당부채 인식
> ㉠ 과거의 거래나 사건의 결과 때문에 현재에 의무가 존재한다.
> ㉡ 당해 의무를 이행하기 위하여 자원이 유출될 가능성이 높다.
> ㉢ 의무의 이행에 소요되는 금액을 신뢰성 있게 측정할 수 있다.

Answer 17.① 18.③

19 다음 중 MAANG에 해당하지 않는 것은?

① Microsoft

② Amazon

③ Facebook

④ Google

⑤ Netflix

✔해설 MAANG은 미국 IT 산업을 선도하는 5개 기업 Microsoft, Amazon, Apple, Google, Netflix의 앞 글자를 딴 용어이다.

20 다음 사례에서 알 수 있는 마케팅 기법은?

> 2018 평창 동계올림픽 조직위원회가 _____에 대해 적극 대응할 것이라고 전했다. 올림픽 공식 라이선싱 상품의 인기가 높아지면서 관련업계가 평창 올림픽과 연계한 _____ 사례가 증가했다. 공식 라이선싱 계약을 하지 않은 채 롱패딩에 올림픽 관련 용어를 해시태그 하거나 롱패딩 위조 상품을 제조·판매하는 경우도 더러 발견되었다. 이런 _____은 후원사와 라이선싱 업체의 권리 침해에 해당한다.

① 노이즈 마케팅

② 래디컬 마케팅

③ 앰부시 마케팅

④ 녹색 마케팅

⑤ MGM 마케팅

✔해설 앰부시 마케팅은 규제를 교묘하게 피해가는 간접 마케팅이다.
① 노이즈 마케팅 : 고의적으로 구설수에 올라 인지도를 높이는 마케팅
② 래디컬 마케팅 : 독특하고 기발한 아이디어로 인지도를 높이는 마케팅
④ 녹색 마케팅 : 기업의 제품 개발이나 유통 과정에서 환경에 대한 사회적 책임과 환경보전 노력을 소비자에게 호소하는 마케팅
⑤ MGM 마케팅 : 기존 고객을 통해 새로운 고객을 유치하는 마케팅

Answer 19.③ 20.③

21 다음이 설명하는 것은 무엇인가?

> A회사는 회사 제품 가운데 가장 인기가 있고 큰 성공을 거둔 선풍기에 집중하여 판촉하고 있다.
> A회사에 대한 긍정적인 이미지를 다른 제품으로 확대·전파하여 전체 상품의 매출을 극대화 하려고 한다.

① 플래그십 마케팅
② 버즈 마케팅
③ PPL 마케팅
④ 넛지 마케팅
⑤ 프로슈머 마케팅

✔ 해설   지문은 플래그십 마케팅에 대한 설명으로, 가장 인기가 있고 성공을 거둔 특정 제품에 집중하여 판촉하는 마케팅이다. 특정 제품으로 브랜드에 대한 긍정적인 이미지를 다른 제품으로 확대·전파하여 전체 제품의 매출을 극대화하는 것이 목적이다. 비용을 절감할 수 있다는 장점이 있지만 주력 제품에 하자가 생겼을 경우 브랜드 이미지에 타격을 입을 수 있다.
  ② 버즈 마케팅 : 소비자 간의 입소문을 통하여 상품의 특성을 전달하는 마케팅
  ③ PPL 마케팅 : TV프로그램이나 영화 등 매체 속에 특정 기업이나 상품을 자연스럽게 노출시키는 마케팅
  ④ 넛지 마케팅 : 소비자가 상품을 선택할 때 유연하게 접근하도록 소비자를 유도 하는 마케팅
  ⑤ 프로슈머 마케팅 : 소비자들이 공모전이나 대회 등에 참여하여 직접 아이디어를 제안하고 신제품 개발에 참여하는 마케팅

22 다음에서 설명하는 브랜드 전략은 무엇인가?

> 기업이 동등한 범주 내의 제품에 두 가지 이상의 브랜드를 사용하여 시장점유율을 높이고 경쟁자의 진입을 막는 전략

① 다상표 전략
② 개별브랜드 전략
③ 라인확장 전략
④ 브랜드확장 전략
⑤ 수직적 패밀리브랜드 전략

✔ 해설 ② 개별브랜드 전략 : 생산된 제품에 각각 다른 브랜드명을 부착시키는 전략이다.
  ③ 라인확장 전략 : 동일한 제품 범주 내에서 새로운 제품이 추가될 경우 기존 제품의 브랜드명을 부착시키는 전략이다.
  ④ 브랜드확장 전략 : 한 제품시장에서 성공을 거둔 기존 브랜드명을 다른 제품군의 신제품에도 사용하는 전략이다.
  ⑤ 수직적 패밀리브랜드 전략 : 기업명을 모든 제품에 적용시키거나 성공한 브랜드명을 기업명으로 하는 전략이다.

Answer   21.①   22.①

23 앤소프 매트릭스 전략으로 옳지 않은 것은?

① 시장침투 전략

② 제품개발 전략

③ 다각화 전략

④ 시장개발 전략

⑤ 시장 틈새사업 전략

> ✔**해설** ⑤ 시장 지위에 따른 마케팅 전략이다.
>
> ※ 앤소프 매트릭스 전략은 제품–시장 성장 매트릭스라고도 하며, 기업의 향후 방향을 결정하고 성장 전략을 파악하는 데 도움을 준다.

24 다음 중 경영권 보호제도가 아닌 것은?

① 황금주 제도

② 의무공개매수 제도

③ 포이즌 필 제도

④ 기업분리 제도

⑤ 차등의결권 제도

> ✔**해설** ① 특정 사안에 한해서 다른 주주들이 찬성해도 황금주를 보유하고 있는 주주가 반대하면 부결되는 권리가 있는 제도
>
> ② 적대적 M&A 발생시 공격자 측이 일정 비율 이상의 지분을 취득하기 위해서는 반드시 공개매수를 통해 사전에 정해 놓은 특정 지분 이상을 매입하도록 의무화한 제도
>
> ③ 임금인상 등을 통해 기업인수에 필요한 잠재적 비용을 늘려 M&A 시 손해를 볼 수 있다는 신호를 발송하는 것으로 매수 포기를 유도하는 행위
>
> ⑤ 일부 보통주에 특별히 많은 수의 의결권을 부여하는 제도

Answer 23.⑤ 24.④

25 인터넷 상에서 악성루머가 빠르게 확산되는 것과 관련 있는 것은?

① 바나나현상

② 인포데믹스

③ 벤치마킹

④ 트라이벌리즘

⑤ 차브

> ✔해설 ② 정보(information)와 전염병(epidemics)의 합성어로 정보 확산으로 인한 각종 부작용을 일컫는다.

26 매슬로우의 욕구단계론(Hierachy of needs Theory) 5단계 중 다음 설명에 해당하는 욕구는 무엇인가?

> • 외부로부터 자신을 보호, 보장받고 싶은 욕구
> • 신체적, 심리적 위험, 사회적 지위에 대한 위험에서 벗어나고 싶은 욕구
> • 동기부여를 위해 고용을 보장한다.

① 자아실현 욕구(self-actualization)

② 자기존중 욕구(esteem)

③ 사회적 욕구(social)

④ 안전욕구(safety)

⑤ 생리적 욕구(physiological)

> ✔해설 매슬로우 욕구론에 따라 생리적 욕구, 안전욕구, 사회적 욕구, 자기존중 욕구, 자아실현 욕구 순으로 사람을 동기부여 시킨다.
> ① 자아실현 욕구는 잠재적 역량을 최고로 발휘하여 자신의 일에서 최고가 되고 싶은 욕구이다.
> ② 자기존중 욕구는 명성, 명예 등 타인으로부터 인정받고 싶은 욕구이다.
> ③ 사회적 욕구는 어딘가에 소속되고 싶은 또는 다른 이들에게 집단의 일원으로 인정받고 싶은 욕구이다.
> ⑤ 생리적 욕구는 생존에 필수적인 것들을 충분히 취하고 싶은 욕구이다.

Answer 25.② 26.④

27 다음에서 설명하는 개념에 해당하는 것은?

> 경쟁기업과 비교하여 제품의 생산 또는 서비스의 공급에 더 높은 효과성 내지는 효율성을 야기시키는 능력을 말한다. 즉, 보다 우수한 수준으로 고객에게 특별한 효용을 제공할 수 있게 하는 지식 또는 기술의 묶음을 이르는 말이다.

① 핵심역량(Core Competency)
② 절대우위(Absolute Advantage)
③ 가치활동(Value Activity)
④ 비교우위(Comparative Advantage)
⑤ 지식경영(Knowledge Management)

> ✔ 해설 핵심역량(경쟁적 차별적 우위요소) … 단순히 그 기업이 잘하는 활동을 의미하는 것이 아니라 경쟁기업과 비교하여 훨씬 우월한 능력, 즉 경쟁우위를 가져오게 하는 능력을 말한다.

28 영양과 의료기술이 향상되면서 평균수명은 증가하였으나 정년은 점점 짧아지고 있다. 이는 경제위기가 심화되면서 더 앞당겨질 수 있어 서민과 중산층의 가장 큰 불안거리로 자리매김하고 있다. 다음 중 이러한 사회적 상황을 배경으로 하여 모색되고 있는 정책으로 가장 적절한 것은?

① 고용의 유연성 확대
② 임금피크제의 확대
③ 비정규직의 정규직화
④ 정규직의 비정규직 전환 유도
⑤ 외국인 산업연수생 도입의 확대

> ✔ 해설 임금피크제 … 일정 연령이 되면 임금을 삭감하고 정년은 보장해 주는 제도로 워크 세어링(work sharing)의 한 형태이다. 미국·유럽·일본 등 일부 국가에서 공무원과 일반 기업체 직원들을 대상으로 선택적으로 적용하고 있으며, 우리나라에서는 2001년부터 금융기관을 중심으로 이와 유사한 제도를 도입해 운용하고 있다. 그러나 공식적으로는 신용보증기금이 2003년 7월 1일 임금피크제를 적용한 것이 처음이다. 노동자들의 임금을 삭감하지 않고 고용도 유지하는 대신 근무시간을 줄여 일자리를 창출하는 제도로 2~3년의 기간을 설정하여 노동자들의 시간당 임금에도 변함이 없으며 고용도 그대로 유지되는 단기형, 기존의 고용환경과 제도를 개선할 목적으로 비교적 장기간에 걸쳐 행해지는 중장기형으로 나뉜다.

Answer 27.① 28.②

29 기업체의 생산과정에서 종업원이 최선의 노력과 주의를 다하여 결점을 없애고자 하는 것으로 QC기법을 제조 부문에 한정하지 않고 일반 관리 사무에까지 확대 적용하여 전사적으로 결점이 없는 일을 하자는 이 기법은?

① 6시그마(6 Sigma)

② ZD(Zero Defects)운동

③ SCM(Supply Chain Management)

④ TQM(Total Quality Management)

⑤ ERP(Enterprise Resource Planning)

> ✔ 해설 ② 전사적으로 경영참가의식을 갖게 하여 사기를 높임으로써 전원이 결점을 없애는데 협력해 나가도록 하는 운동이다. 이전에 사람은 실수를 저지를 수 있다 하여 이를 방지하기 위한 올바른 작업방법을 지시하는 것이 옳다고 생각하였다. 하지만 ZD에서는 사람은 완전을 향해 노력하며 그 노력은 실수를 하지 않는 것도 가능하게 한다고 생각하여 올바른 작업동기를 부여하는 것이 중요하다고 판단한다. 따라서 종래의 하향식 목표대신 작업의 목표를 자주적으로 결정하도록 하여 목표를 달성한 그룹을 표창함으로써 동기를 부여한다.

30 전문경영인과 기업의 주주 사이에 서로의 이해관계가 일치하지 않아 문제가 야기되고 있다. 다음 중 이와 관련되는 개념은?

① 제한된 합리성(Bounded Rationality)

② 도덕적 해이(Moral Hazard)

③ 대리인 문제(Agency Problem)

④ 기업지배구조(Corporate Governance)

⑤ 역선택(Adverse Selection)

> ✔ 해설 대리인 문제 … 개인 또는 집단의 의사결정과정을 타인에게 위임하는 경우 대리인 관계가 성립된다. 또한 정보의 불균형 및 감시의 불완전성으로 인해 도덕적 해이, 역선택 등의 대리인 문제가 발생할 수 있다. 이러한 문제를 해결하기 위해서 지출되는 비용을 대리인 비용이라 하며 대리인 문제의 발생은 모든 계약관계에서 나타날 수 있다.

31 실제로 업무수행 능력이 우수하지는 않으나, 좋은 첫인상과 성실한 업무태도로 인해 개인의 능력이 높게 평가되어지는 오류를 무엇이라고 하는가?

① halo effect

② projection

③ stereotype

④ contrast effect

⑤ leverage effect

> ✔해설 halo effect … 후광을 뜻하는데, 인물이나 상품을 평정할 때 대체로 평정자가 빠지기 쉬운 오류의 하나로 피평정자의 전체적인 인상이나 첫인상이 개개의 평정요소에 대한 평가에 그대로 이어져 영향을 미치는 등 객관성을 잃어버리는 현상을 말한다.

32 시장에서의 경쟁을 약화시킴으로써 높은 이윤을 확보하는 것이 주목적인 기업형태와 거리가 먼 것은?

① 트러스트

② 콤비나트

③ 신디케이트

④ 카르텔

⑤ 조인트벤처

> ✔해설 ① 트러스트(trust) : 몇몇의 기업이 시장독점을 위해 공동지배하에 결합하여 통일체를 형성하는 기업의 형태로, 이들 기업은 법률상·경제상의 독립성이 없는 점에서 카르텔과 다르다.
> ② 콤비나트(combinat) : 생산공정이 연속되는 다수의 공장을 유기적으로 결합시킴으로써 원자재의 확보, 원가의 절감, 부산물이나 폐기물의 효율적 이용 등의 합리화를 꾀하는 기업결합체이다.
> ③ 신디케이트(syndicate) : 가장 강력한 카르텔 형태로서, 시장통제를 목적으로 가맹기업들이 협정에 의하여 공동판매기관을 설치하고 기업의 생산물을 일괄 공동 판매하여 그 수익을 공동 분배하는 카르텔을 말한다.
> ④ 카르텔(cartel) : 동종사업에 종사하는 기업 간에 서로의 독립을 인정하면서 제조·판매·가격 등을 협정하여 무모한 경쟁을 없애고, 비가맹자의 침투를 막아 시장을 독점함으로써 이윤을 증대시키는 기업의 결합 형태이다.
> ⑤ 조인트벤처(joint venture) : 2인 이상의 업자 간에 단일특정의 일을 행하게 하는 출자계약 또는 공동계약을 말한다.

Answer 31.① 32.②

33 다음 중 리더십 유형에 대한 설명으로 옳은 것은?

① 거래적 리더십(transactional leadership)은 부하들에게 비전을 제시하여 그 비전 달성을 위해 함께 협력할 것을 호소한다.

② 비전적 리더십(visionary leadership)은 하위자들이 자기 자신을 스스로 관리하고 통제할 수 있는 힘과 기술을 갖도록 개입하고 지도하는 것이다.

③ 서번트 리더십(servant leadership)은 섬기는 자세를 가진 봉사자로서의 역할을 먼저 생각하는 리더십이다.

④ 카리스마 리더십(charismatic leadership)에서 리더가 원하는 것과 하위자들이 원하는 보상이 교환되고, 하위자들의 과업수행시 예외적인 사항에 대해서만 리더가 개입함으로써 영향력을 발휘하는 것이다.

⑤ 변혁적 리더십(transformational leadership)은 목표와 일의 방향을 명확히 하고 각 멤버가 맡아줄 업무를 적절히 분담하게 함으로써 멤버들의 동기를 유발하고 일을 추진해나가는 유형이다.

> **✔해설** 리더십의 일반적 유형
> ㉠ 거래적 리더십 : 타산적, 교환적 관계를 중시하는 전통적인 리더십으로 구성원의 결핍욕구(deficiency needs)를 자극하고 이를 충족시켜주는 것을 반대급부로 조직에 필요한 임무를 수행하도록 동기화시키는 지도자의 특성을 의미한다.
> ㉡ 변혁적 리더십 : 카리스마(charisma), 지적 동기 유발(intellectual stimulation), 개인적 배려(individual consideration), 비전(vision)의 4가지 차원에서 중요한 변화를 주도하고 관리하는 리더십 행위로서, 구성원의 성장욕구(growth needs)를 자극하고 동기화시킴으로써 구성원의 태도와 신념을 변화시켜 더 많은 노력과 헌신을 이끌어 내는 지도자의 특성을 의미한다.
> ㉢ 카리스마적 리더십 : 리더의 이념에 대한 부하의 강한 신뢰를 바탕으로 동화, 복종, 일체감으로 높은 목표를 추구하고자 하는 리더십이다.
> ㉣ 서번트 리더십 : 섬기는 자세를 가진 봉사자로서의 역할을 먼저 생각하는 리더십이다.
> ㉤ 비전적 리더십 : 카리스마의 개념 중에서 특히 비전에 강조점을 두고 있는 리더십이다.

Answer 33.③

34 다음 중 경영자의 정보역할에 대한 설명으로 가장 적합하지 않은 것은?

① 경영자는 외부환경과 관련된 정보를 지속적으로 수집하고 이를 관찰하며 정보가 많을수록 경영자는 의사결정을 신속·정확하게 할 수 있고 이를 통해 기업의 성과를 높일 수 있다.

② 경영자는 수집된 정보를 조직의 구성원들에게 충실하게 전달하는 전달자의 역할을 수행해야 한다.

③ 경영자는 효과적인 자원분배와 조직내 갈등을 극복하는 문제해결사로서의 능력을 갖추고 외부와의 협상에서 회사에 유리한 결과를 이끌어내는 중요한 역할을 수행한다.

④ 경영자는 기업 외부인들로부터 투자를 유치하고 기업을 홍보하기 위해 기업내부의 객관적인 사실을 대변하는 대변인 역할을 수행한다.

⑤ 부하직원이 소홀히 하는 분야까지 정보를 수집하여 조직내에서 정보에 가장 밝은 사람이 될 수 있어야 한다.

> **✔ 해설** 경영자의 정보역할은 정보네트워크를 개발하여 유지하면서 필요한 정보를 수집하거나 활용하는 역할을 의미한다.
>
> ※ 경영자 정보역할
> ㉠ 모니터역할 : 경영자는 부하직원이 소홀히 하는 분야까지 정보를 수집해야 한다. 모니터 기능을 충실히 수행함으로써 조직 내에서 정보에 가장 밝은 사람이 될 수 있다.
> ㉡ 전파자역할 : 조직 내에서 수집한 정보를 메모, 보고, 전화, 인터넷을 통해 부하 직원에게 알려주는 전파자 역할을 수행한다.
> ㉢ 대변자역할 : 조직정책이나 계획에 대한 정보를 외부에 강연, 구두설명, 보고, 홍보, 인터넷을 통해 공식적으로 알리는 대변인 역할을 수행한다.

Answer 34.③

35 다음 중 경영정보시스템(MIS ; management information system)에 대한 설명으로 적절하지 않은 것은?

① 경영정보를 신속, 정확하게 처리한다.

② 기계가 인적요소를 완전히 대체하는 시스템이다.

③ 구성요소로는 하드웨어, 소프트웨어, 데이터베이스 등이 있다.

④ 기업경영에 필요한 정보를 적시에 제공할 수 있도록 미리 정보를 수집, 보관하였다가 필요할 때에는 즉시 검색, 분석, 처리하여 제공하는 전사적 시스템이다.

⑤ 기업경영의 의사결정에 사용할 수 있도록 기업 내외의 정보를 전자계산기로 처리하고 필요에 따라 이용할 수 있도록 인간과 전자계산기를 연결시킨 경영방식을 말한다.

> **✔ 해설** MIS란 기업 경영에 다양한 의사결정 관련정보를 제공하기 위해 기업 내외의 관련 데이터를 신속하게 수집하고 전달하며 처리·저장하는 과정을 통해 이해관계자가 이용할 수 있도록 만들어진 시스템을 말한다. 즉, MIS는 인간과 기계가 결합된 시스템을 말한다.

36 다음 중 맥그리거의 XY이론에 대한 설명으로 옳은 것은?

① Y이론은 긍정적 인간형으로 동기부여는 생리적 욕구나 안전욕구의 계측에서만 가능하다는 것이다.

② X이론은 부정적 인간형으로 일이란 작업조건만 잘 정비되면 놀이와 같이 자연스러운 것이다.

③ Y형 인간은 감독이나 통제적인 방법으로 관리해야 한다.

④ X형 인간은 야망이 없고 책임지는 일을 싫어하고 지휘 받기를 좋아한다.

⑤ X형 인간은 작업에 다양성을 부여한다.

> **✔ 해설** 맥그리거(D. Mcgreger)의 XY이론 … 관리자가 인적 자원을 평가, 통제함에 있어 근거로 하는 이론적 과정이 무엇이냐에 따라 기업의 전체적인 성격이 결정된다는 전제하에 이러한 가정을 XY이론으로 설명한다.
> ㉠ X이론 : 부하직원들을 믿을 수 없다는 관리자의 태도는 곧바로 부하직원들의 무책임한 행동을 불러일으킨다. 부하직원들의 무책임한 행동은 관리자의 신념을 다시 강화시켜 악순환의 고리를 형성한다.
> ㉡ Y이론 : 관리자의 태도는 그 자신의 행동에 영향을 줄 뿐만 아니라 부하직원들의 태도와 행동에도 영향을 주게 되며 결과적으로 관리자 자신이 지니고 있던 기존의 태도와 행동을 강화시키는 작용을 한다.

Answer 35.② 36.④

37 다음 중 인적자원관리의 인식 변화에 대한 설명으로 가장 바람직하지 않은 것은?

① 인적 자원은 물적 자원으로서 생산성향상의 수단으로 인식한다.

② 조직의 목표와 종업원의 욕구를 통합시키는 과정으로 관리체계가 필요하다.

③ 인적 요인을 소모적인 비용으로 인식하기보다는 투자를 위한 자원으로 인식한다.

④ 종업원들의 의식수준을 반영한 다양한 능률 향상의 교육프로그램이 필요하다.

⑤ 조직 내 인력의 인간존중과 발전이 조직의 목표달성과 함께 달성되고 이루어질 수 있도록 하는 관점에서 인사관리를 인적자원관리라 칭하기도 하는 것이다.

> ✔해설 ① 전통적인 인적관리의 인식에 대한 설명이다.
> ※ 인적자원관리 패러다임의 변화
> ⊙ 내부노동시장 중심에서 외부노동시장 중심으로 이행
> ⓒ 집단주의에서 개인주의로의 이행
> ⓒ 직무중심에서 경력중심으로의 이행
> ② 인사의 스태프기능 중심에서 현장관리자 중심으로의 이행
> ⑩ 연공중심에서 성과중심으로의 이행
> ⑭ 표준형 인재중심에서 특성화된 전문가형 인재 중심으로의 이행

38 다음 중 지주회사에 대한 설명으로 옳은 것을 모두 고르면?

> ⊙ 사업의 분리와 매각이 수월하여 기업의 다각화 또는 재편성에 도움이 되는 제도이다.
> ⓒ 콘체른의 대표적인 예라고 할 수 있다.
> ⓒ 비교적 소액의 자본으로 대규모의 사업망을 지배할 수 있다는 경제적 의의를 지닌다.
> ② 우리나라에서는 독점규제 및 공정거래에 관한 법률에 의해 금지되어 있다.

① ⊙, ⓒ

② ⊙, ⓒ, ⓒ

③ ⓒ, ⓒ

④ ⓒ, ⓒ, ②

⑤ ⊙, ⓒ, ⓒ, ②

> ✔해설 지주회사(Holding company) … 타 회사의 주식을 많이 보유함으로써 그 기업의 지배를 목적으로 하는 회사로, 이를 모회사(母會社), 지배를 받는 회사를 자회사(子會社)라고 한다. 우리나라에서는 독점규제 및 공정거래에 관한 법률에서 지주회사를 설립하고자 하거나 지주회사로 전환하고자 하는 자는 대통령령이 정하는 바에 의하여 공정거래위원회에 신고하여야 한다고 규정하여 이를 인정하고 있다.

Answer 37.① 38.②

39 다음은 시나리오 플래닝 의사결정기법에 대한 설명이다. 시나리오 플래닝 의사결정기법에 대한 설명으로 옳지 않은 것은?

> • 시나리오 플래닝은 불확실한 미래를 예측하기 위해 미래의 움직임에 영향력이 큰 결정변수를 추출하고 이들의 변화방향을 예상함으로써 전략적 대응을 가능하게 하는 의사결정기법을 말한다.
> • 피터슈워츠는 '구소련은 붕괴 과정을 거쳐 작은 나라들로 분화되고 말 것이다.'라고 구소련의 붕괴 시나리오를 예고해 화제를 모았으며 이 시나리오는 불과 수년 후 정확히 실현된다.

① 시나리오 플래닝은 불확실한 미래의 상황을 조직 구성원에게 보여줄 수 있다는 장점이 있다.

② 시나리오 플래닝은 7단계로 구성되며 가장 우선적인 작업은 '무엇을 의사결정 할 것인가?' 즉, 핵심이슈를 선정하는 것이다.

③ 여기서 말하는 시나리오란 미래에 발생할 수 있는 모든 가능성과 상황 그 자체를 의미한다.

④ 시나리오 플래닝은 '미리 헤아려 짐작하다'라는 뜻을 지닌 예측(forecasting)이라는 말로 대체할 수 있다.

⑤ 시나리오 플래닝의 가장 마지막 단계에서는 어떤 시나리오가 현실화 될지 모니터링 하며 현실화 가능성이 높은 시나리오에 중점을 두고 전략을 계속 수정해 나간다.

✔ 해설 ④ 대부분의 예측기법들은 미래의 환경구조를 과거의 환경구조와 동일하게 파악하는 오류를 지니고 있으며 이에 따라 미래를 예측하는 새로운 방식으로 시나리오가 도입된 것이다. 시나리오는 미래의 모든 발생 가능성과 상황 그 자체를 의미하므로 미래에 발생 가능한 상황을 과거의 회귀분석적 관점이 아닌 발생할 수 있는 다른 스토리를 찾는다는 차이점이 있다.

40 다음 중 조직시민행동(organizational citizenship behavior)의 유형으로 판단하기에 가장 적절하지 않은 것은?

① 신입사원이 조직에 빨리 적응할 수 있도록 도와주기

② 점심시간에 일찍 들어와서 부서의 전화 받기

③ 업무에 필요한 필기도구를 개인 돈으로 구매하기

④ 퇴근길에 옆 동네 사는 동료를 내 차로 데려다 주기

⑤ 사무실을 정돈하기 위해 동료보다 일찍 출근하기

✔ 해설 ①④ 이타행동

②⑤ 성실행동

※ **조직시민행동** … 공식적인 담당업무도 아니며 적절한 보상이 주어지지 않지만 자신이 소속된 조직의 발전을 위하여 자발적으로 수행하는 다양한 지원활동을 말한다. 조직시민행동의 5가지 요소는 다음과 같다.

㉠ 이타성(altruism) : 아무 대가 없이 자발적으로 도움이 필요한 상황에 처한 다른 구성원을 도와주는 것을 말한다.

㉡ 양심성(conscientiousness) : 구성원들이 자신의 양심에 따라 암묵적, 명시적 규칙을 충실히 준행하는 것을 말한다.

㉢ 스포츠맨십(sportsmanship) : 조직이나 구성원사이에서 정정당당히 행동하는 것을 말한다.

㉣ 예의성(courtesy) : 자신의 업무 또는 개인적 사정과 관련하여 다른 구성원들에게 갑작스럽게 당황스러운 일이 발생하지 않도록 미리 조치를 취하는 것을 말한다.

㉤ 시민정신(civic virtue) : 조직 내의 다양한 공식적, 비공식적 활동에 적극적인 관심을 갖고 참여하는 행동을 말한다.

Answer 40.③

41 다음 중 기업의 계열화에 대한 설명으로 가장 올바른 것은?

① 동일생산단계에 종사하고 있는 기업 간에 집단화를 형성하는 형태를 수직적 계열화라고 하는데, 예를 들면 기계메이커가 가정용 재봉틀회사의 공업용 재봉틀회사를 계열화하는 경우이다.

② 동일 공정이나 동일 원료로 생산 활동을 하는 과정에서 이종 제품공정이 나누어지는 기술적 조직과 관련을 갖고 있는 기업 간의 집단화 형태를 수평적 계열화라고 하고, 석유화학 콤비나트가 이에 해당한다.

③ 특정 생산기업의 생산 활동 과정에서 나타나는 부산물을 가공하거나 원료로 이용하고 있는 기업을 집단화하는 형태를 사행적(diagonal) 계열화라고 한다.

④ 원양수산업을 위주로 경영활동을 전개하는 기업이 냉동회사, 통조림회사, 비료회사 등을 집단화하는 경우 복합적 계열화라고 한다.

⑤ 다른 종류의 생산단계에 종사하는 각 기업을 집단화 하는 것을 수평적 계열화라고 하며 생산기업이 원료를 계열화 하는 것을 후방계열화, 생산기업이 판매 기업을 통합하는 것을 전방계열화라고 한다.

✔해설 ① 수평적 계열화에 관한 설명이다.
② 분기적 계열화에 관한 설명이다.
④ 사행적 계열화에 관한 설명이다.
⑤ 수직적 계열화에 관한 설명이다.

42 다음 중 포터의 5요인 분석에 속하지 않는 것은?

① 진입위협　　　　　　　　　② 동맹위협
③ 공급자위협　　　　　　　　④ 구매자위협
⑤ 대체자위협

✔해설 포터의 5요인 분석
㉠ 진입위협
㉡ 경쟁위협
㉢ 공급자위협
㉣ 구매자위협
㉤ 대체자위협

43 전반적인 직무가치나 난이도 등과 같은 분류기준에 따라 여러 등급을 설정하고, 여기서 각 직무를 적절히 평가하여 배정하는 직무평가의 방법은 무엇인가?

① 서열법

② 분류법

③ 점수법

④ 요소비교법

⑤ 등급법

> **✔해설** 직무평가의 방법
> ㉠ 서열법(ranking method) : 직무의 난이도, 책임의 대소, 직무의 중요도, 장점 등 직무의 상대적 가치를 모두 고려하여 전체적으로 직무의 서열을 평가하는 방법으로 등급법이라고도 한다.
> ㉡ 분류법(classification method) : 전반적인 직무가치나 난이도 등의 분류기준에 따라 미리 여러 등급을 정하고 여기에 각 직무를 적절히 평가하여 배정하는 방법으로 서열법과 유사한 장·단점이 있으며, 직무등급법이라고도 한다.
> ㉢ 점수법(point method) : 각 직무에 공통평가요소를 선정하고 여기에 가중치를 부여한 후, 각 직무요소별로 얻은 점수와 가중치를 곱하고 이를 합계하여 그 점수가 가장 높은 직무를 가장 가치 있는 직무로 평가하는 방법이다.
> ㉣ 요소비교법(factor comparison method) : 조직 내의 가장 중심이 되는 직무를 선정하고 요소별로 직무를 평가한 후 나머지 평가하고자 하는 모든 직무를 기준직무의 요소에 결부시켜 서로 비교하여 조직 내에서 이들이 차지하는 상대적 가치를 분석적으로 평가하는 방법이다.

44 다음 설명은 4P 전략 중 어디에 해당하는가?

> • 제품은 마케팅 믹스의 첫 번째로 가장 중요한 요소이다.
> • 제품전략은 제품믹스, 브랜드, 포장 등에 대한 종합적 의사결정을 말한다.
> • 제품이란 고객의 욕구를 충족시키기 위해 시장에 제공되는 것으로 유형·무형의 것을 말한다.

① 제품관리
② 가격관리
③ 경로관리
④ 촉진관리
⑤ 판매관리

✔ 해설 4P 전략
　㉠ 제품관리(Product management)
　　• 제품은 마케팅 믹스의 첫 번째로 가장 중요한 요소이다.
　　• 제품전략은 제품믹스, 브랜드, 포장 등에 대한 종합적 의사결정을 말한다.
　　• 제품이란 고객의 욕구를 충족시키기 위해 시장에 제공되는 것으로 유형·무형의 것을 말한다.
　㉡ 가격관리(Price management)
　　• 가격은 마케팅의 네 가지 활동인 4P 중 다른 마케팅 요소인 제품, 유통, 촉진에 비해 그 효과가 단 기간 내에 확연하게 나타나는 특징을 가지고 있다.
　　• 비가격요소의 역할이 점차 강조되고 있지만 가격은 여전히 마케팅믹스의 주요요소이다.
　　• 지역적으로 가격을 차별화할 수도 있고 다양한 할인 및 공제정책을 활용할 수도 있으며, 서로 다른 세분시장에 대해 서로 다른 가격을 설정할 수도 있다. 또한 제품계열이나 사양선택 등에 따라 가격 을 책정할 수 있다.
　㉢ 경로관리(Channel management, Place)
　　• 생산된 제품이 생산자로부터 소비자에게 전달되는 과정으로 모든 생산자가 직접 소비자와 만날 수 없으므로 이와 같은 관리가 필요하다.
　　• 효율적으로 제품이나 서비스가 고객에게 전달될 수 있도록 하는 것이 중요하다.
　㉣ 촉진관리(Promotion management)
　　• 촉진관리란 마케터가 제품의 혜택을 소비자에게 확신시키기 위해서 펼치는 모든 활동을 말한다.
　　• 촉진관리에는 광고, 판촉, 홍보, 인적 판매 등이 있다.

Answer 44.①

45 다음은 사업부 전략 성공의 한 사례이다. 어떠한 전략에 대한 설명인가?

> 뉴코어 철강회사는 미니밀 기술을 개발하여 전기로 철을 만들기 시작하였다. 작은 방에서 고철 찌꺼기를 재생산해서 철을 만들 수 있는 기술을 개발하여 원가절감에 성공한 사례라 할 수 있다.

① 집중차별화 전략(Focused Differentiation)

② 원가우위 전략(Cost Leadership)

③ 차별화 전략(Differentiation)

④ 원가집중 전략(Cost Focus)

⑤ 통합전략

✔해설 ② 해당 사례는 경쟁범위가 넓고 경쟁우위에 있어 저원가 전략을 펴는 원가우위 전략 성공 사례이다.
⑤ 통합전략은 두 가지 전략을 동시에 사용하는 것을 의미한다.

46 시장세분화의 기준으로 자주 사용되기도 하는 '사용률', '구매동기' 또는 '최종용도'와 같은 변수는 다음 중 어디에 속하는가?

① 지리적 변수

② 구매자 행동변수

③ 심리 묘사적 변수

④ 사회경제적 변수

⑤ 인구통계학적 변수

✔해설 시장세분화 기준
㉠ 지리적 세분화 : 국가, 지역, 도시, 인구밀도, 기후 등
㉡ 인구통계학적 세분화 : 연령, 성별, 가족 수, 직업, 종교, 교육수준 등
㉢ 심리 묘사적 세분화 : 라이프스타일, 개성, 특성 등
㉣ 구매 행동적 세분화 : 구매동기, 상표충성도, 편익 등

Answer 45.② 46.②

47 애덤스의 공정성이론에 따라 조직에서 공정성을 회복하기 위한 행동이 아닌 것은?

① 본인보다 낮은 수준의 사람을 비교대상으로 둔다.

② 근무시간에 취미활동을 한다.

③ 회사 업무에 큰 노력을 하지 않는다.

④ 연봉협상을 통해 급여를 높인다.

⑤ 다른 회사로 이직을 한다.

> ✔해설 ① 본인과 비슷한 수준의 사람으로 비교대상을 삼는다.
> ※ 애덤스의 공정성이론(Equity Theory) : 사람들이 자신이 조직에서 받는 보상(예: 급여, 혜택, 인정 등)과 그에 대한 자신의 투입(예: 노력, 시간, 기술 등)을 다른 사람들과 비교하여 공정성을 판단하는 이론이다. 사람들이 자신의 투입-보상 비율이 다른 사람들과 비교했을 때 불공정하다고 느끼면, 이를 해소하기 위해 다양한 행동을 취하게 된다.

48 다음 중 애드호크라시 조직에 해당되는 개념으로 다중 명령체계라고도 부르며 조직의 수평적·수직적 권한이 결합된 형태를 취하는 조직은?

① Tack Force 조직

② Matrix 조직

③ Man – trip 조직

④ Project 조직

⑤ Team 조직

> ✔해설 매트릭스(matrix) 조직(복합조직, 행렬조직)
> ㉠ 개념 : 전통적 조직과 프로젝트팀을 통합시킨 조직을 말한다.
> ㉡ 특징
> • 명령계통의 다원화
> • 구성원은 사업구조와 기능구조에 중복 소속
> ㉢ 기능 : 프로젝트팀의 장점에 신축성, 역동성, 자율성을 결합한 기능 수행

Answer 47.① 48.②

49 다음 ( ) 안에 들어갈 말을 순서대로 고르면?

> 다단계 생산공정의 생산시스템은 푸시(push)와 풀(pull)의 두 가지 형태가 있다. 이때 푸시(push)는 (   )(을)를 뜻하고 풀(pull)은 (   )(을)를 뜻한다.

① 전통적 서구의 생산시스템, 일본의 JIT시스템
② 일본의 JIT시스템, 전통적 서구의 생산시스템
③ 유연생산시스템(FMS), 셀제조시스템(CMS)
④ 셀제조시스템(CMS), 유연생산시스템(FMS)
⑤ 6시그마시스템, 일본의 JIT시스템

 해설 ㉠ 푸시(push)시스템 : 전통적 서구의 생산시스템을 의미하는 것으로 작업이 생산의 첫 단계에서 방출되고 차례로 재고품을 다음 단계로 밀어내어 마지막 단계에서 완제품이 나오게 된다.
㉡ 풀(pull)시스템 : 일본의 JIT시스템을 의미하는 것으로 재공품재고 및 이의 변동을 최소화할 목적으로 설계되며, 재고관리를 단순화함으로써 수요변동에 의한 영향을 감소시키고 분권화에 의하여 작업관리의 수준을 높인다.

50 다음 중 가장 높은 커버리지를 획득할 수 있는 유통전략은 무엇인가?

① 집중적 유통전략
② 전속적 유통전략
③ 선택적 유통전략
④ 푸시전략
⑤ 풀전략

해설 ② 전속적 유통전략 : 자사 제품만을 취급할 수 있는 제한된 수의 소매점
③ 선택적 유통전략 : 집중적 유통전략과 전속적 유통전략의 중간적 형태
④ 푸시전략 : 판매원에 의한 인적판매를 통해 소비자에게 밀어붙이면서 판매하는 유통전략
⑤ 풀전략 : 제조업자의 광고를 통해 소비자가 스스로 그 제품을 지명구매 하도록 하는 전략

Answer 49.① 50.①

51 다음은 기업의 경영혁신기법에 대한 설명이다. 가장 적절한 용어는?

> 기업의 규모가 커지고 복잡화된 경영으로 인해 과거와 같은 기능식 위계조직으로는 고객을 만족시킬 수 없다는 사고에서 등장한 기법으로 기존의 경영활동을 무시하고 기업의 부가가치 산출활동을 새롭게 구성하는 경영혁신기법이다. 기업 체질 및 구조의 근본적인 변혁을 가리키며 종래의 인원 삭감이나 부문 또는 부서폐쇄 등에 의존하기보다 사업의 모든 업무과정을 기업의 전략에 맞추어 프로세스 중심으로 바꾸는 것을 주안점으로 하고 있다.

① 리모델링(Remodeling)　　　　　② 리엔지니어링(Reengineering)
③ 인수 · 합병(M & A)　　　　　　 ④ 벤치마킹(Benchmarking)
⑤ 기업재구성(Restructuring)

> ✔ 해설　리엔지니어링 … 마이클 해머가 제창한 기업 체질 및 구조의 근본적 변혁을 말한다. 사업 활동을 근본적으로 새롭게 생각하여 업무의 방법 및 조직 구조를 혁신시키는 재설계방법이다. 기업재구성이 인원삭감 또는 부분폐쇄 등에 의존한 것과 달리 기업전략에 맞추어 업무진행을 재설계하는 것을 주안점으로 하는 특징이 있다.

52 다음 중 ABC 분석기법과 관련한 설명으로 옳지 않은 것은?

① 도매상들은 표적소매상 고객들이 원하는 제품구색과 서비스수준을 파악하고 수익성과 재고비용을 고려하여 효과적인 관리를 위해 ABC 분석기법을 활용한다.
② 공헌이익, 매출액, 판매량, 총이익, GMROI 혹은 매장면적당 매출이나 총이익을 기준으로 상품을 분류하고 재고량을 조절하고자 할 때 ABC 분석을 활용한다.
③ 다양한 고객에 대한 평가기준 특히 공헌이익, 수익성기여도 등에 따라 고객을 A, B, C 등급으로 분류한 후 등급특성에 따른 마케팅 전략 및 믹스를 활용할 수 있도록 도와주는 기법이다.
④ 유통상이 취급하는 상품을 수익에 대한 기여도에 따라 A, B, C로 분류한 후 각각의 상품그룹의 특성을 활용한 상품 확장, 신제품개발, 및 신시장 개척을 위한 도구로 사용되는 기법이다.
⑤ 효율적인 재고의 관리를 위해 파레토의 법칙을 재고관리기법에 도입한 것으로 해석할 수 있다.

> ✔ 해설　④ ABC 분석기법은 재고의 중요도 또는 가치에 따라 재고의 품목을 A등급, B등급, C등급으로 구분하여 관리하는 기법을 말하며 재고자산의 품목이 많은 경우 재고를 효율적으로 관리하기 위하여 파레토의 법칙을 재고관리기법에 도입한 것이다.

Answer　51.②　52.④

53 SWOT 분석법은 조직 내부의 강점과 약점을 조직외부의 기회와 위협 요인과 대응시켜 전략을 개발하는 기법이다. SWOT 분석에서 외부에 기회가 있다고 판단할 수 있는 근거의 예시 중 가장 거리가 먼 것은?

① 회사에 대한 고객의 높은 충성도

② 경제호황

③ 약해진 경쟁자

④ 새로운 기술의 출현

⑤ 제품의 다각화 전략

> ✔해설 SWOT
> ㉠ Strength(강점) : 회사 전체나 부문, 팀의 목표 달성에 적합한 역량
> ㉡ Weakness(약점) : 목표 달성을 방해하는 모든 장애요소
> ㉢ Opportunities(기회) : 활용해야 할 시장의 동향, 세력, 사건, 아이디어
> ㉣ Threats(위협) : 대비해야 할 외부의 통제 불가능한 사건, 세력

54 다음 중 시장침투가격전략에 대한 설명으로 옳은 것은?

① 단기간 내의 수익극대화를 목표로 처음에는 고가로 시작하고 시간이 지나면서 가격을 낮추는 전략이다.

② 경험곡선을 이용해 시장에 침투하여 장기적인 이익을 올리는 것을 목표로 한다.

③ 수요의 가격탄력성이 작은 경우에 사용하는 가격전략이다.

④ 소량생산으로도 대량생산에 비해 생산단가가 높지 않은 경우에 유용하다.

⑤ 품질선도로 단기간의 수익극대화를 목적으로 한다.

> ✔해설 ①③④⑤ 스키밍 가격전략(초기 고가전략 ; 상층 흡수가격전략)에 대한 설명이다.
> ※ **침투가격전략**(초기 저가전략 ; Penetration Pricing Strategy) … 낮은 가격으로 제품을 시장에 진출시켜 짧은 시간 내에 시장점유율을 확보하려는 전략으로, 경험곡선을 이용해 시장에 침투하여 장기적인 이익을 올리는 것을 목표로 한다. 이 전략은 다음의 경우에 효과적이다.
> ㉠ 수요의 가격탄력성이 큰 경우(수요가 아주 탄력적인 경우)
> ㉡ 상품에 대한 대량수요가 존재하고 있는 경우
> ㉢ 상품에 대한 기업 간 경쟁이 치열하거나 치열한 경쟁이 예상되는 경우
> ㉣ 규모의 경제에 의해 상당한 비용절감 효과를 얻을 수 있는 경우(대량판매를 통해 높은 이익이 예상되는 경우)

55 다음 중 SCM(Supply Chain Management)에 대한 설명으로 옳지 않은 것은?

① 디지털 기술을 활용하여 공급자, 유통채널, 소매업자, 고객 등의 물자 및 정보흐름을 신속하고 효율적으로 관리하는 것을 말한다.

② SCM은 정확한 수요예측을 통하여 수요량과 발주량 간의 격차를 없애는 데 목적이 있다.

③ 첨단정보기술 활용형 SCM은 중앙물류센터를 설치하여 구매와 배송절차를 단순화한 방식이다.

④ 공급자 주도의 재고관리형 SCM에는 QR(Quick Response)과 JIT(Just In Time) 등이 있다.

⑤ SCM의 본래 목적은 수요량과 발주량간의 격차해소였으며 이러한 격차가 공급망 상류로 갈수록 더욱 크게 나타나는 현상을 채찍효과라고 한다.

> **✔해설** SCM의 유형
> ㉠ 첨단정보기술 활용형 : 상품주문서, 지불확인서 등을 e-mail을 통해 주고받는 유형이다. 이는 업무처리시간과 불필요한 업무가 감소된다.
> ㉡ 중앙 집중관리형 : 중앙물류센터를 설치하여 구매와 배송절차를 단순화함으로써 구매단가, 운송단가를 최소화하고 각 점포의 상품배송주기를 단축하는 방식이다.
> ㉢ 공급자 주도의 재고관리형 : 소매업자와 공급업자가 상품판매정보의 공유를 통해 소비자의 구매패턴에 맞는 상품공급주기로 개선하는 방식이다. QR, JIT 등이 그 예이다.

56 다음 중 사업포트폴리오 설계 툴(Tool)에 대한 설명이 가장 옳지 않은 것은?

① BCG매트릭스의 단순성과 약점을 보완하기 위해 개발된 것이 GE매트릭스이다.

② BCG매트릭스가 제품수명주기이론을 개념적 토대로 한다면 GE매트릭스는 경쟁우위론을 개념적 토대로 한다.

③ GE매트릭스는 산업매력도와 사업 강점의 2부문으로 구성된다.

④ GE매트릭스에서 왼쪽 상단의 사업부문은 매력적인 산업에서 강한 포지션을 가지므로 매력도가 높은 특징을 지니며 BCG 매트릭스의 DOG 단계와 구사하는 전략이 유사하다고 볼 수 있다.

⑤ GE매트릭스에서 원의 크기는 해당 제품시장의 크기를 나타낸다고 볼 수 있다.

> **✔해설** ④ BCG매트릭스에서 DOG 단계는 시장점유율도 낮고 해당시장의 성장률도 낮은 쇠퇴기에 접어든 단계로 사업의 축소 또는 철수 전략이 시행된다.

57 다음 중 마케팅 관련 설명으로 가장 적절하지 않은 것은?

① 마케팅개념(marketing concept)은 소비자들의 욕구를 파악하여 그들의 욕구를 충족시켜줌으로써 기업의 장기적 이윤을 얻겠다는 개념이다.

② 마케팅관리(marketing management)는 고객의 욕구 충족과 기업의 목적을 달성하기 위해 관련 자료를 수집, 분석하여 마케팅전략을 수립하고 실행하며 그 성과를 평가하고 통제하는 관리활동이다.

③ 마케팅믹스(marketing mix)란 기업이 표적시장에서 원하는 반응을 얻기 위해 사용되는 절대적 통제 불가능한 마케팅변수의 집합으로 구성되며 이는 제품, 가격, 유통, 촉진의 4가지 변수로 4P's라 한다.

④ 그린마케팅(green marketing)은 환경에 대한 관심을 가지고 마케팅활동을 수행하는 것을 의미한다.

⑤ 필립 코틀러는 "교환과정을 통하여 인간의 욕구와 필요를 충족시키는 활동"이라는 설명으로 마케팅을 정의하기도 하였다.

> ✔ 해설 마케팅믹스(marketing mix) … 마케팅 믹스란 목표 시장에서의 기업의 목적을 달성하기 위한 통제 가능한 마케팅 변수를 적절하게 배합하는 것을 말하며 마케팅 변수는 다음과 같다.
> ㉠ 제품(Product) : 품질, 성능, 포장, 상표, 크기, 서비스, 보증, 반품 등
> ㉡ 가격(Price) : 정가, 할인, 대금 결제 조건, 공제, 할부기간 등
> ㉢ 장소(Place) : 경로, 입지, 재고, 상권, 운송 등
> ㉣ 촉진(Promotion) : 광고, 인적 판매, 홍보, 판매 촉진 등

58 다음의 제품수명주기 내용에서 ㉠과 ㉡에 들어갈 적절한 개념이 바르게 연결된 것은?

> 사람에도 수명이 있듯이 제품도 인간과 비슷하게 일정한 수명주기를 지닌다. 제품 수명은 새로운 제품이 등장할 때마다 반복적인 형태로 나타나며 일반적으로 하나의 제품이 시장에 출시되면 도입기 → 성장기 → (㉠) → 쇠퇴기의 4단계를 겪게 된다.
> 제품의 출시와 함께 시작되는 도입기는 조기수용자(Early Adopter) 또는 혁신자가 구입하는 단계이고, 이를지나 성장기에는 조기다수자(Early Majority)가 구입하게 된다. 한편 도입기와 성장단계의 사이에 (㉡)(가)이 존재하는 경우도 있으며, 이를 넘어서지 못하고 많은 기술과 상품들이 도태되기도 한다. 하지만 이 지점을 넘어서면 수요층이 다수로 확장될 수 있다.

	㉠	㉡
①	성숙기	기술포화
②	포화기	확산거점
③	성숙기	확산거점
④	포화기	캐즘(Chasm)
⑤	성숙기	캐즘(Chasm)

✔해설 ⑤ 캐즘(Chasm)이란 혁신적 제품이 개발·출시되어 초기의 적극적 소비자가 구매한 이후 일반 대중적 시장 영역으로 도약에 나서는 경우 수렁과 정체를 말한다.

※ 제품수명주기(PLC ; Product Life Cycle) … 일반적으로 도입기, 성장기, 성숙기, 쇠퇴기의 네 단계로 구분된다. 주기의 구분이 명확하지 않고 분석의 초점이 제품에 맞춰짐으로 전반적 시장의 상황을 간과한다는 비판도 받고 있지만 현재까지는 제품전략의 수립에 유용한 분석의 틀로 사용되고 있으며 이를 통해 적절한 마케팅 전략을 수립하고 실행할 수 있다.

㉠ 도입기 : 제품에 대하여 소비자의 인식이 부족하고 유통채널에 상품을 진열하는 데도 상당한 시간이 소요된다. 제품을 알리기 위한 촉진비용이 가장 많이 드는 시기이기 때문에 이익은 아주 적거나 오히려 적자인 경우가 대부분이다.

㉡ 성장기 : 도입기를 지나 성장기가 되면 매출이 크게 증가하고 새로운 특성을 지닌 제품의 경쟁자가 등장한다. 일반대중들도 제품을 구매하기 시작하며 경쟁의 심화로 촉진비용도 함께 증가하지만 시장이 확대되어 수익도 빠르게 증가하게 된다.

㉢ 성숙기 : 제품의 판매성장률이 둔화 즉, 판매가 정점에 달하는 전후의 시기를 말한다. 통상 도입기나 성장기보다 오래 지속되는 특징을 지니며 경쟁자들은 가격경쟁을 시도하거나 공격적인 촉진전략을 구사하기도 한다. 이익은 감소하고 경쟁에서 밀리는 기업은 도태되므로 성장기에는 소수의 시장지배자들과 다수의 소규모기업으로 시장이 양분된다.

㉣ 쇠퇴기 : 시장에서 제품이 서서히 사라지는 단계로 기술의 변화 또는 소비자 기호의 변화, 경쟁심화 등으로 인해 진행되므로 제품에 따라 이 시기가 급격하게 진행될 수도 있고 서서히 진행될 수도 있다.

Answer 58.⑤

59 다음은 가격차별에 대한 대화이다. 〈보기〉 중에서 옳은 진술을 한 사람만으로 짝지어진 것은?

〈보기〉

- 교수 : 가격차별의 예로 어떠한 것을 들 수 있습니까?
- 학생A : 비행기에서는 비즈니스석과 이코노미석의 가격을 차등적으로 받기 때문에 이는 가격차별의 예로 적절하다고 봅니다.
- 학생B : 놀이공원의 입장료와 놀이기구의 이용료를 따로 받는 것도 가격차별의 좋은 예가 될 수 있습니다.
- 교수 : 그렇다면 이러한 가격차별은 구체적으로 어느 경우에 일어납니까?
- 학생C : 반응함수가 나타나는 과점적 시장구조에서 쉽게 발생합니다.
- 학생D : 규모의 경제가 발생하는 경우에 흔하게 발생하지요.

---

① 학생A, 학생B
② 학생B, 학생C
③ 학생B, 학생D
④ 학생B, 학생C
⑤ 학생C, 학생D

✔ **해설** 동일한 재화에 대해 서로 상이한 가격을 부과하는 것을 가격차별이라 한다. 따라서 재화의 동일성을 전제로 가격차별의 예를 판단해야 하며 이러한 관점에서 판단할 때 비행기의 비즈니스석과 이코노미석은 서로 다른 서비스를 제공하므로 다른 재화로 판단하는 것이 타당하며 따라서 가격차별이 될 수 없다. 반대로 놀이공원의 입장료와 놀이기구 이용료를 따로 받는 것은 동일재화에 해당하므로 2부 가격차별이라 할 수 있다. 이러한 가격차별은 독점의 형태에서 주로 발생하며 규모의 경제는 독점의 강력한 원인이 된다. 가격반응곡선은 과점형태에서 나타나므로 옳지 않다.

60 다음 중 기업의 재고관리모형의 상호관련을 짝지은 것으로 옳지 않은 것은?

① ABC 방식 – 재고자산의 가치나 중요도에 따라 중점적으로 관리하는 기법
② EOQ 모형 – 주문비용과 재고유지비용을 합한 연간 총비용이 최소가 되도록 하는 주문량
③ ROP 모형 – 주문기간을 일정하게 하고 주문량을 변동시키는 모형
④ 자재소요계획 – 시기별로 제품생산에 소요되는 자재소요량을 분석하고 재고투자를 최대로 하여 단위단가를 최소화 하기 위한 재고관리모형
⑤ JIT 모형 – 무재고원칙, 즉 재고유지비용의 최소화를 지향한다.

> ✔해설 ④ 재고투자를 최소화하기 위한 재고관리모형이다.
> ※ 재고관리모형
> ㉠ EOQ(Economic Order Quantity) 모형 : 경제적 주문량이란 주문비용과 재고유지비용을 합한 연간 총비용이 최소가 되도록 하는 주문량을 말한다. 즉, 재고품의 단위원가가 최소가 되는 1회 주문량을 말한다.
> ㉡ ROP 모형 : 주문기간을 일정하게 하고 주문량을 변동시키는 모형이다.
> ㉢ ABC 관리방식 : 재고자산의 가치나 중요도에 따라 중점 관리하는 기법이다.
> ㉣ 자재소요계획 : 시기별로 제품생산에 필요한 자재소요량을 분석하여 재고투자를 최소화하기 위한 재고관리모형의 일종이다. 생산일정 및 재고통제기법이라 할 수 있다.
> ㉤ JIT 재고모형 : 생산과정에서 필요한 양의 부품이 즉시에 도착하기 때문에 재고의 유지가 필요 없거나 극소량의 재고만을 유지함으로써 재고관리비용을 최소화시키는 방법이다.

61 투자자 A는 주당 10,000원인 주식 10주를 매수하면서 행사가격이 8,000원인 풋옵션 한 개를 3,000원에 매수하였다. 한 달 뒤 주가가 11,000원이 되었을 때, 주식과 풋옵션을 모두 매도했다면 투자자 A의 매매손익은 얼마인가?

① 6,000원
② 7,000원
③ 8,000원
④ 9,000원
⑤ 10,000원

> ✔해설 주식 매매손익 : (11,000 − 10,000) × 10주 = 10,000원
> 풋옵션 매매손익 : −3,000원(행사가격 보다 주가가 높으므로 풋옵션 매수금액만큼 손실이 발생한다.)
> ∴ 10,000 − 3,000 = 7,000원

62 다음은 제조업체와 소매유통업체 사이에서 발생하는 두 가지 극단적인 전략관계 즉, 풀 전략(pull strategy)과 푸시 전략(push marketing strategy)에 관한 설명이다. 옳지 않은 것은?

① 푸시 채널 전략에서는 제조업체의 현장 마케팅지원에 대한 요구수준이 상대적으로 높다.

② 잘 알려지지 않은 브랜드의 제품을 손님이 많이 드나드는 매장에 전시함으로써 고객들을 끌어당기는 것을 풀 마케팅 전략(pull marketing strategy)이라고 한다.

③ 제조업체가 자사 신규제품에 대한 시장창출을 소매유통업체에게 의존하는 경향이 강한 것은 푸시 전략이다.

④ 유통업체의 경제성 측면 즉, 마진율은 푸시 채널 전략의 경우 풀 채널 전략의 경우보다 상대적으로 높다.

⑤ 인적판매의 경우 푸시 전략으로 보는 것이 옳다.

> ✔️**해설** ② 풀 마케팅 전략의 판매수단은 광고를 활용하여 대중의 관심과 욕구를 자극하여 소비자의 직접적인 구매를 유도하는 촉진전략이다. 따라서 잘 알려지지 않은 브랜드의 제품을 손님이 많이 드나드는 매장에 전시하는 것은 기업 측이 적극적으로 유통업체에게 판매촉진활동을 요청하는 푸시 전략에 해당한다.

63 최근 자금난을 겪고 있는 ○○기업은 자금난을 해결하기 위해 주주 또는 제3자 등에게 새 주식을 발행하여 추가적으로 자금을 조달하기로 결정하였다. ○○기업이 자금난 해결을 위해 사용하려는 방법은 무엇인가?

① 스톡옵션
② 무상증자
③ 유상증자
④ 직접금융
⑤ 간접금융

> ✔️**해설** 유상증자
> ㉠ 주식회사가 주주 또는 제3자에게 현금이나 현물로 출자시켜 실질적인 자본금을 증가시키는 것으로 가장 일반적인 자기자본 조달형태를 말한다.
> ㉡ 유상증자는 회사의 재산이 실질적으로 증가하기 때문에 재무구조를 개선시키게 된다.

Answer 62.② 63.③

64 다음 빈 칸에 알맞은 말은 무엇인가?

> A게임사는 1년 5개월 전 출시한 소셜네트워크 게임을 통해 꾸준한 수익을 내고 있다. 이를 바탕으로 지난해 3분기까지 557억 원의 매출을 기록했다. 회사 관계자는 "B게임은 지금도 앱스토어나 구글 플레이 스토어에서 매출 10위권 이상을 유지하는 등 지속적으로 인기를 끌고 있다"며 "C게임 같은 대박 게임이 없어도 기존의 여러 게임들이 꾸준한 인기를 유지하는 것이 지속 성장의 비결"이라고 설명했다. 업계에 따르면 '대박'을 쫓기 보다는 세분화된 사용자들의 기호를 충족시킬 수 있는 여러 게임을 선보여 장기적인 수익원을 마련하는 것이 모바일 게임 개발사들의 주요 전략으로 자리 잡고 있다. '하위 80%가 상위 20% 보다 더 의미 있는 역할을 한다'는 (   )이 적용되고 있는 것이다.

① 파레토법칙   ② 틈새상품

③ 롱테일법칙   ④ 프로슈머마케팅

⑤ 매스마케팅

> ✔해설 **롱테일법칙** … '결과물의 80%는 조직의 20%에 의하여 생산된다'는 파레토법칙과 반대되는 이론으로 80%의 사소한 다수가 20%의 핵심 소수보다 뛰어난 가치를 창출한다는 이론이다.

65 다음 중 듀레이션의 특징이 아닌 것은?

① 다른 조건이 동일하다면 표면이자율이 낮을수록 듀레이션은 커진다.

② 채권의 만기가 길수록 듀레이션도 커진다.

③ 채권수익률과 듀레이션은 역의 상관관계를 갖는다.

④ 만기일시 상환채권의 듀레이션은 채권의 잔존기간과 같다.

⑤ 듀레이션은 가산법칙이 성립하지 않는다.

> ✔해설 **듀레이션의 특징**
> ㉠ 다른 조건이 동일하다면 표면이자율이 낮을수록 듀레이션은 커진다.
> ㉡ 채권의 만기가 길수록 듀레이션도 커진다.
> ㉢ 채권수익률과 듀레이션은 역의 상관관계를 갖는다.
> ㉣ 만기일시 상환채권의 듀레이션은 채권의 잔존기간과 같다.
> ㉤ 듀레이션은 가산법칙이 성립한다(채권포트폴리오의 듀레이션).

Answer 64.③ 65.⑤

66 다음의 기사와 가장 관련이 깊은 용어는?

> 백화점과 할인점의 마케팅 대행업체 '메일러스클럽'은 최근 고객에게 발송하는 DM 시스템을 전면 개선하였다. 기존에 획일적으로 제공하던 DM을 고객의 구매 이력을 분석하여 가장 많이 구입한 상품과 추천 상품의 할인 쿠폰을 개인별 맞춤 형태로 다르게 발송한 것이다. 그 후 일반적인 DM 회수율이 2% 미만이었던 반면 맞춤형 DM의 경우 회수율이 48%에 달하는 기대 이상의 성과를 올렸다. 이렇게 맞춤형 DM의 제작이 가능하게 된 것은 기존의 '옵셋(Off−Set)'에 비해 20~30% 가량 출력 비용이 저렴하고 빠른 출력 속도로 생산성이 높은 디지털 인쇄기를 활용한 덕분이다.

① STP전략
② 트랜스코더
③ 트랜스프로모
④ SWOT 분석
⑤ BCG 매트릭스

> ✔해설 트랜스프로모(Transpromo) … '트랜잭션(Transaction)'과 '프로모션(Promotion)'의 합성어로 청구서에 고객 개개인의 맞춤형 정보와 광고를 제공하는 새로운 형태의 DM 마케팅이다. 출력 장비가 옵셋 중심의 아날로그에서 디지털 인쇄 장비로 바뀌며 보급의 탄력을 얻었으며 명세서 또는 송장과 같은 업무용 문서를 이용하여 기업이나 협력 업체의 서비스와 제품을 홍보하는 '통합 마케팅(integrated transactional marketing)' 수단으로 주목받고 있다.

67 다음 중 손익분기점(break−even point)을 파악하기 위한 구성내용이 옳지 않은 것은?

① 총수익(총이익) = 총매출액 − 총비용
② 비용 = 고정비용 + 변동비용
③ 변동비용 = 개별상품단위당변동비용 × 매출(판매)액
④ 매출액 = 판매가격 × 매출(판매)수량
⑤ 매출 = 고정원가 + 변동원가

> ✔해설 ③ 변동비용 = 변동전비용 × (신목표매출액 ÷ 변동전매출액 × 변동비율 + 공정비율)

68 다음 중 채권수익률(채권가격)의 결정요인으로 보기 어려운 것은?

① 채권의 초과공급이 발생하면 채권수익률이 하락한다.

② 일반적으로 경제성장률이 높을 때에는 채권의 초과공급으로 채권가격이 하락한다.

③ 물가의 상승과 채권수익률은 정의 상관관계에 있다.

④ 시중의 자금사정과 정기예금금리 등 재정금융정책은 채권수익률과 밀접한 상관관계가 있다.

⑤ 장기채권 및 단기채권 여부에 따라 채권수익률은 달라진다.

> ✔해설 채권수익률(채권가격) 결정요인
> ㉠ 수급상황 : 채권의 초과공급이 발생하면 채권수익률이 상승한다.
> ㉡ 경기동향(fundamental) : 일반적으로 경제성장률이 높을 때에는 채권의 초과공급으로 채권가격이 하락(채권수익률 상승)한다.
> ㉢ 물가상승(inflation) : 물가의 상승과 채권수익률은 정의 상관관계에 있다.
> ㉣ 시중자금 사정과 금융정책 : 시중의 자금사정과 정기예금금리 등 재정금융정책은 채권수익률과 밀접한 상관관계가 있다.
> ㉤ 채권의 만기 : 채권의 만기, 즉 장기채권 및 단기채권 여부에 따라 채권수익률은 달라진다.
> ㉥ 채무불이행 위험 : 채무불이행 위험이 커지면 당해 채권의 수익률도 상승한다.
> ㉦ 채권의 유동성 : 채권의 유동성 정도에 따라 채권의 수익률이 달라진다.

69 다음에서 설명하고 있는 개념은 무엇인가?

> 현재의 주가를 1주당 순이익(EPS ; Earning Per Share)으로 나눈 비율로써 주가가 1주당 순이익의 몇 배가 되는지를 측정하는 지표이다.

① 배당수익률   ② 순자산비율

③ 주가수익비율   ④ 주가현금흐름비율

⑤ 경제적 부가가치

> ✔해설 주가수익비율(Price Earning Ratio)
> ㉠ PER란 주가를 주당순이익으로 나눈 주가의 수익성 지표를 말한다.
> ㉡ 주가가 주당순이익의 몇 배인가를 나타내는 것으로 투자판단의 지표로 사용된다.
> ㉢ PER가 높으면 기업이 영업활동으로 벌어들인 이익에 비해 주가가 높게 평가되었으며, 반대로 PER가 낮으면 이익에 비해 주가가 낮게 평가되었음을 의미하므로 주가가 상승할 가능성이 크다.

Answer   68.①   69.③

70 해당 기업이 기관투자자들이나 개인투자자들에게 새로운 경영지표와 사업계획 같은 기업정보를 정확하게 알려주는 제도는?

① IR

② PR

③ OR

④ DR

⑤ CR

> ✔해설 IR(Investor Relation) … 기업이 자본시장에서 정당한 평가를 얻기 위하여 주식 및 사채투자자들을 대상으로 실시하는 홍보활동으로 투자자관계·기업설명활동이라고 한다. IR은 주식시장에서 기업의 우량성을 확보해 나가기 위해서 투자자들만을 대상으로 기업의 경영활동 및 이와 관련된 정보를 제공하는 홍보활동으로 기관투자가를 상대로 하고 회사의 장점뿐 아니라 단점까지도 전달한다.

71 다음 중 우리나라의 기업회계기준에서 규정하고 있는 일반원칙이 아닌 것은?

① 명료성의 원칙

② 충분성의 원칙

③ 일시성의 원칙

④ 안전성의 원칙

⑤ 신뢰성의 원칙

> ✔해설 기업회계원칙의 일반원칙
> ㉠ 신뢰성의 원칙
> ㉡ 명료성의 원칙
> ㉢ 충분성의 원칙
> ㉣ 계속성의 원칙
> ㉤ 중요성의 원칙
> ㉥ 안정성의 원칙

Answer 70.① 71.③

72 다음은 ○○기업의 현금흐름표를 요약한 것이다. 이에 대한 설명으로 가장 옳지 않은 것은? (단, 각 년도의 기간은 1월 1일부터 12월 31일까지를 말함)

현금흐름표(단위 : 억 원)			
항목	2017년	2018년	2019년
영업활동으로 인한 현금흐름	150	185	188
−당기순이익	120	100	97
−현금유출입이 없는 비용 및 수익	30	85	91
투자활동으로 인한 현금흐름	−95	−135	−200
재무활동으로 인한 현금흐름	−90	140	200

① ○○기업의 매출액 변동은 알 수 없다.

② 외부에서 자금유입이 증대되고 있다.

③ 신규설비의 확장으로 감가상각이 증대되고 있다.

④ ○○기업의 수익성은 호전되고 있다.

⑤ 계속적으로 유형자산 또는 유가증권 등을 구입하고 있다.

✔해설 ④ 당기순이익이 계속적으로 감소하고 있으므로 기업의 수익성이 악화되고 있다고 보여진다.

※ 현금흐름표
　㉠ 일정기간 동안 기업의 현금유입과 유출을 나타내는 재무제표이다.
　㉡ 영업활동 현금흐름, 투자활동 현금흐름, 재무활동 현금흐름으로 구성되어 있다.
　• 영업활동 : 기업의 본원적 수익창출활동에서 창출된 현금흐름을 말한다.
　• 투자활동 : 회사의 설비투자나, 여유자금 운용활동의 정도를 나타낸다.
　• 재무활동 : 회사의 자금 조달 및 운용상태를 나타낸다.

Answer 72.④

73 다음 중 재무관리의 기능에 대한 설명으로 옳지 않은 것은?

① 재무관리의 기능은 투자의사결정과 자본조달의사결정으로 요약할 수 있다.

② 투자의사결정은 기업이 자금을 어떻게 운용할 것인가를 결정하는 것을 의미한다.

③ 자본조달의사결정은 기업 활동에 필요한 자금을 어떻게 조달할 것인가를 결정하는 것이다.

④ 투자의사결정은 대차대조표상에서의 대변항목들, 즉 부채와 자본에 대한 의사결정을 말한다.

⑤ 배당결정은 창출된 기업의 순이익 중 얼마를 주주에게 배당하고 얼마를 기업 내에 유보할 것인가에 대한 의사 결정을 말한다.

> ✔**해설** ④ 투자의사결정은 기업 가치를 극대화하기 위해 어떤 자산에 얼마나 투자할 것인가를 결정하는 의사결정이다.

74 다음 중 재무회계에 대한 설명으로 적합하지 않는 것은?

① 기업의 내부 이해관계인인 경영자에게 관리적 의사결정에 유용한 정보를 제공하는 것을 목적으로 하는 회계이다.

② 기업의 외부 이해관계인인 주주나 채권자 등 불특정 다수인에게 경제적 의사결정에 유용한 정보를 제공하는 것을 목적으로 하는 회계이다.

③ 정기적 보고 및 일정기준에 따른 보고형식이 있으며 일정한 규정에 따라 보고를 하고 기본적으로 복식부기 시스템이다.

④ 대표적인 수단으로 대차대조표, 손익계산서, 현금흐름표, 이익잉여금처분계산서가 있다.

⑤ 일반적으로 인정된 회계원칙을 준수하며 과거지향적 시간관점을 지닌다.

> ✔**해설** 재무회계의 주요목적은 불특정 다수의 정보이용자에게 제공할 일반목적의 재무제표의 작성이다.

Answer 73.④ 74.①

75 다음 중 기업인수·합병(M&A)에 따른 이점이 아닌 것은?

① 독자적인 시장개척이 신속하게 이루어진다.

② 기업을 그대로 인수할 경우 인수되는 기업이 보유한 유리함을 그대로 향유할 수 있다.

③ 경영실적을 어느 정도 예측할 수 있으므로 미래의 불확실성 정도를 줄일 수 있다.

④ 기존 기업이 갖고 있는 모든 설비나 종업원을 그대로 물려받게 될 경우 창업에 따르는 시간과 경비를 그만큼 절감할 수 있다.

⑤ 조기에 시장에 진입하는 것도 가능하다.

> **✔해설** M&A의 장·단점
> ○ 장점
> • 시장에의 조기진입 가능
> • 기존업계 진입 시 마찰회피와 시장에서의 시장지배력 확보
> • 적절한 M&A 비용으로 인하여 투자비용을 절약
> • 신규 시장진입으로 인한 위험을 최소화하여 이를 회피하는 기능
> ○ 단점
> • M&A로 취득자산의 가치가 저하 가능
> • M&A시 필요 인재의 유출, 종업원 상호간의 인간관계 악화 및 조직의 능률 저하 가능
> • M&A 성공 후 안이한 대처로 인해 기업이 약화될 수 있다.
> • M&A 소요자금의 외부차입으로 인한 기업의 재무구조 악화되는 경우가 많다.

76 물가가 지속적으로 상승하고 재고자산의 수량도 꾸준히 증가하는 경우, 당기의 손익계산서에 반영되는 매출원가의 상대적 크기의 비교가 바른 것은?

① 선입선출법 < 이동평균법 < 총평균법 < 후입선출법

② 선입선출법 < 이동평균법 = 총평균법 > 후입선출법

③ 선입선출법 < 총평균법 < 이동평균법 < 후입선출법

④ 후입선출법 < 이동평균법 < 총평균법 < 선입선출법

⑤ 후입선출법 < 총평균법 < 이동평균법 < 선입선출법

> **✔해설** 재고수량이 증가(기말수량 > 기초수량)하고 물가가 상승하는 경우 선입선출법, 이동평균법, 총평균법, 후입선출법의 순으로 당기순이익이 크게 표시된다. 즉, 당기순이익이 크다는 말은 매출원가가 작다는 것이고 기말재고가 크다는 것이다.

Answer 75.① 76.①

77 다음 내용을 고려하여 손익계산서상 영업이익을 구하면?

> • 수입 : 매출액 300, 유형자산처분이익 100
> • 비용 : 매출원가 100, 이자비용 20, 감가상각비 30, 급여 30, 법인세비용 10

① 110

② 120

③ 130

④ 140

⑤ 200

> ✔해설 영업이익 = 매출액 − 매출원가 − 판매비와 관리비 = 300 − 100 − 30 − 30 = 140
> 급여, 감가상각비는 판매비와 관리비에 해당하며, 이자비용은 영업외비용에 해당한다.

78 주가수익비율(PER)에 관한 설명으로 옳지 않은 것은?

① 주가수익비율은 수익성 지표이며 주가를 주당순이익으로 나누어 구한다.

② 기업의 주가수익비율이 과거보다 낮거나 동일한 산업임에도 불구하고 타 기업보다 주가수익비율이 높다면 주가가 상승할 가능성이 높다.

③ 주가수익비율은 주주에게 분배된 배당금 이외에도 주가의 상대적 수준을 측정하는데 순이익을 이용한다.

④ 인플레이션이 높은 상황 속에서 주가수익비율은 낮아지는 경향이 있다.

⑤ 투자자가 어느 회사의 주식에 투자할 것인지에 대해 의사결정을 할 때 가장 널리 활용되는 재무비율이다.

> ✔해설 ② 기업의 주가수익비율이 과거보다 낮거나 동일한 산업임에도 불구하고 타 기업보다 주가수익비율이 낮다면 주가가 상승할 가능성이 높다.

PART

04

경제상식

경제상식

⚙ 가격규제

시장에서 결정된 가격을 무시하고, 정부가 의도적으로 가격을 규제하는 정책으로 최고가격제와 최저가격제가 있다.

① 최고가격제

　⊙ 정부가 물가를 안정시키고 소비자를 보호하기 위하여 가격 상한을 설정하고 최고가격 이하에서만 거래하도록 통제하는 제도이다.

　ⓒ '가격상한제'라고도 하며, 대표적으로 임대료 규제와 이자율 규제 등이 있다.

　ⓒ 균형가격보다 낮은 가격으로 하락하므로 수요량은 증가하지만 공급량은 감소하여 초과수요가 발생한다.

　ⓔ 초과수요로 인한 암시장이 형성된다.

② 최저가격제

　⊙ 공급과잉과 생산자 간의 과도한 경쟁을 대비, 방지하며 보호하기 위하여 가격 하한을 설정하고 최저가격 이하로는 거래를 못하도록 통제하는 제도이다.

　ⓒ '가격하한제'라고도 하며 대표적으로 최저 임금제 등이 있다.

　ⓒ 공급량이 수요를 초과하여 초과공급이 발생하며 최저가격은 균형가격보다 높을 때에 의미를 가지므로 균형가격보다 최저가격이 낮으면 실효성이 없다.

　ⓔ 초과공급으로 인한 암시장이 형성된다.

⚙ 가격차별

독점기업은 동일한 상품에 대하여 상이한 시장에 상이한 가격을 매길 수 있는데, 이를 가격차별이라 한다.
독점기업이 가격차별을 실시할 경우 단일시장에서 균일한 가격으로 판매할 때보다 더 많은 이득을 획득할 수 있기 때문이다.

① 조건

ⓒ 완전 경쟁시장에서는 동질의 재화를 시장 가격에 공급하기 때문에 가격차별이 불가능하므로 불완전 경쟁시장이어야 한다.

ⓒ 서로 다른 집단으로 분리할 수 있어야 한다.

ⓒ 시장 간 전매(A시장에서 구매한 재화를 B시장에서 재판매)는 불가능해야 한다.

ⓒ 공급자가 시장에 대한 독점력을 가지고 있어야 한다.

ⓒ 시장 분리에 들어가는 비용이 가격차별의 이익보다 적어야 한다.

② 유형

ⓒ 1급 가격차별(완전 가격차별)

• 기업이 소비자의 소비 패턴을 완벽히 파악하고 있어, 최대 지불 용의만큼, 즉 유보가격을 매길 수 있다. 즉, 상품을 각 단위당 소비자에게 다른 가격을 부과하는 형태를 말한다.

• 소비자의 최대 지불 용의를 전제로 하기 때문에 소비자 잉여 부분을 생산자 잉여 부분으로 귀속시킨다.

• 예시 : 경매 등

ⓒ 2급 가격차별(수량단위 가격차별)

• 소비자의 구매량에 따라 각 구간별로 가격을 다르게 부과한다.

• 구매량이 높아질수록 소비자들은 단일 가격을 책정하는 경우보다 이윤을 얻을 수 있다. 그러나 대량 생산으로 인해 생산 비용이 절감하여 가격이 낮아진 경우는 가격차별로 볼 수 없다.

• 예시 : 휴대폰 사용요금, 전기 요금 등

ⓒ 3급 가격차별(시장분할 가격차별)

• 대부분의 가격차별이 시장분할 가격차별에 속한다.

• 소비자를 특성에 따라 서로 다른 집단으로 분리하여 가격을 책정한다.

• 예시 : 영화 조조할인, 버스 연령별 요금 등

⊘ 가격탄력성

경제량 상호의 변동관계를 파악하기 위한 개념으로, 가격이 변했을 때 수요량이나 공급량이 변화하는 것을 나타내는 지표는 수요(공급)의 가격탄력성이라고 한다. 탄력성이 크다는 것은 가격 변화에 대한 수량 변화가 그만큼 많다는 것을 의미한다.

⚅ 게임이론

경제행위에서 상대방의 행위가 자신의 이익에 영향을 미치는 경우 이익을 극대화하는 방법에 관한 이론이다.

① 내쉬균형 ··· 미국의 수학자 존 내쉬가 도입하였다. 상대방의 대응에 따라 최선의 선택을 하면, 균형이 형성되어 서로 자신의 선택을 바꾸지 않게 된다. 상대의 전략이 바뀌지 않으면 자신의 전략 역시 바꿀 유인이 없는 상태다. 정치적 협상이나 경제 분야에서 전략으로 널리 활용되고 있다. 게임이론 자체는 응용 수학의 한 분야였지만 경제학에서 과점시장의 문제를 분석하는 틀로 도입되기 시작했다.

② 죄수의 딜레마(Prisoners Dilemma) ··· 서로 믿고 협력하면 모두에게 이득이지만, 자신의 이익을 최대화하려 동료를 배신하면 모두에게 불행한 결과를 가져올 수 있음을 나타낸다. 죄수의 상황에 적용하면서 '죄수의 딜레마'라는 이름을 붙였다.

⚅ 경기순환(Trade Cycle)

경제가 끝없이 확장과 수축을 반복하며 변동하는 현상을 말한다. 경제변동 중에서 계절변동과 같이 주기는 일정하지 않지만, 자본주의 사회의 경제활동의 상승과 하강과정을 되풀이하는 변동을 경기변동이라고 한다. 불황(Depression), 회복(Recovery), 호황(Prosperity), 후퇴(Recession) 4개 국면이 순환된다.

⚅ 경제성장률

각 경제활동이 만들어낸 부가가치가 전년도에 비하여 얼마나 증가하였는가를 보기 위하여 경제성장률을 이용한다. 흔히 경제성장률이라 하면 물가요인을 제거한 실질경제성장률을 의미한다.

$$실질경제성장률 = \frac{금년도\ 실질\ GDP - 전년도\ 실질\ GDP}{전년도\ 실질\ GDP} \times 100$$

⚅ 경제활동인구

한 국가의 인구에서 일할 능력과 의사를 가진 사람을 경제활동인구라고 한다. 만 15세 이상 사람들 가운데 일할 능력이 있어 취업한 자와 취업할 의지가 있으면서 취업이 가능한 인구를 말한다.

⚐ 경제활동인구와 비경제활동인구의 비교

구분			내용
만 15세 이상	경제 활동인구	취업자	• 수입을 목적으로 1시간 이상 일한 사람 • 주당 18시간 이상 일한 무급가족종사자 • 일시 휴직자
		실업자	4주간 구직활동을 했음에도 일자리를 얻지 못한 사람
	비경제 활동인구		• 일할 능력이 없는 환자 • 고령자 • 주부 · 학생 • 군복무자 • 교도소 수감자 등

⚐ 경제활동참가율

15세 이상 인구 중에서 경제활동인구가 차지하는 비율을 의미한다.

$$경제활동참가율(\%) = \frac{경제활동인구}{15세\ 이상의\ 인구} \times 100$$

⚐ 고용률

15세 인상의 인구 중에서 취업자가 차지하는 비율을 의미한다.

$$고용률(\%) = \frac{취업자\ 수}{15세\ 이상의\ 인구} \times 100$$

⚐ 고정환율제도와 변동환율제도

① 고정환율제도 … 정부가 환율을 일정 범위 내로 고정시켜 환율을 안정적으로 유지하려는 제도이다.

  ㉠ 장점 : 환율이 안정되어 환율불균형에 의한 자본 이동의 폐해를 방지할 수 있다.

  ㉡ 단점 : 국제수지균형을 위한 신용제한과 무역 및 외환관리로 인한 국내 압박으로 경제성장이 억제되고 무역 및 외환의 자유화가 불가능하다.

② 변동환율제도 … 수요와 공급에 의해 환율이 자유롭게 결정되도록 하는 제도이다.

  ㉠ 장점 : 환율의 실세를 반영하여 융통성 있게 변동할 수 있다.

  ㉡ 단점 : 환투기의 가능성이 있을 때에는 환율의 안정을 잃게 된다.

⊘ 공급

① 개념

　㉠ 일정 기간동안 재화나 용역을 판매하고자 하는 욕구를 말한다.

　㉡ '일정 기간'은 수요와 같은 기간의 개념이며, '판매하고자 하는 욕구'는 실제 판매한 양이 아닌 의도한 양을 말한다.

② 공급곡선

　㉠ 가격과 공급량의 관계를 보여주는 곡선이다.

　㉡ 가격이 높을수록 공급량이 증가하기 때문에 공급곡선은 우상향한다.

　㉢ 곡선이 오른쪽으로 이동하면 공급의 증가가 되고 왼쪽으로 이동하면 공급의 감소가 된다.

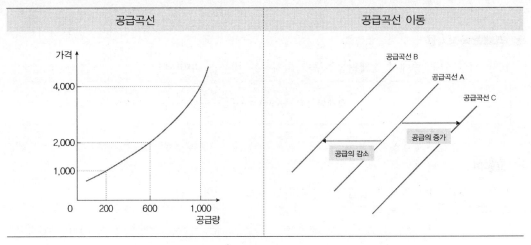

공급곡선	공급곡선 이동

③ 공급변화 요인

　㉠ 생산 요소의 가격 변동 : 생산요소의 가격이 상승하면 공급자의 수익성이 감소하므로 생산량이 감소하여 공급곡선이 왼쪽으로 이동한다.

　㉡ 기술 수준 발달 : 기술이 발달하면 생산비용이 낮아지게 되므로 공급이 증가하여 공급곡선은 오른쪽으로 이동한다.

　㉢ 대체재 및 보완재의 가격변동

　　• 대체재 관계의 재화 중 하나의 재화 가격이 상승하면 다른 재화는 공급이 감소하여 공급곡선이 왼쪽으로 이동한다.

　　• 보완재 관계의 재화 중 하나의 재화가격이 상승하면 다른 재화는 공급이 증가하여 공급곡선이 오른쪽으로 이동한다.

　㉣ 판매자의 수 및 가격 예상 등

⊘ 공급의 가격탄력성

① 개념 ··· 재화의 가격이 변동할 때, 공급량이 얼마나 변동하는지를 나타내는 지표이다.

② 공급의 가격탄력성 결정요인

   ⊙ 공급자들의 조절
- 공급자들이 생산량을 얼마나 조절할 수 있는지에 따라 달라진다.
- 추가 생산이 가능한 재화는 가격이 높아지면 추가로 생산량을 늘릴 수 있기 때문에 공급이 탄력적이다.

   ⓛ 기간의 장단(長短)
- 공급의 가격 탄력성은 짧은 기간보다 긴 기간일수록 커진다.
- 짧은 기간에 기업이 생산을 늘리거나 줄이기 위해 쉽게 공장 규모를 변경하기가 어렵다. 그러나 긴 기간에는 공장을 새로 짓거나 기존의 공장을 폐쇄하는 등 공급량을 조절할 수 있게 되어 공급량이 가격 변화에 민감하게 반응한다.

   ⓒ 재화 경쟁 : 공급자들의 경쟁이 심할 경우에 상품의 가격이 오르면 경쟁이 심하지 않은 경우보다 상품의 공급량이 더 크게 증가할 수 있기 때문에 공급의 가격 탄력성은 커지고 경쟁이 없으면 작아진다.

③ 공급의 가격탄력성 공식

$$
\begin{aligned}
\text{공급의 가격탄력성}(E_p) &= \frac{\text{공급량 변화율(\%)}}{\text{가격 변화율(\%)}} \\
&= \frac{\triangle Q^S/Q^S}{\triangle P/P} = \frac{\triangle P}{\triangle Q^S} \times \frac{Q^S}{P} \\
&= \frac{\text{공급변화량}}{\text{기존공급량}} \Big/ \frac{\text{가격변화량}}{\text{기존가격}}
\end{aligned}
$$

④ 공급의 가격탄력성 크기

가격탄력성 크기	가격 변화율과 수요량 변화율
$E_p > 1$	$\dfrac{\triangle P}{P} < \dfrac{\triangle Q^S}{Q^S}$: 가격의 변화율 < 공급량의 변화율
$E_p = 1$	$\dfrac{\triangle P}{P} = \dfrac{\triangle Q^S}{Q^S}$: 가격의 변화율 = 공급량의 변화율
$E_p < 1$	$\dfrac{\triangle P}{P} > \dfrac{\triangle Q^S}{Q^S}$: 가격의 변화율 > 공급량의 변화율

⚐ 과점시장

① 개념
   ㉠ 소수의 공급자가 경쟁하면서 하나의 상품을 생산·공급하는 시장이다.
   ㉡ 기업들 중에서 어느 한 기업이 가격이나 생산량에 변동을 줄 경우 다른 기업에게 큰 영향을 끼
      친다. 기업들이 이윤을 증대시키기 위해 담합하여 상호간의 경쟁을 제한하는 경우에는 시장 경
      쟁의 효율성을 제한하게 되고 자원의 배분을 왜곡하게 된다.

② 특징
   ㉠ 소수의 공급자가 시장수요를 담당한다.
   ㉡ 공급자끼리 상호의존성이 강하다.
   ㉢ 상당한 진입장벽으로 기업의 시장진입이 어렵다.
   ㉣ 기업들 간에 카르텔과 같은 경쟁을 제한하는 경우가 있다.

⚐ 관세

국가가 조세법률주의의 원칙에 따라 우리나라에 반입하거나 우리나라에서 소비 또는 사용하는 수입물
품에 대해서 부과·징수하는 조세이다.

⚐ 관세의 효과

① **보호효과** … 국내 시장의 상품가격 경쟁력과 공급을 확대하고, 외국 상품의 수입을 억제하여 국내
   산업을 보호한다.

② **소비효과** … 수입상품 가격을 상승시켜 소비를 억제한다. 관세율이 높을수록 효과는 커진다.

③ **재정수입효과** … 관세부과로 국가 조세수입을 증대시킨다.

④ **경쟁효과** … 수입상품과의 국내상품 경쟁을 피할 수 있게 한다. 다만, 경쟁효과가 과해지면 국내산
   업은 정체된다.

⑤ **국제수지 개선효과** … 수입량과 대외지출이 감소하면서 국제수지가 개선된다.

⑥ **재분배효과** … 상품의 가격상승으로 소비자의 실질소득은 감소하지만, 상품을 생산하는 국내 공급자
   의 실질소득은 증가한다.

⊘ 국내총생산(GDP ; Gross Domestic Product)

경제주체(가계, 기업, 정부)가 한 국가 안에서 일정 기간(통상 1년) 동안 새롭게 창출한 부가가치 또는 최종 생산물을 시장가격으로 평가한 합계이다. 국내에 거주하는 비거주자(외국인)에게 지급되는 소득도 포함된다. 이때 해외 거주자의 수입은 포함되지 않는다. 적용방법에 따라 명목 GDP(Nominal GDP)와 실질 GDP(Real GDP)로 구분된다.

① **명목 GDP** … 1인당 국민소득, 국가경제 규모 등을 파악하는 데 이용되는 지표로, 금년도 시장가격을 계산한 것이다. 물가 상승률이 반영된다.

> 명목 GDP = 금년도 최종 생산량 × 금년도 가격

② **실질 GDP** … 국내경제의 생산활동 동향을 나타내는 경제성장률 산정에 이용되는 지표로, 기준연도 가격으로 계산한 것이다. 물가 상승률을 고려한다.

> 실질 GDP = 금년도 최종 생산량 × 기준가격

③ **GDP 디플레이터** … 물가수준의 지표로 명목 GDP를 실질 GDP로 나눈 수치에 100을 곱한 값이다. 모든 물가요인을 포괄하는 가장 종합적인 물가지수이다.

⊘ 국민총소득(GNI ; Gross National Income)

한 국가의 국민이 생산 활동에 참가한 대가로 받은 소득을 모두 합한 것이다. 국내 총생산이 생산 활동을 측정하는 지표라면, 국민 총소득은 사람들이 버는 소득을 측정하는 지표로 활용된다. 1인당 국민 총소득은 국민 총소득을 달러로 환산한 후 그 나라의 인구로 나누어 구하는데, 여러 국가의 소득 수준을 비교할 때 자주 사용한다.

> GNI = GDP + 해외로부터의 요소소득 수령액 − 해외로부터의 요소소득 지급액

① **명목 GNI** … 한 국가의 국민이 국내외에서 생산 활동의 참여 대가로 벌어들인 명목소득이다.

② **실질 GNI** … 한 국가의 국민이 국내외에 제공한 생산요소에 의해 발생한 소득 합계로, 거주자에게 최종적으로 귀착된 모든 소득의 합이다.

⊘ 국세와 지방세

① 개념

　㉠ 조세를 징수하는 주체에 따라 구별할 때 국세와 지방세로 나눈다.

　㉡ 국세는 중앙정부가, 지방세는 지방정부가 징수하는 조세를 말한다.

② 구분

구분				내용
국세	관세			
	내국세	보통세	직접세	소득세, 법인세, 상속세, 증여세, 종합부동산세
			간접세	부가가치세, 개별소비세, 주세, 인지세, 증권거래세
		목적세		교육세, 교통·에너지·환경세, 농어촌특별세
지방세	도세	보통세		취득세, 등록면허세, 레저세, 지방소비세
		목적세		지방교육세, 지역자원시설세
	시·군세	담배소비세		
		주민세		
		지방소득세		
		재산세		
		자동차세		

⊘ 기회비용(Opportunity Cost)

희소한 자원을 가지고 모든 욕구를 충족시킬 수 없다. 여러 대안 중 하나를 선택하면서 포기한 다른 대안들 가운데 최대 가치(유·무형)를 기회비용이라고 한다. 기회비용의 관점에서는 어떠한 경제활동의 비용은 그것을 위해 포기해야 하는 다른 경제활동의 양이다. 자원의 희소성이 존재하는 한 기회비용은 반드시 발생하게 되어 있다.

> 기회비용 = 명시적 비용 + 암묵적 비용
> 이때, 합리적인 선택을 위해서는 선택으로 얻은 이익이 기회비용보다 커야한다.

⊘ 깨진 유리창 이론

1850년 프랑스 경제학자 프레데릭 바스티아가 자신의 에세이 「보이는 것과 보이지 않는 것」에서 '깨진 유리창'이야기를 통해 기회비용을 다루었다.

> 어느 가게 주인의 아들이 유리창을 깨자 주인은 아들을 나무랐다. 이를 보던 주변 사람들은 "당신에게는 손해지만, 다른 사람에겐 이득이오. 유리가 깨지지 않았다면 유리 장수는 어떻게 살겠소."라며 가게 주인을 위로했다.

경제활동을 촉진시킨 아들의 잘못은 보이는 것 이다. 유리창을 수리하면서 가게 주인이 다른 소비의 기회를 포기하게 된 것을(기회비용)이라고 하며, 이것이 보이지 않는 것이다.

⊘ 낙수 효과

부유층의 소득이 증가하면 저소득층까지 혜택이 내려가는 현상으로, 정부가 경제정책으로 대기업, 고소득층 또는 부유층의 소득과 부를 먼저 증가시키면 소비와 투자 증가로 이어져 중소기업과 저소득층도 혜택을 볼 수 있다는 주장이다.

⊘ 독점적 경쟁시장

① 개념
  ㉠ 불완전 경쟁시장의 한 형태로 독점적 경쟁이 이루어지는 시장이다.
  ㉡ 완전 경쟁시장과 독과점시장의 성격을 함께 지니고 있어서 다수의 기업이 존재하고, 시장 진입과 퇴출이 자유롭다는 점에서는 경쟁은 필연적이지만, 생산하는 재화가 질적으로 차별화되어 있으므로 저마다 제한된 범위의 시장을 독점한다.

② 특징
  ㉠ 다수의 공급자들이 존재하며, 공급자들의 재화는 차별화된 상품이다.
  ㉡ 차별화된 상품을 공급하기 때문에 시장 지배력 을 가진다.
  ㉢ 기업의 시장진입과 퇴출이 자유롭다.
  ㉣ 단기적으로는 초과이윤을 얻을 수 있지만, 장기적으로는 새로운 기업이 진입하여 유사 제품을 공급하게 됨으로써 초과이윤은 사라진다.

⊘ 디커플링(Decoupling)

국가와 국가, 또는 한 국가와 세계의 경제흐름이 탈동조화(脫同調化)되는 현상으로, 한 나라 또는 일정 국가의 경제가 인접한 다른 국가나 보편적인 세계 경제의 흐름과는 달리 독자적인 경제흐름을 보이는 현상을 말한다. 크게는 국가경제 전체, 작게는 주가나 금리 등 국가경제를 구성하는 일부 요소에서 나타나기도 한다. 수출과 소비, 주가 하락과 환율 상승 등과 같이 서로 관련있는 경제요소들이 탈동조화 현상을 포괄하는 개념이다.

⊘ 디플레이션(Deflation)

① 개념

　　㉠ 인플레이션(Inflation)의 반대 개념으로 물가가 지속적으로 하락하는 것을 말한다.

　　㉡ 상품거래량에 비해 통화량이 지나치게 적어져 물가는 떨어지고 화폐가치가 올라 경제활동이 침체되는 현상이다.

　　㉢ 공급이 수요보다 많으면 물가는 내리고 기업의 수익은 감소하기 때문에 경기불황을 야기하게 된다.

② 원인

　　㉠ 기술혁신이나 노동생산성의 향상으로 인한 초과공급 발생

　　㉡ 부의 불평등한 분배로 인한 소비량 감소

　　㉢ 소비와 투자의 감소로 인한 경제성장률 하락

③ 영향

　　㉠ 화폐가치의 상승 및 채무부담 : 재화의 가격이 하락하면서 화폐의 가치가 상승하게 된다. 이로 인해 채무자는 부채 상환의 어려움을 겪게 되고 파산을 야기하게 된다. 결국 금융시스템 붕괴로 이어지며 악순환이 반복된다.

　　㉡ 고용시장 악화 : 소비가 침체되면서 기업도 생산과 고용을 줄여 실업률이 증가한다. 이로 인해 소비가 감소하여 상품 가격은 더 하락하게 되고 악순환이 반복된다.

⍟ 로렌츠 곡선

① 미국의 통계학자 로렌츠가 고안한 것이다.

② 국민의 소득 분배 상태를 살펴보기 위하여 인구의 누적 비율과 소득의 누적 점유율 간의 관계를 나타낸 곡선이다.

③ 소득분포도를 나타낸 도표에서 가로축은 누적된 소득 인원 비율을 나타낸다.

④ 소득분포도를 나타낸 도표에서 세로축은 누적된 소득 금액 비율을 나타낸다.

⑤ 소득분포가 균등할수록 직선에 가까운 완전균등분포선은 대각선으로 그려지며, 불균등할수록 한쪽으로 굽은 곡선이 그려진다.

⑥ 소득의 불균등을 나타내는 곡선을 로렌츠 곡선이라고 하며, 완전균등분포선과 로렌츠 곡선의 사이를 불균등 면적이라고 한다.

⍟ 리카도 효과(Ricardo Effect)

기업이 기계를 대신하여 노동력을 사용하려는 경향을 말하며, 일반적으로 호경기일 때에는 소비재 수요 증가와 더불어 상품의 가격 상승이 노동자의 화폐임금보다 급격히 상승하게 되므로 노동자의 임금이 상대적으로 저렴해진다.

⍟ 매몰비용(Sunk Cost)

선택으로 인해 포기한 최대 가치를 기회비용(보이지 않는 비용)이라고 하면, 매몰비용은 선택하면서 발생한 비용(보이는 비용) 중 다시 회수할 수 없는 비용을 말한다.

⊘ 무차별곡선

① **개념** … 소비자에게 동일한 만족 혹은 효용을 제공하는 재화의 묶음들을 연결한 곡선을 말한다.

② **특징**

　⊙ 하나의 재화에 대한 소비량이 증가되면 다른 하나의 재화의 소비량은 감소하므로 무차별곡선은 우하향하는 모습을 띤다.

　ⓛ 원점을 향해 볼록한 모양을 갖게 되며 원점에서 멀수록 높은 효용수준을 나타낸다. 이때, 무차별곡선은 서로 교차하지 않는다.

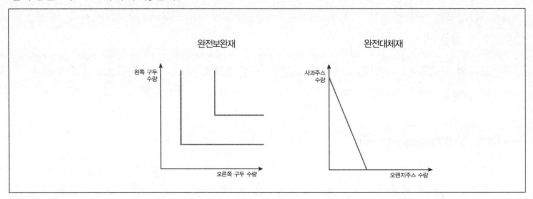

　ⓒ 완전보완재의 경우는 위 그림처럼 직각의 무차별곡선을 갖게 된다.

　ⓔ 사과주스와 오렌지주스처럼 완전대체재일 경우 우하향하는 직선 형태의 무차별곡선을 갖게 된다.

⊘ 물가

① 개별 상품의 가격을 경제생활에 차지하는 중요도 등을 고려하여 평균을 낸 값을 말한다.

② 우리가 필요로 하는 각각의 상품이 가지고 있는 값을 가격이라고 부르는데, 개별 가격을 모아 평균하여 얻은 값이 바로 물가인 것이다. 물가는 작년과 비교하여 올랐는지 내렸는지를 알 수 있다.

③ 물가가 올랐다는 것은 시장에서 거래되는 상품과 서비스의 가격들이 전반적으로 올랐다는 뜻이고 반대로 물가가 내렸다는 것은 상품과 서비스들의 가격이 전반적으로 내렸다는 뜻이다. 물가는 물가지수로 표시할 수 있다.

⚙ 물가안정목표제(Inflation Targeting)

① 개념 … 중앙은행이 명시적인 중간목표 없이 일정 기간 동안 또는 중장기적으로 달성해야 할 물가 상승률 목표치를 미리 제시하고 이에 맞추어 통화정책을 운영하는 방식이다.

② 특징

  ㉠ 중앙은행은 통화량, 금리, 환율 등 다양한 정보변수를 활용하여 장래의 인플레이션을 예측하고 실제 물가 상승률이 목표치에 수렴할 수 있도록 통화정책을 운영하며 시장의 기대와 반응을 반영하면서 정책방향을 수정해 나간다.

  ㉡ 물가정책은 경제가 효율적으로 기능을 발휘할 수 있도록 하는 시장기구의 경제균형 기능이 작용하는 바탕 위에서 실현되어야 하며, 사회조직이 효율적으로 원활한 기능을 갖기 위한 사회통합성의 제고, 정치면에서 정책이 유효하게 기능을 발휘하는 통치성의 유지가 필요하다.

  ㉢ 물가안정목표제는 1990년 뉴질랜드에서 처음 도입되었으며 우리나라는 1998년부터 물가안정목표제를 도입하여 시행하고 있다.

⚙ 물가지수

물가의 움직임을 알기 쉽게 지수화한 경제지표를 일컫는다. 가격변화 추이를 수치로 나타내므로 조사 당시의 전반적인 물가수준을 측정할 수 있다. 물가의 변동은 그 국가의 투자와 생산, 소비 등을 모두 반영하는 것으로 경제정책 수립에 반드시 필요한 지표이다.

⚙ 베블런 효과(Veblen Effect)

가격 상승에도 과시욕이나 허영심 등으로 인해 수요가 증가하는 현상으로, 미국의 경제학자 소스타인 베블런이 그의 저서 「유한계급론」에서 처음 사용했다. 가격이 비싼 물건을 소유하면 남들보다 돋보일 것이라고 생각하는 인간의 심리를 의미하기도 한다. 베블런 효과는 보유한 재산의 정도에 따라 성공을 판단하는 물질 만능주의 사회를 비판하면서 자신의 성공을 과시하고, 허영심을 만족시키기 위해 사치하는 상류계층의 소비와 이를 모방하기 위해 무리한 소비를 행하는 하위계층의 소비현상을 표현한 것이다.

⚙ 비교우위론

영국의 경제학자 데이비드 리카도가 주장한 이론으로, 다른 나라에 비해 더 작은 기회비용으로 재화를 생산할 수 있는 능력을 뜻한다. 한 나라에서 어떤 재화를 생산하기 위해 포기하는 재화의 양이 다른 나라보다 적다면 비교 우위가 있는 것이다. 비교 우위는 경제적 능력이 서로 다른 국가 간에 무역이 이루어질 수 있게 해 주는 원리이다. 각 나라의 경제 여건의 차이는 비교 우위를 결정하는 요인이 된다.

ⓥ 빅맥지수

① 각국의 통화가치 적정성을 맥도널드 빅맥 햄버거 현지 통화가격을 달러로 환산한 지수이다.

② 전 세계에 점포를 둔 맥도날드의 빅맥 가격으로 각국 통화의 구매력과 환율 수준을 비교·평가하여 버거노믹스(버거 경제학)라고 이름 붙인 빅맥지수를 매년 발표하고 있다.

③ 환율은 두 나라에서 동일한 상품과 서비스의 가격이 비슷해질 때까지 움직인다는 이론을 근거로 적정 환율을 산출하는 데 활용된다.

④ 일반적으로 빅맥지수가 낮을수록 달러화에 비해 해당 통화가 상대적으로 저평가되는 것으로 해석된다.

⑤ 나라마다 임금 등의 차이를 무시하거나, 단순히 비교역재인 버거를 일물일가의 법칙으로 설명하려는 등은 한계로 지적되고 있다.

⑥ 이 밖에도 스타벅스의 카페라테 가격을 기준으로 살펴보는 스타벅스지수, 애플사의 아이팟 판매가를 기준으로 산출한 아이팟지수 등이 있다.

ⓥ 생산자 물가지수(PPI ; Producer Price Index)

국내시장의 1차 거래단계에서 기업 상호간에 거래되는 상품과 서비스의 평균적인 가격변동을 측정하기 위하여 작성되는 물가지수를 말하며, 대상품목의 포괄범위가 넓어 전반적인 상품과 서비스의 수급 동향이 반영된 일반적인 물가수준의 변동을 측정할 수 있기 때문에 일반목적지수로서의 성격을 갖는다. 지수작성에 이용되는 가격은 제1차 거래단계의 가격 즉, 생산자가 제품 한단위당 실제로 수취하는 기초가격으로 하며, 한국은행에서 작성하고 있다.

ⓥ 생산자잉여

생산자가 어떤 상품을 판매하여 얻는 실제수입과 생산자가 상품을 판매하여 반드시 받아야 하는 최저 수입의 차이를 말한다. 시장 가격이 높아질수록 생산자잉여는 커진다.

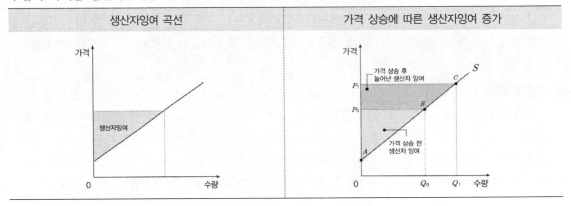

⚙ 생활물가지수(CPI for living)

장바구니 물가라고도 하며, 체감물가를 파악하기 위해 일상생활에서 구입 빈도가 높고 지출비중이 높아 가격변동을 민감하게 느끼는 생활필수품을 대상으로 작성한 소비자 물가지수의 보조지표이다.

통계청은 지수물가와 체감물가와의 차이를 설명하기 위해 일반소비자들이 자주 구입하는 품목과 기본 생필품(쌀, 달걀, 배추, 소주 등)을 중심으로 141개 품목을 선정하여 생활물가지수를 작성하고 있다.

⚙ 소비자 물가지수(CPI ; Consumer Price Index)

일반 가구가 소비생활을 유지하기 위하여 구입하는 각종 상품과 서비스의 가격변동을 종합적으로 파악하기 위하여 작성되는 물가지표를 말하며, 우리나라의 소비자 물가지수는 통계청에서 작성하고 있으며 기준년을 100으로 하여 작성된다. 조사대상 상품 및 서비스의 구성과 가중치도 경제 상황에 맞게 주기적으로 조정된다.

⚙ 소비자잉여(Consumer Surplus)

소비자들이 어떤 재화나 서비스에 대해 지불하고자 하는 값과 실제로 그들이 지불한 값과의 차이를 말한다.

소비자가 지불할 용의가 있는 가격에서 실제 지불한 가격을 뺀 금액이며, 소비자가 상품을 구입함으로써 얻는 이익의 크기를 나타낸다. 가격이 오르면 소비자잉여는 감소한다.

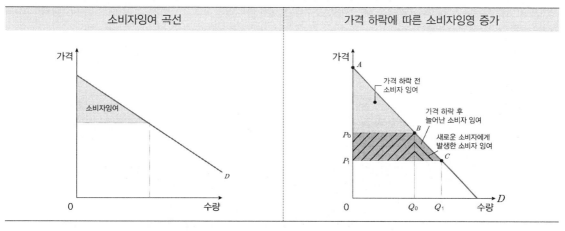

소비자잉여 곡선	가격 하락에 따른 소비자잉영 증가

⊘ 수요

① 개념

　ㄱ 일정 기간 동안 재화나 용역을 구매하고자 하는 욕구를 말한다.

　ㄴ '일정 기간'은 특정시점이 아니며 구매하고자 하는 욕구 는 구매하려고 의도한 양을 의미한다.

　ㄷ 수요는 소비로 연결되므로 구매 의사가 있다고 하더라고 구매할 능력이 부족하다면 수요에서 제외된다.

② 수요곡선

　ㄱ 가격과 수요량의 관계를 보여주는 곡선이다.

　ㄴ 가격이 하락하면 수요량이 증가하기 때문에 수요곡선은 우하향한다.

　ㄷ 곡선이 오른쪽으로 이동하면 수요의 증가가 되고 왼쪽으로 이동하면 수요의 감소가 된다.

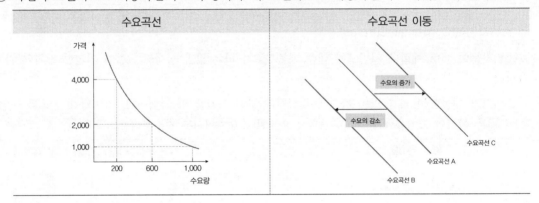

③ 수요변화 요인

　ㄱ 소비자의 소득

　　• 정상재 : 소득이 증가 혹은 감소하게 되면 수요가 증가 혹은 감소하여 수요곡선이 우상향 또는 좌상향으로 이동한다.

　　• 열등재 : 소득이 증가 혹은 감소하게 되면 수요가 감소 혹은 증가하며, 수요곡선이 좌하향 또는 우상향으로 이동한다.

　　• 기펜재 : 열등재의 일종으로 재화의 가격이 하락하면 오히려 재화의 수요도 감소하는 예외적인 수요법칙을 보인다.

　　• 중간재 : 소득이 변화함에도 불구하고 동일한 가격에서 수요량은 전혀 변하지 않는 재화로 소득이 증가 혹은 감소하여도 수요 및 수요곡선은 변하지 않는다.

ⓛ 관련된 재화의 가격

• 대체재 : 두 재화가 비슷한 성격을 지녀 한 재화 대신 다른 재화를 소비하더라도 만족에는 별 차이가 없는 관계를 말하며, 한 재화의 가격이 하락하면 다른 한 재화의 수요가 감소하는 경쟁하는 성격을 지니고 있어 경쟁재라고도 한다.

• 보완재 : 각각의 재화를 소비하는 것보다 두 재화를 함께 소비하는 것이 만족을 주는 관계를 말하며, 한 재화의 가격이 하락하면 다른 한 재화의 수요가 증가한다.

• 독립재 : 한 재화의 가격이 다른 재화의 수요에 아무런 영향을 주지 않는 관계로 수요곡선도 변하지 않는다.

ⓒ 소비자의 선호 및 가격 예상 등

☑ 수요과 공급의 균형

① 수요와 공급 균형

ⓖ 수요량과 공급량이 일치하지 않으면 가격이 상승하거나 하락한다.

ⓛ 수요량과 공급량이 일치하면 가격은 더는 변하지 않는다. 이때의 가격을 시장 가격 또는 시장 균형 가격이라고 하며, 시장 가격에서 거래되는 양을 균형 거래량이라고 한다.

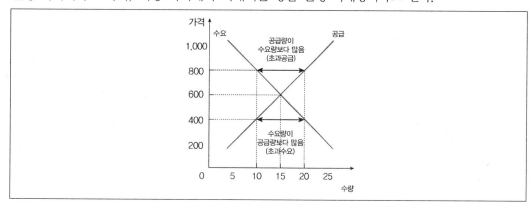

② 요인에 따른 균형의 이동

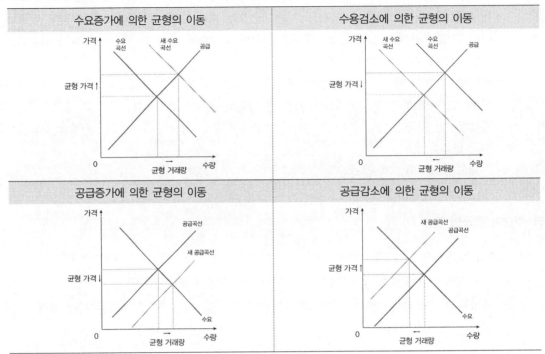

○ 수요증가 혹은 감소
- 수요량의 증가 : 수요곡선이 오른쪽으로 이동하며 균형가격이 상승하고 균형 거래량도 증가한다.
- 수요량의 감소 : 수요곡선이 왼쪽으로 이동하며 균형가격이 하락하고 균형 거래량도 감소한다.

○ 공급증가 혹은 감소
- 공급량의 증가 : 공급곡선이 오른쪽으로 이동하면 균형가격이 하락하고 균형 거래량은 상승한다.
- 공급량의 감소 : 공급곡선이 왼쪽으로 이동하면 균형가격은 상승하고 균형 거래량은 감소한다.

✅ 수요의 가격탄력성

① 개념 … 재화의 가격이 변동할 때, 수요량이 얼마나 변동하는지를 나타내는 지표이다.

② 수요의 가격탄력성 결정요인

    ㉠ 대체재의 유무(有無) : 재화를 대체할 수 있는 또 다른 재화의 수가 많다면 그 재화의 수요는 탄력적이다.

    ㉡ 기간의 장단(長短) : 재화의 범위가 좁을수록 대체재를 찾기 쉬우므로 광범위한 재화에 비해 탄력적이다.

    ㉢ 시장 범위 : 한 재화의 가격이 다른 재화의 수요에 아무런 영향을 주지 않는 관계를 말한다. 따라서 수요곡선도 변하지 않는다.

    ㉣ 재화의 성격 : 생필품에 대한 수요는 비탄력적이지만 사치품에 대한 수요는 탄력적이다. 이는 소비자의 선호에 따라 달라진다.

③ 수요의 가격탄력성 공식

$$\text{수요의 가격탄력성}(E_d) = \frac{\text{수요량 변화율}(\%)}{\text{가격 변화율}(\%)}$$
$$= \frac{\triangle Q/Q}{\triangle P/P} = \frac{\triangle P}{\triangle Q} \times \frac{Q}{P}$$
$$= \frac{\text{수요변화량}}{\text{기존수요량}} \Big/ \frac{\text{가격변화량}}{\text{기존가격}}$$

④ 수요의 가격탄력성 크기

가격탄력성 크기	가격 변화율과 수요량 변화율
$E_d > 1$	$\dfrac{\triangle P}{P} < \dfrac{\triangle Q}{Q}$: 가격의 변화율 < 수요량의 변화율
$E_d = 1$	$\dfrac{\triangle P}{P} = \dfrac{\triangle Q}{Q}$: 가격의 변화율 = 수요량의 변화율
$E_d < 1$	$\dfrac{\triangle P}{P} > \dfrac{\triangle Q}{Q}$: 가격의 변화율 > 수요량의 변화율

✅ 수출입 물가지수(Export and Import Price Index)

수출 및 수입상품의 가격변동을 파악하고 가격변동이 국내물가, 생산 활동 및 대외 경쟁 등 미치는 영향을 사전에 측정하기 위하여 작성되는 지수를 말하며, 수출입 관련 업체들의 수출채산성 변동 및 수입원가 부담 등을 파악한다. 수출입 물가지수의 상호비교를 통하여 가격측면에서의 교역조건을 측정하는 데에 이용한다.

⊘ 스놉 효과(Snob Effect)

특정 상품에 대한 소비가 증가하면 오히려 수요가 줄어드는 현상으로, 어떤 상품에 대한 소비가 증가하면 희소성이 떨어져 그 상품의 수요가 줄어드는 현상을 말한다. 마치 까마귀 떼 속에서 혼자 떨어져 있는 백로의 모습과 같다고 하여 스놉 효과라는 이름을 붙였다. 대체로 미술품이나 고급가구, 한정판 상품에서 이러한 효과를 볼 수 있다.

⊘ 시장실패

① 개념 … 시장이 배분 상태가 효율적이지 못한 것을 말하며, 시장실패의 보완을 위해 정부의 개입이 필요한 경우가 있다.

② 원인

　㉠ 시장지배력 : 생산물이나 생산요소의 공급자가 시장지배력을 가지면 비효율이 발생한다.

　㉡ 외부효과 : 시장에 의한 자원배분이 비효율적으로 이루어진다.

　㉢ 정보의 비대칭 : 정보의 부족은 경쟁시장의 비효율성을 발생시킨다.

⊘ 시장의 효율성

자원배분이 총잉여를 극대화할 때 효율성이라고 하는데, 배분 상태가 효율적이지 않다면 시장 거래로 얻을 수 있는 이득 중 일부를 얻지 못한다는 의미이다.

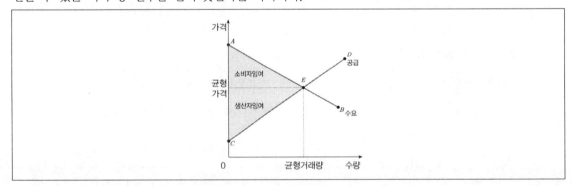

⊘ 신선식품지수

생활물가지수에서 가공식품을 제외한 채소, 생선, 과일 등을 기상과 계절 조건에 따라 가격 변동 폭이 큰 상품을 합해 계산한 지수를 말하며, 생활물가지수와 신선식품지수는 소비자가 자주 이용하는 상품만을 반영하기 때문에 체감물가지수라고도 한다.

⊘ 실업

노동할 의욕과 능력을 가진 자가 능력에 상응한 노동 기회를 얻지 못한 상태를 말한다.

⊘ 실업률

경제활동인구 중 실업자가 차지하는 비율을 의미한다.

$$\text{실업률(\%)} = \frac{\text{실업자 수}}{\text{경제활동인구}} \times 100 = \frac{\text{실업자 수}}{\text{취업자 수} + \text{실업자수}} \times 100$$

⊘ 실업의 대책

① 완전고용 상태에서도 자발적 실업은 존재하며 이를 줄이기 위해서는 시장의 직업정보를 경제주체들에게 원활하게 제공하는 것이다.

② 경기적 실업은 경기가 살아나면 기업의 노동수요가 증가하여 실업이 어느 정도 해소될 것이다.

③ 구조적 실업은 노동자들에게 재교육을 시켜 다른 산업으로 이동할 수 있도록 도와주는 것으로 해소할 수 있다.

⊘ 실업의 유형

① 자발적 실업
   ㉠ 일할 능력은 있지만 임금 및 근로 조건이 자신의 욕구와 맞지 않아 일할 의사가 없는 상태를 의미한다.
   ㉡ 자발적 실업은 크게 마찰적 실업과 탐색적 실업으로 구분할 수 있다.
   • 탐색적 실업 : 기존의 직장보다 더 나은 직장을 찾기 위해 실업상태에 있는 것을 말한다.
   • 마찰적 실업 : 직장을 옮기는 과정에서 일시적으로 실업상태에 놓여있는 것을 말한다.

② 비자발적 실업
   ㉠ 일할 능력과 의사가 있지만 어떠한 환경적인 조건에 의해 일자리를 얻지 못한 상태를 의미한다.
   ㉡ 일반적으로 실업을 언급할 경우 비자발적 실업을 가리킨다. 비자발적 실업은 크게 경기적 실업, 계절적 실업, 기술적 실업, 구조적 실업 등으로 구분된다.
   • 경기적 실업
   −경기 하강으로 인해 발생하는 실업이다.
   −경기가 회복되면 경기적 실업은 해소되므로 정부에서는 지출을 늘려 경기를 부양하는 확대재정 정책 등을 시행하게 된다.
   • 계절적 실업
   −재화의 생산이나 수요가 계절에 따라 변화를 가져올 때 발생하는 실업이다.
   −농촌이나 어촌 등에서 농한기에 일시적으로 실업자가 되는 현상이다.

- 기술적 실업
- 기술의 진보에 따라 산업 구조가 변화하면서 발생하는 실업을 말한다.
- 보통 기계가 노동을 대체하면서 나타난다.
- 구조적 실업
- 산업구조의 변화와 함께 나타나는 실업이다.
- 스마트폰 보급으로 유선전화기 제조가 사양화에 접어들면 그와 관련한 노동자들의 일자리가 사라지게 되는 것을 구조적 실업이라고 한다.

⚅ 엥겔지수

일정 기간 가계 소비지출 총액에서 식료품비가 차지하는 비율이다. 가계의 생활수준을 가늠할 수 있으며, 저소득층일수록 엥겔지수는 높게 나타난다.

$$엥겔지수(\%) = (식료품비 / 소비지출) \times 100$$

① 엥겔지수가 25% 이하이면 소득 최상위, 25~30%이면 상위, 30~50%이면 중위, 50~70%이면 하위, 70% 이상이면 극빈층이라고 정의한다.

② 엥겔지수가 저소득 가계에서 높고 고소득 가계에서 낮다는 통계적 법칙을 엥겔의 법칙이라고 한다.

⚅ 완전 경쟁시장

① 개념
   ㉠ 동질의 상품이 다수에 의해 공급되고 다수에 의해 수요되는 시장이다. 소비자가 특정 생산자를 특별히 선호하지 않는다.
   ㉡ 개별 공급자와 수요자는 시장 가격에 영향을 미치지 못하고 시장 가격을 주어진 것으로 받아들이는 가격수용자(Price Taker)이다.

② 특징
   ㉠ 공급자들의 재화는 동질의 상품이다.
   ㉡ 시장에는 다수의 공급자와 다수의 소비자가 존재하므로 개별 생산자, 개별소비자는 가격에 아무런 영향을 미칠 수 없다.
   ㉢ 모두가 완전한 정보를 보유하고 있어서 정보의 비대칭성이 발생하지 않고, 일물일가의 법칙이 성립한다.
   ㉣ 진입과 퇴출이 자유롭지만 가격수용자는 될 수 없다. 다만 완전 경쟁시장의 장기 균형에 중요한 영향을 미친다.

⚙ 외부효과

① 개념 ··· 시장 가격과 별개로 다른 소비자에게 의도하지 않은 혜택이나 손해를 입히는 경우를 말한다. 이익을 주는 긍정적 외부효과를 외부경제라고 하며 손해를 끼치는 부정적 외부효과를 외부불경제라고 한다.

② 외부효과 대처

　㉠ 코즈의 정리
　　• 미국 경제학자 로널드 코즈의 주장이다.
　　• 재산권이 확립되어 있는 경우에 거래비용 없이도 협상이 가능하다면, 외부효과로 인해 발생할 수 있는 비효율성은 시장에서 스스로 해결할 수 있다는 이론이다.
　　• 이는 정부 개입을 반대하는 입장이다. 소유권이 확립되어 있다면 거래를 통해 효율적인 해결책을 찾을 수 있으므로 환경오염 등 외부성이 야기하는 문제 등을 바로잡기 위해 정부가 나설 필요가 없다.
　　• 코즈의 정리가 가진 약점은 실현 가능성이다.

　㉡ 조세와 보조금
　　• 외부경제 시 보조금을 지급하여 장려한다.
　　• 외부불경제 시 조세를 부과하여 제재한다.

⚙ 위대한 개츠비 곡선

소설 「위대한 개츠비」에서 주인공 개츠비의 이름을 인용한 이론으로, 경제적 불평등이 커질수록 사회적 계층이동성이 낮다는 결과를 보여주는 그래프이다.

소득 불평등 정도가 큰 국가는 세대 간 소득 탄력성도 크게 나타나며, 경제적 불평등이 커질수록 사회적 계층이동의 가능성이 낮게 나타난다는 의미이다. 소득 불평등도가 큰 국가는 세대 간 소득 탄력성이 크게 나타나 사회적 계층이동의 가능성이 낮으나, 소득 불평등 정도가 낮은 국가는 세대 간 소득탄력성이 낮게 나타나 상대적으로 사회적 계층이동이 수월하다.

⊘ 인플레이션(Inflation)

① 개념

ⓐ 화폐 가치가 하락하여 물가수준이 전반적으로 상승하는 현상을 인플레이션이라고 한다.

ⓑ 예측 가능한 인플레이션은 경제 활동에 활력을 불어넣을 수 있다.

ⓒ 예측할 수 없는 극심한 인플레이션은 경제 전체에 여러모로 부정적인 영향을 미칠 수 있다. 특히 인플레이션은 자원의 비효율적 배분과 소득의 불공평한 분배를 유발하는 원인이 되기도 한다.

② 원인

ⓐ 통화량의 과다증가로 인한 화폐가치 하락

ⓑ 과소비 등으로 수요초과 발생

ⓒ 임금, 이자율 등 요소가격과 에너지 비용 등의 상승으로 인한 제품의 생산비용 증가

③ 인플레이션의 영향

ⓐ 부와 소득의 불평등한 재분배

• 화폐의 가치는 하락하고, 실물의 가치는 상대적으로 상승한다.

• 화폐를 보유한 사람은 손해를 보고 부동산이나 보석 등 실물을 가진 사람은 이익을 보는 현상이 나타난다. 이로 인해 빈부 격차가 확대될 가능성도 높아진다.

• 채무자 입장에서는 돈의 가치가 떨어져 이익을 얻고, 채권자 입장에서는 손해를 보게 된다.

ⓑ 투자 감소 : 인플레이션이 발생하면 실물 자산을 갖는 것이 유리하기 때문에 저축과 투자는 감소하고, 토지 등에 대한 투기가 증가하여 건전한 성장을 방해하는 원인이 되기도 한다.

ⓒ 국제 수지 악화 : 국내에서 생산된 수출품들의 가격이 다른 나라의 경쟁 제품들에 비해 상대가격이 상승하여 수출품에 대한 외국인들의 수요는 감소하고, 수입품에 대한 내국인들의 수요는 증가하여 경상 수지가 악화될 가능성이 높다.

④ 인플레이션 유형

ⓐ 수요견인인플레이션

• 정의 : 총수요가 증가하면서 총수요곡선(AD)이 우측으로 이동하게 된다. 국민소득의 증가와 함께 물가가 상승하는 것을 말한다.

• 원인 : 확대재정정책, 과도한 통화량 증가 또는 민간소비나 투자 등 갑작스러운 변동은 총수요를 증가시켜 물가 상승을 유발한다.

ⓛ 비용인상인플레이션

- 정의 : 원자재 가격, 세금, 임금, 등과 같이 상품 원가를 구성하는 항목들의 가격 상승에 의해 물가가 지속적으로 올라가는 현상을 말한다.
- 원인 : 총수요의 변동이 없고 원자재 가격, 임금 등의 생산비용이 상승하면 기업들이 생산비용이 상승된 만큼 제품 가격을 인상시켜 물가 상승을 유발한다.

ⓒ 하이퍼인플레이션

- 정의 : 물가 상승이 통제 불가의 상태인 인플레이션을 말한다. 물가 상승으로 인한 거래비용을 급격하게 증가시켜 실물경제에 타격을 미친다.
- 원인 : 정부나 중앙은행이 과도하게 통화량을 증대시킬 경우에 발생하는데, 전쟁 등 사회가 크게 혼란한 상황에서도 발생한다.
- 예시 : 독일은 1차 세계대전 패전 직후 전쟁 배상금을 물어야 했던 탓에 정부가 화폐 발행을 남발하여 하이퍼인플레이션이 발생했다. 하이퍼인플레이션을 겪는 나라에는 베네수엘라, 브라질, 아르헨티나, 멕시코 등이 있다.

ⓓ 스태그플레이션

- 정의 : 경제 활동의 침체로 생산이 위축되면서 실업률이 높아졌음에도 인플레이션이 지속되어 물가 상승률과 실업률 사이에 역의 관계가 성립되지 않는 경우를 말한다.
- 특징 : 물가와 실업률이 동시에 상승하기 때문에 억제재정정책만을 사용해서는 큰 효과를 낼 수 없어 정부에서는 임금과 이윤, 가격에 대해 기업과 노동조합을 견제하는 소득정책을 동반 사용한다.

⚑ 잠재성장률

한 국가의 경제가 보유하고 있는 자본, 노동력, 자원 등 모든 생산요소를 사용해서 물가 상승을 유발하지 않으면서도 최대한 이룰 수 있는 경제성장률을 말한다. 잠재성장률이 낮으면 경제가 이미 자본이나 노동 등이 제대로 활용되고 있다는 의미이고, 잠재성장률이 높으면 앞으로 자본이나 노동 등이 더 활용되어야 한다는 의미이다.

⚑ 절대우위론

영국의 경제학자 애덤 스미스가 주장한 이론으로, 특정 재화를 생산하는 데 얼마만큼의 노동량이 들어가는지를 기준으로 한다. 생산에 들어가는 노동량을 기준으로, 서로 비용을 줄이기 위해서 국제적인 분업과 교역이 생긴다는 이론이다.

ⓥ 절대우위와 비교우위의 차이

애덤 스미스의 절대 우위론에 미루어 본다면 양국은 모두 재화를 특화하기 어렵다. 반면, 데이비드 리카도의 비교 우위론에 따르면 한 나라가 상대적으로 어떤 재화를 다른 나라보다 더 유리하게 생산할수 있을 때 비교 우위를 가진다고 할 수 있으며, 각 나라가 자국에 비교 우위가 있는 재화를 특화 생산하여 무역을 하면 서로 이득을 얻을 수 있다.

ⓥ 조세

① 개념 ⋯ 국가와 지방자치단체가 여러 가지 재정지출을 충당하기 위하여 법률상 규정된 과세요건을 충족한 자에게 부과하는 세금이다.

② 조세의 기본원칙

   ㉠ 조세법률주의 : 조세의 부과 · 징수는 반드시 국회에서 제정하는 법률에 의하여 과세권자의 일방적 · 자의적 과세를 방지한다.

   ㉡ 조세평등의 원칙 : 조세의 부담이 수직적으로나 수평적으로나 공평하게 국민들 사이에 배분되도록 세법을 제정해야 한다.

③ 조세부과의 특성

   ㉠ 조세부과 주체는 국가 혹은 지방자치단체이다. 공공사업에 부과하는 공과금은 조세에 포함되지 않으며, 위법행위에 대한 제재 목적으로 부과되는 벌금 · 과태료 등도 조세에 포함되지 않는다.

   ㉡ 법률로 규정된 과세요건에 충족된 자에게만 부과한다.

   ㉢ 조세부과에 대하여 반대급부 는 없으며 국가는 납세의무자에게 국방 · 치안 및 복지혜택을 제공하지만 이것은 조세부과의 대가가 아니다.

   ㉣ 조세는 금전 납부를 원칙으로 하지만 법인세 · 소득세 · 상속세 및 증여세는 물납도 인정한다.

⚙ 지니계수

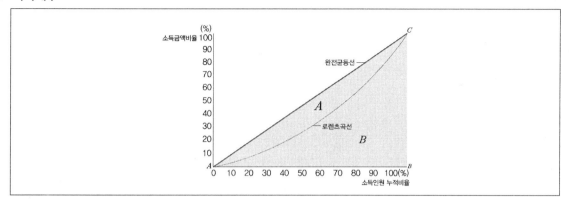

① 이탈리아의 통계학자 지니가 제시한 지니의 법칙에 따라 나온 계수로, 소득분배의 불평등을 나타내는 수치이다.

② 분포의 불균형을 의미하며 소득이 어느 정도 균등하게 분배되어 있는가를 나타낸다.

③ 대각선과 로렌츠 곡선 사이 면적을 A, 로렌츠 곡선 아래 면적을 B라고 하면 지니계수는 $\dfrac{A}{A+B}$ 가 된다.

④ 지니계수는 0과 1 사이의 값을 가지며 값이 0에 가까울수록 소득분배는 균등한 것을 뜻한다.

⑤ 지니계수가 0이면 완전 평등한 상태이고 지니계수가 1이면 완전 불평등한 상태이다.

⚙ 청년실업률

15세부터 29세에 해당하는 청년층의 실업 비율을 의미한다.

$$\text{청년실업률(\%)} = \frac{15 \sim 29\text{세 실업자}}{15 \sim 29\text{세 경제활동인구}} \times 100$$

⊘ 총공급곡선

① 개념
　　㉠ 한 국가의 기업들이 일정 기간 동안 생산하고 판매하려는 재화와 서비스의합을 총공급이라고 한다.
　　㉡ 물가수준과 사회 전체의 공급능력 간의 비례관계를 보여주는 곡선을 총공급곡선이라고 한다.

② 총공급곡선의 이동
　　㉠ 물가수준 이외 요인이 변동하면 총공급곡선 자체가 이동한다.
　　㉡ 물가가 예상보다 낮으면 실질임금이 상승하여 고용시장이 감소하고 재화와 서비스 생산량이 감소한다.
　　㉢ 재화의 가격이 상승하여 판매가 감소하게 되면 생산을 줄이게 된다. 때문에 단기에는 우상향하다가 장기적으로는 수직의 형태를 보인다.

③ 총공급곡선의 이동원인
　　㉠ 노동의 변동
　　　• 노동인구가 증가하면 총공급곡선은 오른쪽으로 이동한다.
　　　• 노동인구가 감소하면 총공급곡선은 왼쪽으로 이동한다.
　　㉡ 기술과 자본의 변동
　　　• 기술의 발전과 자본이 증가하면 총공급곡선은 오른쪽으로 이동한다.
　　　• 정부 규제로 인한 기술 제약과 자본이 감소하면 총공급곡선은 왼쪽으로 이동한다.
　　㉢ 예상 물가수준의 변동
　　　• 예상 물가수준이 하락하면 총공급곡선은 오른쪽으로 이동한다.
　　　• 예상 물가수준이 상승하면 총공급곡선은 왼쪽으로 이동한다.

④ 총공급 변동의 영향
　　㉠ 총공급이 증가할 시 생산, 고용, 소득이 증가하고 물가는 하락하게 되면서 안정된 경제 성장이 가능하다.
　　㉡ 총공급이 감소할 시 생산, 고용. 소득이 감소하고 물가는 상승하게 되면서 스태그플레이션이 발생하게 된다.

✅ 총수요곡선

경제주체의 모든 수요의 합을 총수요라고 하며 물가수준의 변동과 총수요량의 변동 관계를 나타낸 것이 총수요곡선을 말하며, 구성 요소에는 소비, 투자, 정부 지출, 순수출 등이 있다.

① 총수요곡선의 이동

　㉠ 물가 이외의 요인들이 변동하면 총수요곡선 자체가 이동한다. 총수요가 증가한 경우는 AD_1, 총수요가 감소한 경우는 AD_2와 같이 이동한다.

　㉡ 물가가 하락하면 자산의 가치가 상승하고 소비지출이 증가한다, 또 이자율은 하락하고 투자지출이 증가하며 순수출이 증가한다. 따라서 총수요곡선은 우하향이 된다.

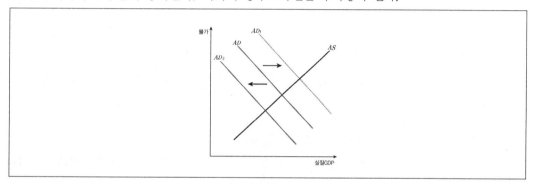

② 총수요곡선의 이동원인

　㉠ 소비의 변동

　　• 세금 인하나 주식시장의 호황은 소비지출을 증가하게 하는 요인으로, 총수요곡선은 오른쪽으로 이동한다.

　　• 세금 인상이나 주식시장의 불황은 소비지출을 감소시키는 요인으로 총수요곡선은 왼쪽으로 이동한다.

　㉡ 투자의 변동

　　• 기업 경기에 대한 낙관적인 전망으로 투자지출이 증가하면 총수요곡선은 오른쪽으로 이동한다.

　　• 기업 경기에 대한 비관적인 전망으로 투자지출이 감소하면 총수요곡선은 왼쪽으로 이동한다.

　㉢ 정부지출의 변동

　　• 정부의 재화와 서비스 수요량이 증가하면 총수요곡선은 오른쪽으로 이동한다.

　　• 정부의 재화와 서비스 수요량이 감소하면 총수요곡선은 왼쪽으로 이동한다.

② 순수출의 변동
- 해외 경제가 호황이거나 자국 화폐가치가 하락 등 순수출이 증가하면 총수요곡선은 오른쪽으로 이동한다.
- 해외 경제가 불황이거나 자국 화폐가치가 상승하면 총수요곡선은 왼쪽으로 이동한다.

③ 총수요 변동의 영향
㉠ 총수요가 증가할 시 생산, 고용, 소득이 증가하고 물가가 상승하게 되면서 인플레이션이 발생하게 된다.
㉡ 총수요가 감소할 시 생산, 고용, 소득이 감소하고 물가가 하락하게 되면서 경기 침체 및 실업률이 증가하게 된다.

✪ 최저임금제

노동자를 보호하기 위해 시장 균형임금보다 높은 수준으로 임금을 설정하여 규제하는 제도이다.

① 특징
㉠ 최저임금제를 실시할 경우, 노동자들의 임금이 상승하게 된다.
㉡ 높은 임금으로 노동공급량은 증가하지만 수요량은 감소하여 초과공급이 발생할 수 있고 더 낮은 임금으로 공급하고자 하는 공급자로 인하여 암시장이 형성될 수도 있다.
㉢ 일반적으로 최저임금제에서의 초과공급은 실업이 발생하는 것을 의미한다.

② 암시장 형성요인
㉠ 최저임금은 균형임금보다 높으므로 노동공급량은 증가하면서 노동수요량은 감소한다.
㉡ 초과공급으로 수요자(기업)는 수요량을 줄이기 위해 공급자(노동자)를 해고한다.

✪ 피구 효과

화폐의 실질적 가치의 변화하면서 저축이나 소비에 미치는 영향으로, 물가수준의 저하나 통화량 증대로 개개인이 보유하고 있는 자산의 실질가치가 증가하면, 사람들은 저축대신에 소비를 증가시키려 하는 것을 피구효과 또는 실질잔액효과라고 한다. 모든 화폐가치의 비례적 하락에 의한 현존 금융자산의 실질가치의 증가가 소비수요의 증가를 자극하는 효과를 가리킨다.

⚖ 필립스곡선

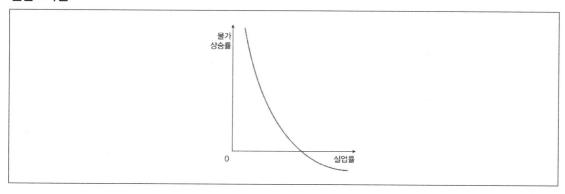

물가 상승률과 실업률 사이에 있는 역의 상관관계를 나타낸 곡선이다. 영국의 경제학자인 윌리엄 필립스가 1860년대부터 1950년대 사이 영국 실업률과 명목 상승률 통계자료를 분석하여 실업률과 명목임금 상승률 사이에 역의 관계가 존재한다는 것을 발견하였다. 정부가 물가 상승률을 감소시키면 실업률은 증가하고, 실업률을 감소시킬 경우 물가가 상승한다. 물가안정과 완전고용이라는 두 가지 경제정책 목표는 동시에 달성될 수 없으며, 정부가 실업을 해결하기 위해서는 어느 정도의 인플레이션을 감수해야 하고, 물가를 안정시키기 위해서는 실업률 상승을 받아들여야 한다.

⚖ 한계비용(MC ; Marginal Cost)

필요한 총비용 증가분을 말한다. 총비용 증가분의 생산량 증가분에 대한 비율로 표시하며, 한계생산비라고도 하며, 한계비용함수는 U자형을 취한다. 생산량 0에서 출발하여 생산량이 증가함에 따라 한계비용이 점차 감소하다가 어느 생산량을 지나면 점차 증가하기 시작하는데, 이는 한계생산물의 감소와 증가를 반영하는 것이다.

⚖ 한계소비성향(MPC : Marginal Propensity to Consume)

추가 소득 중 저축되지 않는 금액의 비율로, 새로 발생한 소득 가운데 소비되는 금액의 비율을 말한다. 저소득층일수록 높은 경향을 띤다. 소득의 증가분을 Y, 소비의 증가분을 C라고 할 때 다음과 같이 나타낼 수 있다.

$$\text{MPC} = \frac{\text{소비의 증가분}}{\text{소득의 증가분}} = \frac{\Delta C}{\Delta Y} = 1 - \text{한계저축성향}$$

⊘ **한계효용(MU ; Marginal Utility)**

재화의 소비량이 한 단위 증가할 때 변화하는 총효용 의 증가분을 말한다.

① 한계효용 체감의 법칙 … 재화의 소비가 증가할수록 재화의 희소성이 낮아지며 소비가 가져다주는 한계효용이 감소하는 것을 말한다.

② 한계효용 균등의 법칙 … 소비자가 주어진 소득으로 최대의 효용을 얻도록 합리적인 소비를 하고 각 재화의 한계효용은 균등하게 되는 법칙이다. 재화를 소비할 경우 각 재화의 한계효용이 같지 않다면, 한계효용이 낮은 재화의 소비가 아닌 한계효용이 보다 높은 재화로 소비를 바꿈으로써 똑같은 수량의 재화에서 얻어지는 효용 전체는 더 커지게 된다.

⊘ **환율의 결정 및 변동**

① 환율의 결정

ㄱ 시장에서 수요와 공급이 상품 균형가격을 결정하는 것처럼 외환시장에서 외화에 대한 수요와 공급이 외화의 가격을 결정하게 된다.

ㄴ 외환의 공급량보다 수요량이 많으면 환율이 상승하고 반대로 공급량이 수요량보다 많으면 환율이 하락한다.

② 환율의 변동 요인

ㄱ 외환의 수요와 공급에 영향을 주는 대외거래, 물가, 통화량 등이 있으며 경제성장률도 환율 변동의 요인이 된다.

ㄴ 우리나라의 경제성장률이 높으면 우리나라 경제에 대한 신뢰도가 높아지고 외국인 투자가 늘어나면 환율을 하락시키는 요인이 된다.

ㄷ 우리나라의 경제성장률이 높으면 국내 소득수준이 전반적으로 높아지게 되므로 외국상품의 수입이 늘어나 환율을 상승시키는 요인으로 작용할 수도 있다.

③ 환율변동의 영향

구분	환율상승	환율하락
수출	원화가치 하락으로 인한 수출상품 가격하락(수출 증가)	원화가치 상승으로 인한 수출상품 가격상승(수출 감소)
수입	수입상품 가격상승(수입 감소)	수입상품 가격하락(수입 증가)
국내 물가	수입원자재 가격상승(물가 상승)	수입원자재 가격하락(물가 안정)
해외여행 및 외채상환	해외여행 경비 증가(해외여행 감소), 외채 상환 부담 증가	해외여행 경비 감소(해외여행 증가), 외채 상환 부담 경감

ⓥ 환율의 종류

① 재정환율

　ㄱ 미국의 달러화 환율을 기본으로 하여 자동 결정되는 달러화 이외의 기타 통화 환율이다.

　ㄴ 기준환율을 통해서 간접적으로 계산하며, 달러화에 대한 우리나라 원화의 환율은 국내 외환시장에서 형성된 전일의 원/달러 거래가격이 가중평균을 기초로 당일 기준환율을 정하도록 되어있다.

② 기준환율

　ㄱ 자국의 환율 계산 시 그 기준으로 삼는 특정국 통화와의 환율이다.

　ㄴ 시장평균환율 또는 매매기준율 이라고도 하며, 금융결제원의 자금중개실을 경유하여 외국환은행간에 거래된 원화의 대미 달러화 현물환율과 거래액을 가중평균하여 산출한다.

③ 명목환율

　ㄱ 외환시장에서 매일 고시되는 환율이다.

　ㄴ 일반적으로 은행 간 거래에 적용되는 환율이다.

④ 실질환율 … 두 나라 간의 물가변동을 반영하여 구매력 변동을 나타내도록 조정한 환율이다.

$$실질환율 = 명목환율 \times \frac{국외\ 물가수준}{국내\ 물가수준}$$

ⓥ 환율표시법

① **직접표시법(자국통화표시법)** … 외국통화 한 단위를 자국통화 단위수로 나타내는 방법으로, 우리나라는 자국통화표시법을 사용하고 있다.

② **간접표시법(외국통화표시법)** … 자국통화 한 단위를 외국통화 단위수로 나타내는 방법이다.

ⓥ 10분위분배율

최하위 40%(1~4분위) 계층의 최상위 20%(9, 10분위)의 소득점유율로 나눈 것으로 국가 전체 가구를 소득의 크기에 따라 저소득에서 고소득 순으로 10등분한 지표이다.

10분위 분배율의 최솟값은 0이 되고, 최댓값은 2가 된다. 2에 가까울수록 소득이 평등하게 분배되는 것이다.

$$10분위분배율 = \frac{최하위\ 40\%의\ 소득점유율}{최상위\ 20\%의\ 소득점유율} = 0 \sim 2$$

출제예상문제

1 공급곡선이 오른쪽으로 이동할 경우 이동 요인으로 알맞은 것은?

① 생산요소의 가격 상승

② 생산량의 감소

③ 기술 수준의 발달

④ 공급량 감소

⑤ 대체재 및 보완재의 가격상승

> ✔ 해설 공급변화 요인
> ㉠ 생산 요소의 가격 변동 : 생산요소의 가격이 상승하면 공급자의 수익성이 감소하므로 생산량이 감소하여 공급곡선이 왼쪽으로 이동한다.
> ㉡ 기술 수준 발달 : 기술이 발달하면 생산비용이 낮아지게 되므로 공급이 증가하여 공급곡선은 오른쪽으로 이동한다.
> ㉢ 대체재 및 보완재의 가격변동
> • 대체재 관계의 재화 중 하나의 재화 가격이 상승하면 다른 재화는 공급이 감소하여 공급곡선이 왼쪽으로 이동한다.
> • 보완재 관계의 재화 중 하나의 재화가격이 상승하면 다른 재화는 공급이 증가하여 공급곡선이 오른쪽으로 이동한다.
> ㉣ 판매자의 수 및 가격 예상 등

Answer 1.③

2 수요의 가격탄력성에 영향을 주는 요인으로 옳지 않은 것은?

① 대체재의 유무(有無)

② 시장의 범위

③ 재화 경쟁

④ 재화의 성격

⑤ 기간의 장단(長短)

> ✔해설 ③ 공급의 가격탄력성 결정요인에 해당한다.
> ※ 수요의 가격탄력성 결정요인
> ㉠ 대체재의 유무(有無)
> ㉡ 기간의 장단(長短)
> ㉢ 시장 범위
> ㉣ 재화의 성격

3 한계비용에 대한 설명으로 옳지 않은 것은?

① 필요한 총비용 증가분을 말한다.

② 한계생산비라고도 한다.

③ 한계비용함수는 J자형을 취한다.

④ 생산량 0에서 출발한다,

⑤ 감소하다가 어느 생산량을 지나면 점차 증가한다.

> ✔해설 한계비용함수는 U자형을 취한다.

4 다음 중 기업이 가격차별 할 수 있는 조건이 아닌 것은?

① 시장의 분리가 가능해야 한다.

② 기업이 독점력을 가지고 있어야 한다.

③ 각 시장에서 수요의 가격탄력성이 서로 달라야 한다.

④ 시장 간 재판매가 가능해야 한다.

⑤ 시장분리에 들어가는 비용이 가격차별의 이익보다 적어야 한다.

✔ 해설 가격차별의 조건
　　　㉠ 완전 경쟁시장에서는 동질의 재화를 시장 가격에 공급하기 때문에 가격차별이 불가능하므로 불완전 경쟁시장이어야 한다.
　　　㉡ 서로 다른 집단으로 분리할 수 있어야 한다.
　　　㉢ 시장 간 전매(A시장에서 구매한 재화를 B시장에서 재판매)는 불가능해야 한다.
　　　㉣ 공급자가 시장에 대한 독점력을 가지고 있어야 한다.
　　　㉤ 시장 분리에 들어가는 비용이 가격차별의 이익보다 적어야 한다.

5 최고가격제와 최저가격제가 바르게 비교된 것은?

① 최고가격제는 균형가격을 위로 설정한다.

② 최고가격제는 물가안정 및 노동자를 보호하기 위한 목적이다.

③ 최고가격제는 초과수요로 인해 암시장이 형성된다.

④ 최저가격제는 균형가격 아래로 설정한다.

⑤ 최저가격제는 소비자를 보호하기 위한 목적이다.

✔ 해설 최고가격제와 최저가격제 비교

구분	최고가격제	최저가격제
가격 설정	균형가격 아래로 설정	균형가격 위로 설정
목적	물가안정 및 소비자 보호	공급자(생산자 및 노동자) 보호
예시	임대료 및 이자율 규제 등	최저임금제 등
암시장 형성	초과수요로 인해 재화 부족 → 높은 가격으로 거래	초과공급으로 인해 재화 및 노동 포화 → 낮은 가격으로 거래

6 X재화의 한계효용이 1,000인 경우 X재화 가격이 500원이라면 Y재화의 한계효용이 1,500일 때, 한계효용균등의 법칙에 따라 Y재화 가격이 얼마여야 하는가?

① 1,000원

② 800원

③ 750원

④ 500원

⑤ 250원

> **✔해설** X재 한계효용÷X재 가격 = Y재 한계효용÷Y재 가격
> 1,000÷500 = 2이다. Y재 가격이 750원이 되어야 한계효용균등의 법칙이 성립될 수 있다.
> ※ 한계효용균등의 법칙(Gossen의 제2법칙)
> 각 재화 1원어치의 한계효용이 동일하여 각 재화 소비량을 조절하더라도 총효용이 증가될 여지가 없을 때 소비자의 총효용이 극대화 된다는 것이다.

7 시장실패 원인으로 옳은 것은?

① 정부의 개입

② 정보의 비대칭

③ 균등한 소득분배

④ 소비자의 시장지배력

⑤ 효율적인 자원 배분

> **✔해설** 시장실패의 원인
> ㉠ 시장지배력 : 생산물이나 생산요소의 공급자가 시장지배력을 가지면 비효율이 발생한다.
> ㉡ 외부효과 : 시장에 의한 자원배분이 비효율적으로 이루어진다.
> ㉢ 정보의 비대칭 : 정보의 부족은 경쟁시장의 비효율성을 발생시킨다.

8 다음 중 조세에 대한 설명으로 옳지 않은 것은?

① 간접세는 조세부담이 다른 경제주체에게 전가되는 조세이다.

② 간접세는 직접세보다 저항이 적다.

③ 간접세는 직접세에 비해 징세행정이 복잡하다.

④ 직접세는 분배의 형평성을 높이는 데 사용될 수 있다.

⑤ 부가가치세는 간접세의 대표적인 조세이다.

> **✔해설** 간접세의 장·단점
> ㉠ 장점 : 조세저항이 작아 징세비용이 적고 세무행정상 간편하다.
> ㉡ 단점 : 납세자의 개인적 사정을 반영하지 못한다(누진과세 곤란).

Answer 6.③ 7.② 8.③

9 만 15세 이상 인구가 35,635천 명이고, 비경제활동인구수는 13,326천 명이라고 했을 때 실업률은? (단, 취업자수는 18,453천 명이다)

① 19.9%

② 17.2%

③ 6.72%

④ 10.26%

⑤ 21.8%

 해설 실업률(%) = $\dfrac{\text{실업자 수}}{\text{경제활동인구}} \times 100 = \dfrac{\text{실업자 수}}{\text{취업자 수 + 실업자수}} \times 100$

경제활동인구는 취업자 수 + 실업자 수이다.

만 15세 이상 인구가 35,635천 명 − 비경제활동인구수는 13,326천 명 = 22,309천 명 → 경제활동인구수

실업자 수는 경제활동인구수 − 취업자 수로 구하면 22,309천 명 − 18,453천 명 = 3,856천 명

실업률 공식에 대입하면 $\dfrac{3,856}{3,856 + 18,453} \times 100 = 17.28\%$

10 비자발적 실업으로 옳지 않은 것은?

① 마찰적 실업

② 경기적 실업

③ 계절적 실업

④ 기술적 실업

⑤ 구조적 실업

해설 ②③④⑤ 비자발적 실업에 해당한다.

※ 자발적 실업 … 일할 능력은 있지만 임금 및 근로 조건이 자신의 욕구와 맞지 않아 일할 의사가 없는 상태를 의미한다.

㉠ 탐색적 실업 : 기존의 직장보다 더 나은 직장을 찾기 위해 실업상태에 있는 것을 말한다.

㉡ 마찰적 실업 : 직장을 옮기는 과정에서 일시적으로 실업상태에 놓여있는 것을 말한다.

11 총수요 변동의 영향으로 옳지 않은 것은?

① 총수요가 증가하면 생산이 증가한다.

② 총수요가 증가하면 고용이 증가한다.

③ 총수요가 증가하면 인플레이션 발생 가능성이 커진다.

④ 총수요가 감소하면 물가가 하락한다.

⑤ 총수요가 감소하면 스태그플레이션 발생 가능성이 커진다.

> **✔해설** 총수요가 감소할 시 생산, 고용, 소득이 감소하고 물가가 하락하게 되면서 경기 침체 및 실업률이 증가하게 된다.

12 환율 하락의 영향으로 옳지 않은 것은?

① 원화가치 상승으로 수출상품 가격이 상승한다.

② 수출이 감소한다.

③ 수입상품의 가격이 하락한다.

④ 외채 상환 부담이 증가한다.

⑤ 국내인의 해외여행이 증가한다.

> **✔해설** 환율의 하락
> ㉠ 원화가치의 상승으로 인한 수출상품 가격상승 – 수출 감소
> ㉡ 수입상품 가격하락 – 수입 증가
> ㉢ 수입원자재 가격하락 – 물가 안정
> ㉣ 해외여행 경비 감소, 외채 상환 부담 경감

Answer 11.⑤ 12.④

13 소득불평등 지표에 대한 설명으로 옳지 않은 것은?

① 지니계수가 0이면 완전 불평등, 1이면 완전 평등을 의미한다.

② 로렌츠 곡선은 대각선에 가까울수록 소득분배가 평등하다는 의미이다.

③ 로렌츠 곡선은 불균등할수록 한쪽으로 굽은 곡선이 그려진다.

④ 10분위분배율은 최하위 40%(1~4분위) 계층의 최상위 20%(9,10분위)의 소득점유율로 나눈 지표이다.

⑤ 10분위분배율은 2에 가까울수록 소득 분포가 고르다는 것을 의미한다.

✔해설 지니계수가 0이면 완전 평등한 상태이고 지니계수가 1이면 완전 불평등한 상태이다.

14 GDP에서 G의 뜻으로 옳은 것은?

① Genetically

② Global

③ General

④ Gross

⑤ Golden

✔해설 GDP(국내총생산)의 뜻은 Gross Domestic Product이다.

15 자발적·비자발적 실업에 대한 설명이 바르게 연결된 것은?

① 탐색적 실업 – 백희는 최근에 취득한 자격증으로 이전보다 규모가 큰 회사로 이직할 준비하고 있다.

② 기술적 실업 – 경은은 이직하기로 결정되었으나, 회사 사정으로 이직이 취소되었다.

③ 경기적 실업 – 창원은 농번기에는 바쁘다가도 농한기가 되면 새로운 일자리를 찾아야 한다.

④ 구조적 실업 – 지혁은 자신의 아르바이트 자리를 키오스크에게 내어주었다.

⑤ 마찰적 실업 – 새람은 최근 전염병 확산으로 경기가 어려워지자 일자리를 잃었다.

> ✔**해설** 탐색적 실업은 기존의 직장보다 더 나은 직장을 찾기 위해 실업상태에 있는 것을 말한다.
> ② 마찰적 실업에 대한 설명으로 직장을 옮기는 과정에서 일시적으로 실업상태에 놓여있는 것을 말한다.
> ③ 계절적 실업에 대한 설명으로 재화의 생산이나 수요가 계절에 따라 변화를 가져올 때 발생하는 실업을 말한다.
> ④ 기술적 실업에 대한 설명으로 기술의 진보에 따라 산업 구조가 변화하면서 발생하는 실업을 말한다. 보통 기계가 노동을 대체하면서 나타난다.
> ⑤ 경기적 실업에 대한 설명으로 경기가 하강으로 인해 발생하는 실업이다. 경기가 회복되면 경기적 실업은 해소되므로 정부에서는 지출을 늘려 경기를 부양하는 확대재정정책 등을 펴게 된다.

16 생산자 물가지수에 대한 설명으로 옳지 않은 것은?

① 한국은행에서 작성한다.

② 상품 및 서비스의 수급동향을 파악할 수 있다.

③ 상품 및 서비스의 경기동향을 판단할 수 있다.

④ 지수작성에 이용되는 가격은 1차 거래단계의 가격이다.

⑤ 가계가 소비하는 서비스의 가격수준 및 변동을 파악할 수 있다.

> ✔**해설** ⑤ 가계가 소비하는 서비스의 가격수준 및 변동 파악은 소비자 물가지수의 목적이다.
> ※ 생산자 물가지수는 국내시장의 제1차 거래단계에서 기업 상호간에 거래되는 상품과 서비스의 평균적인 가격변동을 측정하기 위하여 작성되는 물가지수이다.

Answer 15.① 16.⑤

17 다음에서 설명하고 있는 개념은 무엇인가?

> 두 재화가 서로 비슷한 용도를 지녀 한 재화 대신 다른 재화를 소비하더라도 만족에 별 차이가 없는 관계를 말한다. 서로 경쟁적인 성격을 띠고 있어 경쟁재라고도 하며 소비자의 효용 즉, 만족감이 높은 쪽을 상급재, 낮은 쪽을 하급재라 한다. 만약 두 재화 A, B가 대체재라면 A재화의 가격이 상승(하락)하면 A재화의 수요는 감소(증가)하고 B재화의 수요는 증가(감소)한다.

① 대체재   ② 보완재
③ 독립재   ④ 정상재
⑤ 열등재

> ✔해설 ② 한 재화씩 따로 소비하는 것보다 두 재화를 함께 소비하는 것이 더 큰 만족을 주는 재화의 관계를 말한다.
> ③ 한 재화의 가격이 다른 재화의 수요에 아무런 영향을 주지 않는 재화의 관계를 말한다.
> ④ 우등재 또는 상급재라고도 하며 소득이 증가(감소)하면 수요가 증가(감소)하여 수요곡선 자체가 우상향(좌상향)으로 이동한다.
> ⑤ 소득이 증가(감소)하면 수요가 감소(증가)하며, 수요곡선 자체가 좌하향(우상향)으로 이동한다.

18 다음 중 수요의 가격탄력성에 관한 설명으로 옳지 않은 것은?

① 대체재의 수가 많을수록 그 재화는 일반적으로 탄력적이다.
② 사치품은 탄력적이고 생활필수품은 비탄력적인 것이 일반적이다.
③ 재화의 사용 용도가 다양할수록 비탄력적이다.
④ 수요의 탄력성을 측정하는 기간이 길수록 탄력적이다.
⑤ 수요의 가격탄력성은 가격에 변화가 생길 경우 그 변화율에 대한 수요량 변화율의 상대적 크기로 나타낸다.

> ✔해설 수요의 가격탄력성 결정 요인
> ㉠ 대체재의 수가 많을수록 그 재화는 일반적으로 탄력적이다.
> ㉡ 사치품은 탄력적이고 생활필수품은 비탄력적인 것이 일반적이다.
> ㉢ 재화의 사용 용도가 다양할수록 탄력적이다.
> ㉣ 수요의 탄력성을 측정하는 기간이 길수록 탄력적이다.

Answer 17.① 18.③

19 다음에서 설명하고 있는 가격차별의 형태는?

> • 재화의 구입량에 따라 가격을 다르게 설정하는 것을 말한다.
> • 1차 가격차별보다 현실적이며 현실에서 그 예를 찾기 쉽다.
> • 전화의 사용량에 따라 그 요금의 차이가 나는 것은 이것의 예이다.

① 1차 가격차별
② 2차 가격차별
③ 3차 가격차별
④ 4차 가격차별
⑤ 5차 가격차별

✔ **해설** 제시된 내용은 2차 가격차별에 관한 설명이다.

※ 가격차별의 형태

　㉠ 1차 가격차별
　　• 동일한 상품일지라도 소비자 개개인이 얻는 효용은 모두 다르다. 따라서 각각의 소비자는 상품에 대한 가격지불의사 또한 다르다. 1차 가격차별은 이러한 개별 소비자의 지불의사에 가격을 부과하는 것으로 상품을 지불할 수 있는 금액을 모두 부과하므로 소비자 편익은 남지 않으며 모두 기업이윤으로 귀속되는 가격정책이다.
　　• 기업이 개별 소비자가 얻는 효용을 완전하게 알고 있을 때에 가능하므로 현실에서 예를 찾아보기 힘들다.

　㉡ 2차 가격차별
　　• 재화의 구입량에 따라 가격을 다르게 설정하는 것을 말한다.
　　• 2차 가격차별은 1차 가격차별보다 현실적이며 현실에서 그 예를 찾기 쉽다.
　　• 전화의 사용량에 따라 그 요금의 차이가 나는 것은 2차 가격차별의 예이다.

　㉢ 3차 가격차별
　　• 소비자의 특징에 따라 시장을 분할하여 각 시장마다 서로 다른 가격을 설정한다.
　　• 극장에서 심야시간대와 일반시간대의 입장료가 다른 것을 말한다.
　　• 각 시장마다 소비자들의 수요에 대한 가격탄력성이 다르므로 이윤극대화를 달성하기 위해서는 수요의 가격탄력성이 작은 시장에 높은 가격, 수요의 가격탄력성이 큰 시장에 낮은 가격을 설정한다.

Answer 19.②

20 다음 중 소비자잉여(consumer surplus)에 대한 설명으로 옳은 것은?

① 수요곡선과 공급곡선이 만나는 점에서의 소비자의 총지출

② 시장가격보다 높은 수요곡선 부분의 면적

③ 수요자가 얻는 모든 한계효용을 합한 것

④ 소비자가 얻는 효용이 생산자가 얻는 효용을 초과할 때의 가치

⑤ 어떤 재화량에 대해 최소만큼 지불하고자 의도하는 금액

> **✔해설** 소비자잉여(consumer surplus) … 어떤 재화를 소비함으로써 얻는 소비자의 총가치와 소비자가 소비를 위해 지불하는 시장가치의 차이를 말한다. 실제로 소비자가 지불하는 시장가치보다 소비를 통해 얻는 총가치가 클 때 소비자잉여가 존재하는데, 소비자잉여의 존재이유는 한계효용이 체감하기 때문이다. 제시된 그림에서 Oq_0만큼 소비할 때의 소비자잉여는 색칠된 부분이다.

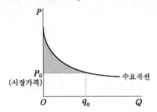

21 같은 영화라도 오전 첫 회에 상영하는 조조요금은 다른 시간대의 영화 관람료보다 저렴하다. 일반 관람료는 9,000원이라면 조조 관람료는 4,000원으로 같은 상품인데도 다른 가격이 매겨진다. 이러한 현상과 관련된 설명으로 옳은 것은?

① 가격이 차별되는 시장 사이에 완전히 자유로운 교류가 필요하다.

② 가격이 차별되는 두 시장에서 수요의 가격 탄력성은 같아야 한다.

③ 극장이 어느 정도 독점력을 갖추어 가격을 설정할 수 있는 힘을 가진 경우에 가능하다.

④ 조조요금이 더 싼 것은 오전 영화 관람 시장보다 오후 영화 관람 시장의 수요가 더 탄력적이기 때문이다.

⑤ 극장이 경쟁업체보다 시장에서의 지위가 뒤쳐질 경우 이러한 전략을 사용한다.

> **✔해설** 영화관의 가격 차별화에 대한 질문이다. 이와 같은 가격 차별화가 가능하려면 극장은 어느 정도 독점력을 갖추고 있어 가격을 직접 설정할 수 있어야 한다.
> ① 가격이 차별화되는 두 시장은 완전히 단절되어야 한다.
> ② 두 시장에서 수요의 가격 탄력성은 달라야 한다.
> ④ 오전시장의 경우 오후시장으로 옮겨갈 가능성이 있기 때문에 더 탄력적이라고 할 수 있다.

Answer 20.② 21.③

22 파레토최적(pareto optimum)에 관한 다음 내용 중 옳지 않은 것은?

① 파레토최적의 자원배분 하에서는 항상 사회후생이 극대화된다.

② 파레토최적의 자원배분은 일반적으로 무수히 많이 존재한다.

③ 어느 한 사람의 효용을 감소시키지 않고서는 다른 사람의 효용을 증가시킬 수 없는 상태를 말한다.

④ 일정한 전제조건이 충족될 때 완전경쟁시장에서의 일반균형은 파레토최적이 된다.

⑤ 파레토최적 상태는 무수히 존재하여 우열의 결정이 안 된다는 등의 한계가 있다.

 해설

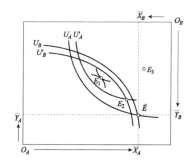

한 배분 E_1보다 파레토 우월한 배분이 없을 때 E_1을 파레토최적 또는 파레토 효율적인 배분이라고 한다. 즉 E_1에서보다 모든 사람이 최소한 같은 만족을 얻고 한 사람 이상이 더 높은 만족을 얻는 실현가능한 배분을 찾을 수 없을 때 E_1은 파레토최적 또는 파레토 효율적인 배분이다. 제시된 그림에서 E_2에서와 같이 주어진 배분에서 두 사람의 무차별곡선이 교차하게 되면 A의 무차별곡선보다 오른쪽 위에 위치하면서 B의 무차별곡선보다는 왼쪽 아래에 위치하는 배분을 항상 찾을 수 있고 이 배분에서 두 사람은 더 만족한다. 따라서 두 사람의 무차별곡선이 교차하는 지점의 배분은 파레토최적이 되지 못한다. 오직 E_1의 배분과 같이 두 사람의 무차별곡선이 접하는 경우에만 파레토최적이 달성된다는 것을 알 수 있다. 그리고 자원배분이 파레토 효율적이라고 해서 항상 사회후생이 극대화되는 것은 아니다.

Answer 22.①

23 다음의 사례와 가장 관련성 깊은 경제적 개념을 고르면?

> 지구상에는 수없이 많은 종류의 커피가 존재한다. 그 중 인도네시아에서 생산되는 루왁커피는 다양한 종류의 커피 중 가장 맛이 좋고 향 또한 일반 커피와는 비교할 수 없을 정도로 특이한 최고의 커피라 인정받고 있다. 루왁커피는 특이한 과정을 거쳐 만들어지는데 커피의 익은 열매를 긴 꼬리 사향 고양이가 먹으면 익은 부드러운 커피 열매 껍질은 소화가 되고 나머지 딱딱한 씨 부분, 즉 우리가 커피로 사용하는 씨 부분은 소화되지 않은 커피 알 상태 그대로 유지된 채로 배설된다. 다시 말하면 루왁커피는 긴 꼬리 사향 고양이의 배설물인 것이다. 이런 특이한 발효 과정에서 태어난 커피는 롭스타(Robustar) 혹은 아라비카(Arabica)와 같은 고급 커피와도 비교할 수 없는 가격으로 거래되고 있는데, 보통 1파운드당 미화 $400 ~ $450에 미국이나 일본으로 판매되고 있다.

① 기회비용
② 희소성의 원칙
③ 비교우위
④ 효율성의 원칙
⑤ 합리적 선택

> ✔ 해설 　희소성의 원칙 … 무한한 인간의 욕구에 비해 이를 충족시킬 수 있는 자원은 상대적으로 부족한 현상을 말한다.

24 다음의 글에서 밑줄 친 재화의 특징으로 옳은 것을 고른 것은?

> 일반적으로 재화는 그에 대한 대가를 지불한 사람만이 그 재화를 쓸 수 있고(배제성), 누군가 그 재화를 써버리면 다른 사람은 동일한 재화를 쓸 수 없다(경합성). 배제성과 경합성을 동시에 지니지 못한 재화 이를테면 치안이나 국방 서비스 등의 재화를 가리켜 공공재라고 한다. 한편, 경합성은 지니고 있으나 배제성은 가지고 있지 못한 <u>재화</u>도 있다. 누구나 대가 없이 소비에 참여할 수 있으나 누군가 모두 소비해 버리면 다른 사람은 소비할 수 없는 재화이다.

> ㉠ 과잉 이용으로 고갈되어 간다.
> ㉡ 사적 이익을 목적으로 하여 생산된다.
> ㉢ 소유자가 없으며 경제적 가치를 지니고 있다.
> ㉣ 소유자가 있으나 경제적 가치를 지니고 있지 않다.

① ㉠, ㉡
② ㉠, ㉢
③ ㉠, ㉣
④ ㉡, ㉢
⑤ ㉡, ㉣

✔해설 목초지와 같은 공유자원은 누군가 사용하면 다른 사람들은 사용할 수 없게 되어 경합성은 지니고 있으나 대가를 지불하지 않은 다른 사람들의 사용을 배제할 수는 없다.

25 다음의 내용을 보고 계란의 수요 및 공급에 미치게 될 영향을 바르게 추론한 것은?

> • 닭 사료의 가격하락
> • 닭의 보완재인 베이컨의 가격 하락
> • 미디어를 통한 계란이 인체에 미치는 악영향에 대한 보도

① 계란이 인체에 미치는 악영향이 보도되면 계란의 가격이 하락하여 계란에 대한 수요가 증가한다.

② 사료의 가격이 하락하면 닭의 생산과 공급이 감소하여 계란의 공급은 감소하게 된다.

③ 베이컨 가격의 하락은 베이컨에 대한 수요를 증가시키고 계란의 수요도 증가시킨다.

④ 보도에 의해 계란에 대한 수요가 감소하게 되면 균형거래량은 증가하게 된다.

⑤ 사료 가격이 하락하게 되면 균형가격은 증가하고 균형거래량은 감소하게 된다.

✔해설 ①④ 계란이 인체에 미치는 악영향이 보도되면 계란에 대한 수요가 감소하고 가격이 하락하며 균형거래
량이 감소하게 된다.
② 사료의 가격이 하락하면 닭의 생산·공급이 모두 증가하여 계란의 공급은 증가하게 된다.
⑤ 사료가격이 하락하게 되면 계란의 공급곡선이 오른쪽으로 이동하게 되어 균형가격은 하락하고 균형
거래량은 증가하게 된다.

26 고층 빌딩의 청소부의 경우 복도를 청소하는 직원보다 바깥 창문을 청소하는 직원이 임금이 더 높다. 다음 중 이러한 임금 격차 현상과 가장 유사한 성격을 갖는 사례는?

① 고졸 직원보다는 대졸 직원이 높은 임금을 받는다.

② 정규직 직원은 비정규직 직원보다 높은 임금을 받는다.

③ 노조에 가입한 직원은 가입하지 않은 직원보다 높은 임금을 받는다.

④ 영업 실적이 우수한 직원이 실적이 저조한 직원보다 높은 임금을 받는다.

⑤ 2교대 근무 시 야간 근무를 하는 직원이 주간 근무를 하는 직원보다 높은 임금을 받는다.

✔해설 고층 빌딩의 바깥 창문을 청소하는 것은 복도를 청소하는 것보다 훨씬 위험을 갖고 있다. 따라서 이러
한 비금전적 속성의 단점을 금전적 보상으로 채워주어야 위험한 직업을 선택하려는 사람이 생기게 된
다. 이러한 사례는 임금의 보상적 격차를 말하는 것으로 2교대 근무 역시 주간 근무보다 야간 근무는
노동 강도가 더 높은 것으로 볼 수 있으므로 고층 빌딩의 청소부와 같은 사례로 판단된다.

Answer 25.③ 26.⑤

27 다음 글을 바탕으로 하여 설명한 것으로 옳지 않은 것은?

> 옆집 미야가 치는 피아노 소리는 도도를 불편하게 한다. 미야가 피아노를 쳐서 얻는 효용을 화폐가치로 환산하면 10,000원이고, 도도가 그 소리 때문에 잃은 효용은 5,000원이다. 법원은 도도에게 조용히 휴식을 취할 권리가 있다고 인정하였다.

① 미야가 피아노를 치는 것은 도도에게 외부효과를 미치는 것이다.

② 미야가 피아노를 치기 위해 도도에게 지불해야 하는 최소 금액은 5,000원이다.

③ 도도가 미야에게 피아노를 칠 수 있는 조건으로 받을 수 있는 최대보상금액은 10,000원이다.

④ 미야가 도도에게 10,000원을 지불하고 피아노를 치는 것과, 5,000원을 지불하고 피아노를 치는 것 둘 다 두 사람의 효용의 합에 미치는 영향은 동일하다.

⑤ 미야가 도도에게 7,500원을 지불하고 그 대가로 미야가 피아노를 치는 것은 두 사람 모두에게 동일한 액수만큼 이득이 되는 거래이므로 이 금액이 가장 적절한 지불 액수이다.

✔ **해설** 외부효과에 대한 거래가 시장에서 이루어질 경우 자원배분을 효율적으로 이룰 수 있다는 코즈정리에 대한 문제로 미야가 10,000원을 도도에게 보상한다면 미야는 10,000원 지불로 10,000원에 해당하는 피아노를 치는 즐거움을 상쇄시킬 것이지만, 도도는 5,000원의 이득을 얻게 된다. 두 경우 모두 두 사람의 효용을 합한 양인 사회적 후생은 5,000원으로 동일하다. 두 사람간의 거래는 5,000원에서 10,000원 사이의 경우 동일한 5,000원의 이득을 나누는 것일 뿐이지 그 중 어느 가격이 사회적으로 효율적이라고 말할 수 없다.

Answer 27.⑤

28 사과의 가격이 한 개당 500원일 때 수요의 가격탄력성이 1.5로 추정되었다. 어느 날 사과장수가 한 개당 500원의 가격으로 400개의 사과를 판매하였다. 만약 이 사과장수가 사과의 가격을 480원으로 낮추어 팔았다면 몇 개나 더 팔 수 있었을까?

① 16개

② 20개

③ 24개

④ 30개

⑤ 32개

✔해설 수요의 가격탄력성을 이용하면 가격 변화(ΔP)에 따른 생산량의 변화(ΔQ)를 알 수 있는데, 이 관계를 도출해보면 다음과 같다.

$$\epsilon_x = \frac{Q_x\text{의 변화율}}{P_x\text{의 변화율}} = \frac{\Delta Q_x / Q_x}{\Delta P_x / P_x} = \frac{\Delta Q_x}{\Delta P_x} \cdot \frac{P_x}{Q_x}$$

$$\Delta Q = \epsilon \cdot \frac{Q}{P} \times \Delta P$$

이 공식에서 사과수요의 가격탄력성이 1.5이고 가격이 500원일 때 400개의 사과를 판매하였으므로

$$\Delta Q = 1.5 \cdot \frac{400}{500} \times \Delta P \ \rightarrow \Delta Q = 1.2 \Delta P$$

따라서 사과가격이 20원 하락하면 사과판매량은 $\Delta Q = 1.2 \times 20 = 24$이다.

29 지연이는 피자와 샐러드를 주식으로 한다. 피자와 샐러드의 단위당 가격은 각각 2원과 4원이며, 지연의 소득은 20원이다. 체중 조절에 힘쓰고 있는 그녀는 하루에 4,000칼로리 이상은 섭취하지 않는다. 피자와 샐러드의 단위당 열량은 각각 850칼로리와 200칼로리라고 한다. 만일 지연이가 자신의 소득을 모두 피자와 샐러드의 소비에 사용한다면 다음 중 옳은 것은?

① 지연이는 2개의 샐러드를 소비한다.

② 지연이는 최대한 4개의 피자를 소비한다.

③ 지연이는 최대한 5개의 피자를 소비한다.

④ 지연이는 최대한 4개의 샐러드를 소비한다.

⑤ 지연이는 4개의 샐러드를 소비한다.

✔해설 우선 지연이의 소득을 모두 피자와 샐러드에 소비함에 있어 예산 제약과 칼로리 제약을 살펴보면 다음과 같다.

㉠ 예산제약식 : $2P + 4S = 20$

㉡ 칼로리제약식 : $850P + 200S \le 4,000 \ \rightarrow \ 17P + 4S \le 80$

㉡ − ㉠을 연립하면 $P \le 4$를 얻을 수 있다.

따라서 지연이가 소득을 전부 지출할 때 최대로 소비할 수 있는 피자의 수량은 4단위가 되고 샐러드의 소비수량은 3단위가 된다.

30 A나라는 석유를 전액 수입하고 있다. 그런데 갑자기 중동지역에 큰 전쟁이 일어날 전망이 제기되면서 석유가격이 크게 상승하였다. 이때 A나라 정부가 가계생활의 안정을 위해 가격상승분의 일부를 유류세 인하로 보전해주는 정책을 폈다고 할 경우 나타날 수 있는 결과를 나열한 것이다. 다음 중 A나라 석유시장과 유류세 인하의 효과에 대하여 바르게 설명한 것만을 짝지은 것은?

> ㉠ A국의 석유 공급곡선은 비탄력적이다.
> ㉡ 유류세 인하는 석유의 시장가격을 떨어뜨릴 것이다.
> ㉢ 유류세 인하의 혜택은 공급자가 전부 가져갈 것이다.
> ㉣ 유류세 인하로 석유 수요곡선이 원점에서 멀어진다.
> ㉤ A국의 석유 공급곡선은 X축에 대하여 수평이다.

① ㉠, ㉡

② ㉠, ㉣

③ ㉡, ㉢

④ ㉡, ㉣

⑤ ㉡, ㉢, ㉤

✔해설 ㉢ 유류세 인하는 수요자에게는 가격 혜택을, 공급자에게는 사용량 증가로 인한 혜택을 제공하게 된다.
㉣ 유류세 인하는 수요곡선에는 영향을 미치지 않고 공급곡선에만 영향을 미친다.
㉤ A국의 석유 공급곡선은 X축에 대하여 수직이다.
※ 공급의 가격탄력성과 공급곡선
  ㉠ 공급의 가격탄력성: 가격이 변화할 경우 공급량이 얼마나 변하는지를 나타내는 지표이다. 재화의 공급량이 가격변화에 대해 민감하게 변하면 그 재화의 공급은 탄력적이라 하며, 가격이 변할 때 공급량이 조금만 변하면 공급은 비탄력적이라 한다.
  ㉡ 공급곡선: 가격과 공급량과의 관계를 나타내는 곡선을 말하며, 다른 변수들이 동일할 경우 가격이 높을수록 공급량은 증가하기 때문에 공급곡선은 우상향의 형태를 띠게 된다.

Answer 30.①

31 다음에 제시된 내용들을 토대로 추론한 것으로 바른 것은?

> • 소비자소득의 증가
> • 컴퓨터 소프트웨어 가격의 상승
> • 대학들이 신입생들에게 반드시 컴퓨터를 구입하도록 요구
> • 컴퓨터 칩 가격의 하락

① 소비자의 소득이 증가하게 되면 컴퓨터 수요가 증가하게 되므로 컴퓨터의 가격은 하락하고 균형거래량은 증가하게 된다.

② 소프트웨어의 가격이 상승하게 되면 컴퓨터의 수요는 증가하게 된다.

③ 컴퓨터의 구입이 의무화되면 컴퓨터의 수요가 증가하여 거래량 또한 증가하게 된다.

④ 칩 가격이 하락하게 되면 컴퓨터 공급량이 증가하게 되어 균형거래량은 하락하게 된다.

⑤ 소프트웨어와 컴퓨터는 서로 보완적인 관계에 있으므로 소프트웨어 가격의 상승은 컴퓨터의 가격과는 무관하다.

> ✔해설 ① 소비자소득이 증가하게 되면 컴퓨터의 수요가 증가하게 되면서 컴퓨터 가격의 상승과 균형거래량의 증가를 가져온다.
> ② 소프트웨어의 가격이 상승하게 되면 컴퓨터의 수요는 감소하게 되고 가격거래량의 하락을 가져온다.
> ④ 칩 가격이 하락하게 되면 컴퓨터 생산비용이 하락하므로 공급은 증가하나 균형가격의 하락과 균형거래량의 증가를 가져온다.
> ⑤ 소프트웨어와 컴퓨터는 서로 보완재의 관계에 있으므로 소프트웨어 가격의 상승은 컴퓨터에 대한 수요를 감소시키므로 컴퓨터의 가격은 하락하게 된다.

Answer 31.③

32 정부가 가난한 사람에게 식비를 보조하는 방법에는 다음과 같은 방법이 있다. 이 중에서 어느 방법이 파레토 효율성을 저해하지 않는가?

① 일정 소득 이하의 사람들에게 선착순으로 쌀을 배부하는 방법

② 민간자선단체에서 낮은 가격의 식사를 제공하는 급식소형태

③ 주식인 쌀의 가격을 규제하여 가격상한을 설정하는 방법

④ 일정 소득 이하의 가난한 사람에게 소득을 보조하는 방법

⑤ 최저임금제를 시행하여 비정규직의 최저소득을 설정하는 방법

> ✔해설 정부가 가난한 사람에게 소득보조를 할 경우에는 예산선이 평행하게 이동하므로 재화의 상대가격체계의 왜곡이 발생하지 않는다.
> ① 현물보조가 소비자의 선택가능영역을 감소시킴으로써 쌀 이외에 다른 재화를 매우 선호하는 소비자의 후생을 감소시킨다.
> ② 가격보조의 방법이 상대가격체계를 교란시키는 대체효과에 의해 효율성을 저해시키게 된다.
> ③ 쌀의 가격상한을 설정하는 최고가격제는 사회적 후생손실을 야기시킨다.
> ⑤ 최저임금제 역시 시장가격체계의 교란을 일으켜 사회적 후생손실을 야기시킨다.

33 예산 적자를 모면하기 위해 대중교통의 요금을 인상하거나 원화의 상승으로 무역수지가 악화될 것을 우려하여 외환시장에 개입하는 등의 경제정책이 기대하는 효과를 얻기 위해서는 반드시 고려해야 할 개념이 있다. 이 개념을 응용하지 않은 것은?

① 패스트푸드점에서 할인 쿠폰을 제공한다.

② 청소년들에게 극장의 입장료를 할인해 준다.

③ 기업의 전화요금을 비싸게 하고 가계의 전화요금을 싸게 책정한다.

④ 공해 배출을 원하는 경제주체에게 공해 배출권을 시장에서 판매한다.

⑤ 주류업자는 업소에 제공하는 술 보다 일반 할인점에 공급하는 술의 가격을 높게 책정한다.

> ✔해설 탄력성의 개념에 대한 질문이다. 대중교통 요금을 인상하였을 때 가격탄력성이 크다면 수요가 감소하여 총수입이 줄어 적자를 모면하기 어렵다. 정부의 외환시장 개입은 환율변동으로 인한 무역 상품의 가격변동을 야기시키지만 무역 상품들에 대한 가격탄력성에 따라 무역수지 또한 변동한다.
> ④ 가격탄력성과 관련이 없는 공해배출권 정책을 설명하고 있다.

Answer 32.④ 33.④

34 최근 생명보험에 가입하는 사람들의 수가 늘어나고 있다. 생명보험에 가입하는 사람들은 매년 일정한 금액을 보험료로 납부하고 가입자가 사망하는 경우 그의 가족은 보험료 납부액보다 더 많은 금액을 보험금으로 받을 수 있다. 그러나 생명보험에 가입하는 사람들의 사망률이 그렇지 않은 사람들에 비해 높다고 할 때 이에 대한 추론으로 옳은 것은?

① 생명보험에 가입한 사람들은 가입하지 않은 사람들보다 위험한 직업에 종사하기 때문이다.

② 평균 사망률보다 자신의 사망확률이 낮다고 생각하는 사람들이 더 많이 보험에 가입하기 때문이다.

③ 생명보험에 가입한 사람은 보험에 가입하지 않은 사람에 비해 위험한 행위를 할 가능성이 낮기 때문이다.

④ 사망의 위험이 더 높은 사람들이 보험에 가입할 강력한 유인을 갖기 때문이다.

⑤ 보험회사의 보험가입자에 대한 감시행위가 너무 강하기 때문이다.

> **✔해설** ①③ 생명보험에 가입한 사람들은 가입하지 않은 사람들에 비해 위험한 행위를 하게 될 가능성이 높아지는 것은 사실이나 위험한 직종에 있다고 하여 누구나가 다 가입하는 것은 아니다.
> ② 보험료는 평균보다 높은 사망률을 가진 사람들의 비율을 반영하여 책정하므로 평균 사망률보다 자신의 사망확률이 낮은 경우에는 생명보험의 납부액이 높게 느껴지므로 가입하지 않는다.
> ⑤ 보험회사는 보험가입자들을 더욱 철저히 감시해야 하며 위험한 행위를 하는 가입자에게는 더 높은 납부액을 부과하여야 하고 모든 가입자들에게 이에 대비하기 위하여 건강진단서를 받아두어야 한다.

35 다음 글에 관한 설명으로 가장 타당한 것은?

> 혁신국에서는 S텔레콤과 L텔레콤의 두 이동통신사가 있다. 혁신국의 이동통신 이동자 중 80%는 S텔레콤에, 나머지 20%는 L텔레콤에 가입해 있다. 이동통신 이용자들은 가입한 통신사에 관계없이 서로 고르게 통화하며, 모든 통화로부터 동일한 편익을 얻는다. 통화료는 전화를 건 사람만이 부담하며 다음 ㉠ 또는 ㉡의 두 가지 통화료 체계가 가능하다.
> 가입자는 이동통신사를 자유롭게 변경할 수 있으며, 이에 따른 추가적인 비용은 발생하지 않는다.
> ㉠ 가입한 통신사와 상관없이 통화료는 분당 20원
> ㉡ 동일한 통신사 가입자 간 통화료는 분당 20원, 다른 통신사 가입자 간 통화료는 분당 30원

① ㉠에서 S텔레콤 가입자의 일부가 L텔레콤으로 옮겨 갈 경우, S텔레콤 이용자의 편익은 감소한다.
② ㉡에서 L텔레콤 가입자의 일부가 S텔레콤으로 옮겨 갈 경우, L텔레콤 이용자의 편익은 증가한다.
③ ㉠에서 L텔레콤 가입자의 일부가 S텔레콤으로 옮겨 갈 경우, L텔레콤 이용자의 편익은 감소한다.
④ ㉡에서는 S텔레콤의 시장점유율이 증가한다.
⑤ ㉠에서는 L텔레콤의 시장점유율이 증가한다.

✔**해설** 이동통신 이용자들이 가입한 통신사와 관계없이 고르게 통화하며, 모든 통화로부터 동일한 편익을 얻으므로, 통화료 부담의 변화만 고려하면 된다. ㉠의 통화료 체계에서는 가입자가 통신사를 변경하여 동일한 통신사 가입자 간 통화와 다른 통신사 가입자 간 통화비율이 바뀐다 하더라도 기존 가입자의 통화료 부담에는 변화가 없다. 또한 통신사를 변경하는 가입자의 통화료 부담에도 변화가 없으므로 특별히 통신사를 변경할 유인이 없다. 반면, ㉡의 통화료 체계에서는 가입자의 일부가 빠져나간 통신사 가입자의 통화료 부담은 늘어나고, 가입자가 늘어난 통신사의 기존 가입자의 통화료 부담은 감소한다. 또한 가입자가 많은 통신사에 가입할 경우 통화료 부담이 줄어들기 때문에, 시장점유율이 높은 S텔레콤으로 가입자가 옮겨갈 유인이 생기고 S텔레콤의 시장점유율은 더욱 증가한다.

Answer 35.④

36 막대한 태풍피해를 입은 A지역 주민들을 정부가 도와주려 한다. 도와주는 방법으로는 일정액의 보조금을 직접 지원해 주는 현금보조, 쌀이나 라면 같이 정부가 직접 현물을 구입하여 이를 나눠주는 현물보조, 어떠한 제품을 구입할 때 가격을 깎아주는 방식인 가격보조를 고려하고 있다. 세 가지 방법 중 ㉠은 ㉡보다 효용의 크기가 크거나 같고 ㉢이 제일 작다고 할 때, 효율성에 따라 ㉠, ㉡, ㉢에 옳게 들어간 것은?

| | ㉠ | ㉡ | ㉢ | | ㉠ | ㉡ | ㉢ |

① 현금보조, 가격보조, 현물보조   ② 현금보조, 현물보조, 가격보조

③ 가격보조, 현금보조, 현물보조   ④ 가격보조, 현물보조, 현금보조

⑤ 현물보조, 현금보조, 가격보조

✔해설 일반적 소비자의 경우 현금보조와 현물보조의 차이가 없다. 하지만 극단적 소비자의 경우 효용측면에서 현금보조가 우월하고 소비량의 측면에서는 현물보조가 우월하다.
㉠ 효율성(수혜자 효용) : 현금보조≥현물보조＞가격보조
㉡ 재정안정도 : 현금보조, 현물보조＞가격보조
㉢ 가치욕구(특정재화의 소비촉진) : 가격보조≥현물보조≥현금보조

37 다음과 같은 문제를 해결하고 시장을 활성화하기 위한 방안으로 옳지 않은 것은?

> • 과일판매상이 과일에 대한 정보를 많이 갖고 있는데 반해 소비자는 필요한 정보가 주어지지 않는 경우, 이러한 정보 불균형이 지속되어 과일시장에서 거래량이 감소하거나 상대적으로 열등한 상품들이 많이 거래되는 결과가 나타난다.
> • 보험 가입자가 자신의 건강에 대해 보험사보다 더 많은 정보를 가지고 있게 되면서, 건강하지 않은 사람이 보험에 가입하려는 확률이 높아지고 보험사는 평균 건강치에 의존하여 보험료를 책정할 수 밖에 없다. 이 경우 건강하지 않는 사람들이 보다 많이 가입하면 보험사의 부담이 늘어 보험료의 인상이 불가피하게 되고, 더 높은 보험료를 지불하면서도 보험에 가입하는 사람들은 건강이 더 나쁜 사람들이 될 것이다.
> • 중고차 시장에서 판매자와 구매자는 가지고 있는 정보가 서로 다르므로 구매자는 잘못된 선택을 할 가능성이 높다.

① 정부나 공신력 있는 기관이 각종 용역제공자의 용역의 질을 사전에 검증해 소비자로 하여금 용역의 질을 믿고 구매할 수 있도록 한다.

② 보험사가 가입자에 대한 건강관련 정보를 요구하고 객관적으로 검증하는 여러 가지 장치를 강구한다.

③ 중고차 판매회사가 판매 후 일정기간 품질을 보증한다.

④ 과일시장에서도 원산지 표시 범위를 확대하거나 과일에 대한 소독의 종류 및 횟수 등을 표시하게 한다.

⑤ 보험회사는 사고 시 보험가입자에게 손실의 일부만을 보상해 주는 공동보험제도를 채택한다.

✔ 해설 ⑤ 지문의 경우는 역선택의 문제를 말하고 있으므로 이를 해결할 수 있는 방안에 관한 것을 찾아야 한다. 보험회사가 가입자에게 공동책임을 묻는 것은 보험가입 이후 위험회피노력을 소홀히 하는 것을 방지하는 것으로 도덕적 해이의 문제를 해결하는 것이다.

38 다음 조건들을 전제로 한계생산비가 0이라고 가정하면 양장본 한 종류의 책을 만들 때와 비교해 어떤 결과를 기대할 수 있는가?

> • 어떤 경제학 교과서에 대한 독자층이 두 개의 그룹으로 분류된다.
> - 1만 명에 달하는 경제학 전공자와 수험생은 3만 원의 높은 가격에도 불구하고 고급 양장본을 구입할 용의가 있다.
> - 40만 명의 일반 독자는 책의 장정에 관계없이 책값이 5,000원이라면 살 용의가 있다.
> • 출판사는 이 두 독자층을 상대로 양장본(hard cover)과 종이책(soft cover)을 만들어 각 3만 원과 5,000원으로 판매하는 차별화 전략을 채택하였다.

① 생산자 잉여와 사회후생이 감소한다.
② 생산자 잉여와 사회후생이 증가한다.
③ 생산자 잉여는 증가하지만 소비자 잉여는 그대로다.
④ 국내 시장에서의 가격차별은 생산자 잉여에 영향을 주지 않는다.
⑤ 책을 한 권 더 만들 때마다 5,000원의 손해를 본다.

✔해설 ② 한계 생산비가 0이므로 출판사는 책을 한 권 더 만들 때마다 5,000원의 이익을 본다. 따라서 생산자 잉여와 사회후생이 증가한다.

※ 소비자·생산자 잉여 및 사회후생
　ⓐ 소비자 잉여 : 소비자가 상품구입을 위해 지불하는 비용보다 그가 상품을 소비함으로써 얻는 효용이 클 때 그 차이를 말한다.
　ⓑ 생산자 잉여 : 공급을 위해 받지 않으면 안 되는 최소한의 수입과 실제로 받게 되는 총수입과의 차액을 말한다.
　ⓒ 사회후생 : 경제활동으로 사회가 얻는 복지의 증진을 나타내는 개념으로 소비자 잉여와 생산자 잉여의 합을 말한다.

Answer 38.②

39 다음은 전세계약 만료를 앞둔 부부의 대화이다. 다음 중 남편이 모르고 있는 경제학의 개념은?

> 남편 : 우리 전세계약이 다음 달에 끝나는데 이사를 안 할 수는 없나?
> 아내 : 마침 역전세난이라고 전세 보증금이 내린 모양이야, 보증금 변동 없이 계약을 연장하자고 해볼까?
> 남편 : 우리가 모아놓은 돈이 있는데 차라리 전세 보증금을 올려주면 어때? 어차피 돌려받을 거 아니야?
> 아내 : ???

① 희소성
② 한계효용
③ 규모의 경제
④ 기회비용
⑤ 한계비용

✔**해설** 기회비용 … 무엇을 얻기 위해 포기한 그 무엇을 말한다. 즉, 하나의 재화를 생산하기 위하여 다른 재화를 포기한다고 볼 수 있다. 여기서 남편이 아내에게 모아놓은 전세보증금을 올려주자고 했는데 이는 이 돈을 다른 곳에 투자해서 얻을 수 있는 수익의 기회를 포기한다고 볼 수 있다.

40 가격이 상승할 때 수요가 감소할 가능성이 가장 큰 재화는?

① 다른 재화로 대체하기 쉽고, 소득이 감소할 때 수요가 증가하는 재화
② 다른 재화로 대체하기 쉽고, 소득이 감소할 때 수요가 감소하는 재화
③ 다른 재화로 대체하기 어렵고, 소득이 감소할 때 수요가 증가하는 재화
④ 다른 재화로 대체하기 어렵고, 소득이 감소할 때 수요가 감소하는 재화
⑤ 다른 재화로 대체하기 어렵고, 소득이 감소할 때 수요가 불변하는 재화

✔**해설** ② 가격이 상승하면 실질소득이 감소하므로 다른 재화로 대체하기 쉬울수록, 소득이 감소할 때 수요가 감소하는 재화일수록 수요가 큰 폭으로 감소한다.

Answer 39.④ 40.②

41 다음 중 빈칸에 공통적으로 들어갈 개념으로 적절한 것은?

> 국민소득 중 지출측면의 특성을 강조한 것으로 종래의 GNP에 해당한다. 생산과 소득의 구분 필요성에 따라 우리나라도 1995년부터 소득지표로 GNP 대신 _____을/를 사용하고 있다. _____은/는 한 나라의 국민이 생산 활동에 참여하여 벌어들인 총소득의 합계로서 기존의 GDP에 대외 교역조건의 변화를 반영한 소득지표라 할 수 있다.

① GDI
② GNI
③ GNP
④ GDP
⑤ GMP

✔해설 ① 한 나라의 거주민이 국내외 생산요소들을 결합하여 생산 활동을 수행한 결과 발생한 소득을 의미하며 생산 활동을 통하여 획득한 소득의 실질구매력을 나타내는 지표이다.
③ 한 나라 국민이 국내 또는 해외에서 1년 동안 새로이 생산한 재화와 서비스의 시장 가치를 합산한 것을 의미한다.
④ 국민 소득을 나타내는 가장 일반적인 지표로서 한 나라 안에서 그 나라의 국민과 외국인이 1년 동안 새로이 생산한 재화와 서비스의 시장 가치를 합산한 것을 의미한다.

42 다음에서 설명하고 있는 개념은 무엇인가?

> 저축의 증가는 총수요를 감소시키고 총수요의 감소는 국민소득을 감소시켜 경제의 총저축은 오히려 감소한다는 것을 말한다. 이 개념은 저축이 증가하더라도 투자기회가 부족하여 저축이 투자로 연결되지 않는 나라에서 성립한다.

① 수요의 역설
② 소비의 역설
③ 절약의 역설
④ 공급의 역설
⑤ 금리의 역설

✔해설 절약의 역설 … 저축을 늘리는 것이 개인의 입장에서는 부를 축적하고 미래 소득을 증가시키나, 사회 전체적으로는 증가한 저축만큼 소비가 줄고 기업의 매출이 감소하면서, 이것이 개인의 소득 감소로 이어져 사회 전체 저축 수준은 이전과 같거나 낮아지는 경제현상

Answer 41.② 42.③

43 다음 빈칸에 들어갈 개념으로 적절한 것은?

> ＿＿＿＿은/는 중앙은행이 물가상승률 목표를 명시적으로 제시하고 정책금리 조정 등을 통해 이를 직접 달성하려고 하는 통화정책 운영방식이다. 이 방식은 경제의 지속적 성장을 위해서는 임금, 가격 등의 결정에 큰 영향을 미치는 장래 예상물가의 안정이 무엇보다 중요하다는 인식을 바탕으로 중앙은행이 물가목표를 사전에 제시하고 달성해 나감으로써 일반 국민들의 기대인플레이션이 동 목표 수준으로 수렴하도록 하는 데 주안점을 두고 있다.

① 공개시장조작정책　　　　　　　　② 재할인율정책
③ 지급준비율정책　　　　　　　　　④ 대출한도제
⑤ 물가안정목표제

> **해설** ① 공개시장에서 국공채를 매입·매각함으로써 통화량과 이자율을 조정하는 것을 말한다.
> ② 예금은행이 중앙은행으로부터 차입할 때 적용받는 이자율인 재할인율을 조정함으로써 통화량과 이자율을 조절하는 정책이다.
> ③ 법정지급준비율을 변화시킴으로써 통화승수의 변화를 통하여 통화량과 이자율을 조절하는 정책이다.
> ④ 직접적으로 중앙은행과 예금은행의 대출한도를 제한하거나 자산을 규제함으로써 금융기관의 대출한도를 제한하는 것이다.

44 다음 빈칸에 들어갈 개념으로 적절한 것은?

$$실업률 = \frac{실업자\ 수}{경제활동인구} \times 100 = \frac{실업자\ 수}{(\quad) + 실업자\ 수} \times 100$$

① 고령자 수　　　　　　　　　　　② 취업자 수
③ 취업준비자 수　　　　　　　　　④ 노동가능인구
⑤ 비경제활동인구

> **해설** $실업률 = \dfrac{실업자\ 수}{경제활동인구} \times 100 = \dfrac{실업자\ 수}{취업자\ 수 + 실업자\ 수} \times 100$

45 다음 중 비경제활동인구에 속하지 않는 사람은?

① 15세 이상 인구 중에서 주부

② 15세 이상 인구 중에서 일할 능력이 없는 환자

③ 15세 이상 인구 중에서 구직활동에 참여한 실업자

④ 15세 이상 인구 중에서 교도소 수감자

⑤ 15세 이상 인구 중에서 군복무자

> ✔ 해설 경제활동인구와 비경제활동인구
> ㉠ 경제활동인구 : 15세 이상 인구 중에서 취업자와 구직활동에 참여한 실업자
> ㉡ 비경제활동인구 : 15세 이상의 인구 중에서 취업할 의사가 없는 사람들
> • 일할 능력이 없는 환자, 고령자
> • 주부 · 학생
> • 군복무자, 교도소 수감자 등

46 다음에서 설명하고 있는 제도는 무엇인가?

> 근로자에 대하여 임금의 최저수준을 보장하여 근로자의 생활안정과 노동력의 질적 향상을 꾀함으로써 국민경제의 건전한 발전에 이바지하게 함을 목적으로 한다. 우리나라에서는 1953년에 '근로기준법'을 제정하면서 이 제도의 실시 근거를 두었으나, 실질적으로는 1986년에 관련법을 제정 · 공포하고 1988년부터 실시하게 되었다. 2000년 11월 24일부터 근로자를 사용하는 모든 사업 또는 사업장에 적용되고 있다.

① 주식거래제도

② 매매거래제도

③ 기업공시제도

④ 노동조합제도

⑤ 최저임금제도

> ✔ 해설 최저임금제는 시장의 균형임금수준보다 높은 수준으로 임금이 정해진 것으로 노동시장의 초과공급을 야기시키고 기업의 노동수요를 감소시킨다.

47 다음 빈칸에 공통적으로 들어갈 개념으로 적절한 것은?

> 물가가 지속적으로 상승하는 경제현상으로 총수요의 증가와 생산비 상승이 주요 원인이다. _____ 로/으로 명목임금은 올라도 실질임금은 낮아져 임금소득자에게는 불리한 소득의 재분배가 이루어지며, 채무자에게는 유리하고 채권자에게는 불리한 부의 재분배 현상도 발생한다. _____은/는 이렇게 생산과정을 통하지 않고 사회구성원 사이에 소득과 부를 재분배하고, 경제적 효율성을 낮춰 경제성장에 악영향을 미친다.

① 인플레이션
② 디플레이션
③ 본원통화
④ 통화창조
⑤ 통화승수

> ✔**해설** 빈칸에 들어갈 개념은 인플레이션이다.
> ※ 인플레이션의 발생원인
> ㉠ 통화량의 과다증가로 화폐가치가 하락한다.
> ㉡ (과소비 등으로) 생산물수요가 늘어나서 수요초과가 발생한다.
> ㉢ 임금, 이자율 등 요소가격과 에너지 비용 등의 상승으로 생산비용이 오른다.

48 구매력평가설에서는 환율의 변동요인을 무엇으로 보는가?

① 국제수지
② 금리
③ 인플레이션
④ 중앙은행의 시장개입
⑤ 경제성장률

> ✔**해설** ③ 구매력평가설의 주장은 우리나라의 물가가 다른 나라에 비하여 상대적으로 올라갈 경우에는 우리나라의 돈의 가치가 떨어질 것으로 예상하여 우리나라 돈보다는 외국돈을 더 선호하게 되어 환율이 상승하게 된다는 것으로 환율과 인플레이션의 관계를 설명하고 있다.

Answer 47.① 48.③

49 다음에서 설명하고 있는 개념은 무엇인가?

> 만 15세 이상 인구 중 조사대상 주간 동안 상품이나 서비스를 생산하기 위하여 실제로 수입이 있는 일을 한 취업자와 구직활동을 하였으나 일자리를 구하지 못한 실업자를 말한다.

① 취업자 수
② 실업자 수
③ 경제활동인구
④ 비경제활동인구
⑤ 생산가능인구

✔ **해설** 경제활동인구
  ㉠ 만 15세 이상인 사람들 가운데 일할 능력이 있어 취업한 자와 취업할 의사가 있으면서 취업이 가능한 인구를 뜻한다.
  ㉡ 취업자는 조사대상 주간 중 수입을 목적으로 1시간 이상 일한 임금근로자와 무급가족종사자, 일시휴직자 등의 비임금근로자로 나눌 수 있다. 임금근로자에는 일용근로자(고용계약기간 1개월 미만), 임시근로자(1개월 이상~1년 미만), 상용근로자(1년 이상 또는 정규직)가 있다. 그러나 취업 능력과 취업할 의사가 있어도 현실적으로 취업이 불가능한 현역군인·사회복무요원·의무경찰·기결수 등은 제외된다.
  ㉢ 실업자는 조사대상 주간 중에 수입 있는 일에 전혀 종사하지 못한 자로서 적극적으로 구직활동을 하고 즉시 취업이 가능한 자를 말한다.

50 다음에서 설명하고 있는 개념은 무엇인가?

> 한 나라의 경제가 보유하고 있는 전체 유동성의 크기를 측정하는 지표를 말한다. 금융기관유동성에 정부 및 기업 등이 발행한 유동성 시장금융상품(증권회사 RP, 여신전문기관의 채권, 예금보험공사채, 자산관리공사채, 자산유동화전문회사의 자산유동화증권, 국채, 지방채, 기업어음, 회사채 등)을 더한 개념이다. 나라 경제 유동성 측정 지표가 M1<M2<Lf<L의 구조를 이룬다고 보면 된다.

① 협의통화
② 광의통화
③ 실질화폐잔고
④ 통화수요함수
⑤ 광의유동성

① 현금통화(민간보유현금)＋요구불예금＋수시입출금식 저축성예금
② 협의통화＋기간물 정기 예·적금＋실적배당형 상품＋기타(투신사 증권저축, 종금사 발행어음) [단, 장기(만기 2년 이상)금융상품 제외]
③ 실제로 구입할 수 있는 재화 및 용역의 양으로 나타낸 통화량
④ 일반인이 소유하고 싶어 하는 실질 화폐 잔고의 양을 결정하는 요소를 나타내는 방정식

51 민간의 순자산가치의 변화로 인하여 가계의 소비 및 투자가 변화하게 되고 그 결과 실물부문에 영향을 미치게 되는 통화정책의 파급경로는?

① 환율경로

② 통화경로

③ 금리경로

④ 신용경로

⑤ 자산경로

✔해설 파급경로의 종류
ⓐ 통화경로 : 통화정책의 효과가 실물경제에 파급되는 과정에서 통화량 자체의 변화가 실물경제에 영향을 미치는 경로이다.
ⓑ 금리경로 : 단기금리의 조작으로 장기금리에 영향을 미침으로써 실물경제에 영향을 미치고자 하는 정책이다.
ⓒ 신용경로 : 은행대출규모의 조절이 은행대출에 의존하는 민간기업의 생산활동 및 투자계획에 영향을 줌으로써 실물경제에 영향을 준다는 신용중시견해를 토대로 한 파급경로이다.
ⓓ 대차대조표경로 : 긴축정책의 경우 시장이자율이 높아지면 기업의 현금흐름이 악화되고 채무불이행위험이 증가하여 신용공급이 줄어드는 것을 의미한다.
ⓔ 환율경로 : 통화정책이 환율의 변화를 통하여 실물경제에 영향을 미치는 경로이다.

52 다음 중 주요 거시경제지표와 개념이 바르게 설명된 것은?

① 실질GDP – 당해 연도의 생산물수량에 당해 연도의 시장가격을 곱해서 얻은 GDP

② 국민총소득 – 한 나라의 국민이 국내에 제공한 생산요소에 의해 발생한 소득의 합계

③ 고용률 – 경제활동가능인구수를 취업자 수로 나누어 산출

④ 생산자물가지수 – 생산자의 국내시장 출하단계에서 재화 및 서비스의 평균적인 가격변동을 측정

⑤ 경제활동참가율 – 19세 이상 인구에서 경제활동인구가 차지하는 비율

> ✔ 해설　① 실질GDP : 당해 연도의 생산물수량에 기준연도의 가격을 곱해서 얻은 GDP
> ② 국민총소득 : 한 나라의 국민이 국내외에 제공한 생산요소에 의해 발생한 소득의 합계
> ③ 고용률 : 취업자 수를 경제활동인구수로 나누어 산출
> ⑤ 경제활동참가율 : 15세 이상 인구에서 경제활동인구가 차지하는 비율

53 다음 중 총공급곡선이 왼쪽으로 이동하면서 발생하는 현상의 원인으로 적절하지 않은 것은?

① 큰 폭의 임금 인상

② 정부의 확대재정정책

③ 원유가격 상승

④ 천연고무가격 상승

⑤ 대규모 지진

> ✔ 해설　② 총공급곡선이 왼쪽으로 이동하면 비용인상 인플레이션이 발생하게 된다. 하지만 정부의 확대재정정책은 총수요곡선을 오른쪽으로 이동시키면서 수요견인 인플레이션이 발생하게 된다.

54 다음과 같은 $IS-LM$ 모형에서 균형국민소득의 크기는? (단, Y는 국민소득, Y_d는 가처분소득, C는 소비지출, G는 정부지출, T는 세금, R은 이자율, I는 투자지출, M_d는 화폐수요, M_s는 화폐공급이다)

> - $C = 125 + 0.5\,Y_d$
> - $Y_d = Y - T$
> - $T = 0.2\,Y$
> - $I = 100 - 100R$
> - $G = 40$ • $M_d = 50 + 0.5\,Y - 200R$
> - $M_s = 200$

① 300

② 400

③ 500

④ 600

⑤ 700

✔️**해설** 균형국민소득은 생산물시장의 균형에서 도출되는 IS곡선과 화폐시장의 균형에서 도출되는 LM곡선의 교점을 구함으로 산출할 수 있다. 다음은 IS곡선과 LM곡선의 계산식이다.

　㉠ IS곡선 : $Y = C + I + G$이므로

$$Y = 125 + 0.5(Y - 0.2\,Y) + 100 - 100R + 40$$
$$= 0.4\,Y - 100R + 265$$
$$0.6\,Y = -100R + 265$$

　㉡ LM곡선 : $M_d = M_s$이므로

$$50 + 0.5\,Y - 200R = 200$$
$$0.5\,Y = 200R + 150$$

　㉢ 두 곡선의 교점 : $2 \times 0.6\,Y + 0.5\,Y = -200R + 530 + 200R + 150$

$$1.7\,Y = 680$$
$$\therefore \ Y = 400$$

55 항상소득가설은 미래소득에 대한 예측을 기반으로 현재의 소비형태를 결정한다는 이론이다. 다음 설명 중 옳지 않은 것은?

① 항상소득가설이 타당성을 갖는다면 케인즈의 절대소득가설의 경우에 비해 정부의 조세정책이 지출정책의 효과가 작아진다.

② 항상소득을 결정하는 중요요인 중의 하나는 미래에 대한 예측이므로 주식가격의 변화, 수출 또는 소득의 변화가 사람들의 예측에 중요한 영향을 줄 경우 심각한 경기변동을 야기시킬 수도 있다.

③ 1980년대 후반 소비의 급작스런 증가는 노사분규로 인한 임금상승이 노조의 강화에 의해 뒷받침되는 항상소득의 증가로 인식되었기 때문이기도 하다.

④ 미래지향적인 소비이론에 따르면 지속적인 명목통화량의 증가는 자산의 항구적 증가로 인식되어 소비증가효과가 크게 나타난다.

⑤ 정부 지출 증대로 총수요를 증가시켜 경기부양을 한다는 총수요관리 정책의 목적을 달성할 수 없음을 의미한다.

✔ 해설 지속적인 소득변화는 소비를 크게 변화시키지만 일시적인 소득변화는 소비에 별 영향을 주지 않는다는 주장을 항상소득가설이라고 부른다. 이 가설은 국민소득의 변화와 국민저축의 변화에 대해 중요한 시사점을 준다. 그리고 항상소득가설에 따르면 임시소득이 증가하더라도 소비는 크게 변화하지 않는다. 따라서 임시소득의 평균소비성향은 항상소득에 대한 소비성향보다 낮다. 그리고 미래지향적인 소비함수이론인 항상소득가설이나 라이프사이클가설에 따르면 명목통화량이 증가하더라도 실질자산의 크기는 불변이므로 소비는 거의 증가하지 않는다.

Answer 55.④

56 상품대금의 지급과 소득의 수령 사이의 시간차 때문에 화폐를 보유하게 된다고 볼 때 다음 중 개인의 의도된 현금잔고규모와 관계있는 요인을 모두 열거한 것은?

⊙ 소득수령 빈번도
ⓒ 개인소득규모
ⓒ 금리
ⓔ 거래와 관련된 제도적 요인

① ⊙, ⓒ
② ⓒ, ⓔ
③ ⊙, ⓒ, ⓔ
④ ⓒ, ⓒ, ⓔ
⑤ ⊙, ⓒ, ⓒ, ⓔ

✔해설 거래적 수요(transaction demand) … 재화와 용역의 거래를 위해서 화폐를 보유하는 것을 뜻하는데, 이는 화폐가 교환의 매개물이 된다는 것을 강조한 것이다. 케인즈는 거래적 동기에 의한 화폐수요는 예상지출액에 비례해서 정해진다고 보았다. 그리고 케인즈는 예상지출액을 명목국민소득과 같다고 보아 거래적 동기의 화폐수요는 이자율 변화에 영향을 받지 않는 것으로 보았다. 따라서 소득을 획득하는 시점과 지출시점의 시간적 차이 때문에 화폐를 보유하는 것은 거래적 동기의 화폐수요에 해당한다. 이 거래적 동기의 화폐수요는 소득이 증가하면 화폐수요가 증가하고 이자율이 상승하면 화폐수요는 감소한다. 그리고 거래비용이 증가하면 화폐수요가 증가하는데 거래비용의 크기는 거래와 관련된 제도적인 요인에 의하여 결정된다.

57 농부가 밀을 생산하여 500원을 받고 제분업자에게 판매하였고, 제분업자는 구입한 밀을 제분한 뒤 850원을 받고 제빵업자에게 밀가루를 판매하였으며, 제빵업자는 구입한 밀가루로 빵을 만들어 소비자에게 1,000원에 판매하였다. 이 과정에서의 요소소득을 계산해본 결과 전체요소소득이 650원이었다. 그러면 이 과정에서 증가된 부가가치의 합은 얼마이겠는가?

① 350원
② 400원
③ 500원
④ 650원
⑤ 700원

✔해설 부가가치(value added) … 어떤 생산자가 생산과정에서 새로 부가한 가치를 말하며, 생산액에서 원재료에 소요된 금액과 기계설비의 감가상각을 공제한 액수이다. 부가가치의 계산식은 다음과 같다.
부가가치 = 총산출 − 중간소비 − 감가상각 = 임금 + 지대 + 이자 + 이윤 = 요소소득의 합

Answer 56.⑤ 57.④

58 어떤 사람이 자신의 거주자외화예금에서 1,000만 원을 원화로 인출하여 500만 원은 현금으로 보유하고 나머지 500만 원은 정기예금으로 은행에 예금한다고 하자. 이 경우에 협의통화(M1)와 광의통화(M2)의 변화는?

① 협의통화는 500만 원 증가하고 광의통화는 변화가 없다.

② 협의통화는 500만 원 증가하고 광의통화도 500만 원 증가한다.

③ 협의통화와 광의통화 모두 변화가 없다.

④ 협의통화는 변화가 없고 광의통화는 500만 원 증가한다.

⑤ 협의통화는 변화가 없고 광의통화는 1,000만 원 증가한다.

> ✔ 해설 **통화량 지표**
> ㉠ 협의통화(M1) : 현금통화(민간보유현금) + 요구불예금 + 수시입출금식 저축성예금
> ㉡ 광의통화(M2) : M1 + 기간물 정기 예·적금 + 실적배당형 상품 + 기타(투신사 증권 저축, 종금사 발행어음)
> ㉢ 금융기관 유동성(Lf) : M2 + 만기 2년 이상 정기 예·적금 및 금융채+증권금융 예수금+생명보험회사 보험계약준비금 등

59 T나라의 채권시장에서는 중앙정부의 국채와 지방정부의 지방채만 거래된다고 하자. 채권보유에 따른 수익에 대해 세금이 부과된다. 새로 들어선 정부는 국채 보유에 따른 수익에 이전과 같은 세금을 부과하는 반면, 지방채 보유에 따른 수익에는 세금을 면제할 계획이다. 이때 두 채권의 이자율은 어떻게 변화할 것인가?

① 지방채 이자율은 상승하나 국채 이자율은 변화가 없을 것이다.

② 지방채 이자율은 하락하나 국채 이자율은 변화가 없을 것이다.

③ 국채 이자율은 상승하고 지방채 이자율은 하락할 것이다.

④ 국채 이자율은 하락하고 지방채 이자율은 상승할 것이다.

⑤ 지방채 이자율과 국채 이자율은 모두 변화가 없을 것이다.

> ✔ 해설 ③ 국채에는 세금이 부과되고 지방채에는 세금이 면제되므로 지방채에 대한 수요는 증가하고 국채에 대한 수요는 감소하게 될 것이다. 그러므로 지방채의 가격은 상승하고 국채의 가격은 하락할 것이다. 이자율은 가격과 역의 관계에 있으므로 지방채 이자율은 하락하고 국채 이자율은 상승할 것이다.

Answer 58.① 59.③

254 ›› PART 04. 경제상식

60 다음 중 '72의 법칙'을 생활경제 속에 가장 잘 활용한 사람은?

① 지금 가진 돈을 장기예금에 넣으면 복리가 될 테고, 그 돈이 두 배가 될 때 원금을 빼면 좋을 텐데……. 만약 그렇다면 복리로 계산할 때 언제 두 배 수익이 되는 걸까?

② 올해 내 나이가 벌써 43세이니 10년 전과 비교해서 주식투자의 비중은 얼마의 차이가 나는 걸까?

③ 갑자기 한 번에 저축을 너무 늘리려 하면 힘들 테니 수입의 5% 정도만 우선 저축하면서 지금부터라도 조금씩 저축을 시작해야겠어.

④ 주식이 폭락해서 −50%의 수익률을 얻었는데 이를 회복하려면 얼마의 수익률을 내야하는 걸까?

⑤ 연봉도 올랐는데 총 소득이 올랐을 테니 동년배와 비교해서 내가 부자가 될 가능성은 얼마나 될까?

> ✔**해설** 72 법칙(The Rule of 72) … 일반적으로 복리의 마술을 잘 설명해주는 법칙으로 복리수익률로 원금의 두 배를 벌 수 있는 기간을 쉽게 계산할 수 있다. 원금이 두 배가 되는 시간은 이자율을 72로 나누면 알 수 있는데 예를 들면 연 9%의 복리상품에 가입하였을 때 72 ÷ 9 = 8 즉, 원금의 두 배가 되는데 8년이 걸림을 쉽게 계산할 수 있다. 한편 72 법칙은 다양하게 응용할 수 있으며 투자기간이 정해져 있는 경우 원금이 두 배가 되기 위해 얻어야 하는 수익은 72를 투자기간으로 나누어서 쉽게 구할 수 있다.

61 국내 기업 소유의 이탈리아 공장에서 생산된 구두가 국내로 수입되어 철수가 샀을 때 나타나는 변화는?

	한국소비지출	한국순수출	한국GDP	이탈리아GDP
①	불변	불변	불변	증가
②	증가	감소	증가	불변
③	증가	감소	증가	감소
④	증가	감소	불변	증가
⑤	불변	증가	증가	증가

> ✔**해설** 철수가 수입된 구두를 샀으므로 한국의 소비지출은 증가하지만 순수출이 감소하게 된다. 이탈리아에서 생산된 구두이므로 이탈리아 GDP가 증가하는 반면에 한국의 GDP는 변화가 없다.

Answer 60.① 61.④

62 다음은 공개시장조작의 순효과를 나타내고 있다. 이의 결과로 맞는 항목을 열거한 것은?

중앙은행의 대차대조표	
자산	부채
국채 + 100	지급준비금 + 100

㉠ 명목이자율은 하락한다.
㉡ 채권가격은 하락한다.
㉢ 통화공급이 증가한다.
㉣ 중앙은행이 국채를 매입하였다.

① ㉠, ㉡
② ㉠, ㉡, ㉢
③ ㉠, ㉢, ㉣
④ ㉡, ㉢, ㉣
⑤ ㉠, ㉡, ㉢, ㉣

✔해설 중앙은행의 대차대조표는 중앙은행이 국채를 매입하고 예금은행들의 지준예치금을 증가시켰을 때 나타나는 것이다. 중앙은행이 국채를 매입하면 통화량이 증가하여 이자율이 하락해 채권가격은 상승한다.

Answer 62.③

63 다음 중 채권수요곡선을 우측으로 이동시키는 요인을 모두 고르면?

> ㉠ 부(富)의 증가
> ㉡ 기대이자율 상승
> ㉢ 기대인플레이션 상승
> ㉣ 다른 금융자산에 대한 상대적인 위험증가
> ㉤ 다른 금융자산에 대한 상대적인 유동성증가

① ㉠, ㉡, ㉢
② ㉠, ㉡
③ ㉢, ㉣, ㉤
④ ㉠, ㉤
⑤ ㉡, ㉢, ㉤

> ✔해설 ④ 부(富)와 다른 금융자산에 대한 상대적인 유동성이 증가하면 수요곡선이 오른쪽으로 이동하는 반면, 기대이자율, 기대인플레이션율, 다른 금융자산에 대한 상대적인 위험이 증가하면 왼쪽으로 이동하게 된다.

64 재정정책의 효과에 대한 설명으로 바르지 않은 것은?

① 케인지언은 정부지출이 증가할 때 민간투자의 감소효과가 정부지출의 증대효과를 완전히 상쇄하지 못하는 불완전한 구축효과가 발생함으로써 총수요관리정책은 효과가 있다고 본다.
② 고전학파는 재정정책의 고용과 생산증대효과가 미미한 것으로 파악하고 있다.
③ 자동적 재정정책은 재정정책의 자동안정화장치에 의존하여 경제를 안정화시키고자 하는 재정정책을 말한다.
④ 구축효과는 정부지출의 재원조달 방법에 따라 다양한 경로를 통해 나타난다.
⑤ 조세의 증가 또는 국공채발행 모두 시중금리의 하락을 초래함으로써 투자지출을 활성화시킬 수 있다.

> ✔해설 ⑤ 조세증가 또는 국공채발행을 통한 정부지출의 증가는 민간 자금사정의 악화를 초래하여 시중금리를 상승시킴으로써 민간의 투자지출을 감소시킬 수 있다.

Answer 63.④ 64.⑤

65 다음은 자본시장과 단기금융시장의 경제적 기능에 관한 설명이다. 각 시장의 기능으로만 옳게 짝지어진 것은?

> ㉠ 위험성, 유동성, 자본손실이 적어 경제주체들의 금융자산 위험관리의 기회로 활용된다.
> ㉡ 중앙은행 통화정책 수행의 장이다.
> ㉢ 중앙은행의 통화정책이 실물경제에 영향을 미치도록 하는 매개적 기능을 한다.
> ㉣ 높은 수익률의 금융자산을 투자자에게 제공하여 자산운용상의 효율성을 높여준다.
> ㉤ 투자수익이 높은 기업 등에 가계 등의 여유자금을 장기투자재원으로 공급하여 국민경제의 자금잉여부문과 자금부족부문의 기조적인 자금의 수급불균형을 조절한다.
> ㉥ 경제주체의 유휴현금보유에 따른 기회비용 최소화를 통해 운용의 효율성 및 자금조달을 제고할 수 있도록 한다.
> ㉦ 주가, 회사채수익률 등 금융자산가격을 결정함으로써 기업의 내부경영과 투자경영에 영향을 준다.

	단기금융시장	자본시장
①	㉠, ㉡, ㉥	㉢, ㉣, ㉤, ㉦
②	㉠, ㉢, ㉣	㉡, ㉤, ㉥, ㉦
③	㉡, ㉤, ㉥, ㉦	㉠, ㉢, ㉣
④	㉢, ㉣, ㉥, ㉦	㉠, ㉡, ㉤
⑤	㉢, ㉣, ㉥	㉠, ㉢, ㉣, ㉦

✔**해설** 금융시장
> ㉠ 단기금융시장(화폐시장) : 단기자금의 수요자와 공급자 사이의 수급불균형을 조절하기 위해 통상 만기 1년 미만의 금융자산이 거래되는 시장으로 콜시장, CD시장, CP시장, RP시장 등이 있다.
> ㉡ 장기금융시장(자본시장) : 기업의 시설자금 또는 장기운전자금 조달을 위해 발행되는 채권 및 주식이 거래되는 시장으로 채권시장, 주식시장 등이 있다.

Answer 65.①

66 어느 나라의 명목 GDP가 작년 1,000억 원에서 올해 2,600억 원으로 증가하였고, GDP 디플레이터는 같은 기간 100에서 200으로 증가하였다. 그렇다면 해당기간 동안의 경제성장률은 얼마인가?

① 5%

② 10%

③ 15%

④ 20%

⑤ 30%

✔ 해설 ⑤ 실질 GDP의 증가율로 경제성장률을 나타낼 수 있으므로,

작년 실질 GDP는 $1,000/100 \times 100 = 1,000$이고 올해 실질 GDP는 $2,600/200 \times 100 = 1,300$이다.

따라서 $\dfrac{1,300-1,000}{1,000} \times 100 = 30\%$이다.

67 총공급곡선이 우상향하는 일반적인 형태이고, IS곡선과 LM곡선도 일반적인 형태라고 한다면 양적완화 축소로 통화공급이 감소할 때, 이자율과 소비는 어떤 모습을 보이겠는가?

① 이자율 : 하락, 소비 : 불변

② 이자율 : 상승, 소비 : 불변

③ 이자율 : 불변, 소비 : 감소

④ 이자율 : 하락, 소비 : 증가

⑤ 이자율 : 상승, 소비 : 감소

✔ 해설 ⑤ 통화공급이 감소하면 LM곡선이 왼쪽으로 이동하므로 이자율은 상승하고 국민소득은 감소한다. 소득의 감소는 소비의 감소로 이어진다.

Answer 66.⑤ 67.⑤

68 다음 상황을 바탕으로 내년에 정년퇴직을 앞둔 A씨의 투자전략으로 가장 적절한 것을 모두 고르면?

> 저금리·고령화라는 시대적 변화가 일어나고 있다. 과거 고금리 시대에는 은행 예금만으로 노후가
> 보장되었지만, 현재는 금리가 3% 정도에 불과한 데다 퇴직 후의 기간도 길어 재테크 없이는 노후를
> 보장받을 수 없다.

> ㉠ 자산의 유동성을 높인다.
> ㉡ 택지개발 소문이 있는 지역의 부동산을 매입한다.
> ㉢ 은행 예금의 비중을 높인다.
> ㉣ 위험이 적은 투자상품의 비율을 높인다.

① ㉠, ㉢
② ㉠, ㉣
③ ㉡, ㉢
④ ㉡, ㉣
⑤ ㉢, ㉣

✔해설 ㉡ 부동산 투자의 경우 장기투자가 일반적이므로 A에게 적합하지 않다.
㉢ 저금리 상황에서 은행 예금의 비중을 높이는 것은 노후 설계에 적절하지 않다.

69 대기업에 다니는 직장인은 5년 전보다 현재 2배 이상의 연봉을 더 받고 있다. 하지만 현재의 소비는 5년 전과 크게 달라진 것이 없다고 할 때, 이러한 사례를 설명할 수 있는 가설은 무엇인가?

① 예비적 저축가설
② 상대소득가설
③ 절대소득가설
④ 생애주기가설
⑤ 항상소득가설

✔해설 생애주기가설 … 소비자는 소비를 선택함에 있어서 현재소득 뿐만 아니라 자산과 미래소득도 함께 고려해야 하며, 변동이 큰 소득에 비해 소비는 별 변동 없이 완만하게 움직이려는 소비의 완만성을 지닌다.

70 다음은 K국의 실업률 및 물가상승률의 변화를 기간별로 나타낸 것이다. 각 기간별 실업률과 물가상승률의 변화를 설명할 수 있는 요인으로 옳지 않은 것은?

기간	실업률	물가상승률
1964→1969	5.0→3.4	1.3→5.5
1973→1975	4.8→8.3	6.2→9.1
1978→1980	6.0→7.0	7.6→13.5
1995→1999	5.6→4.2	2.8→2.2
2001→2004	4.0→5.5	3.4→2.7

① 1964년에서 1969년 동안 정부 지출 및 통화량이 증가하였다.

② 1973년에서 1975년 동안 유가가 상승하고 농산물 생산이 감소하였다.

③ 1978년에서 1980년 동안 자본시장 개방으로 해외 자본이 대량 유입되었다.

④ 1995년에서 1999년 동안 새로운 기술의 도입으로 생산성이 향상되었다.

⑤ 2001년에서 2004년 동안 금융기관의 부실로 신용경색이 발생하였다.

✔해설 총수요가 감소하면 실업률은 상승하는 반면 물가상승률은 하락하게 된다. 한편 총공급이 감소하면 실업률과 물가상승률이 함께 상승한다. 해외자본유입은 통화량 증가를 초래하여 총수요를 증가시키게 되며 새로운 기술의 도입으로 생산성이 향상되면 총공급이 증가하게 된다. 신용경색이 발생하면 총수요가 감소할 것이다.

71 다음에서 설명하고 있는 개념으로 옳은 것은?

이 개념은 외국의 생산자 또는 수출자가 정상가격 이하로 부당하게 가격을 저렴하게 판매하는 덤핑으로부터 국내산업을 보호하기 위하여 부과하는 관세를 말한다.
외국의 물품이 정상가격 이하로(즉 덤핑) 수입되어 국내산업이 실질적인 피해를 받거나 받을 우려가 있는 경우 혹은 국내산업의 발전이 실질적으로 지연된 경우 등 실질적 피해로 조사를 통하여 확인되고 당해 국내 산업을 보호할 필요가 있다고 인정되는 때에는 그 물품과 공급자 또는 공급국을 지정하여 당해 물품에 대하여 정상가격과 덤핑가격과의 차액에 상당하는 금액 이하의 관세를 추가하여 부과할 수 있다.

① 상계관세
② 덤핑방지관세
③ 보복관세
④ 긴급관세
⑤ 할당관세

✔해설 ① 수출국이 수출품에 장려금이나 보조금을 지급하는 경우 수입국이 이에 의한 경쟁력을 상쇄시키기 위하여 부과하는 누진관세
③ 자국 상품에 대해 불리한 대우를 하는 나라의 상품에 대한 보복의 성격을 띤 관세
④ 중요 국내산업의 긴급한 보호, 특정물품 수입의 긴급한 억제 등의 필요가 있을 때 특정물품의 관세율을 높여서 부과하는 관세
⑤ 수입물품의 일정 할당량을 기준으로 부과하는 관세

72 다음 중 구매력평가설에 관한 설명으로 옳지 않은 것은?

① 구매력평가설(Purchasing Power Parity theory)은 환율이 양국 통화의 구매력에 의하여 결정된다는 이론이다.

② 구매력평가설은 균형환율수준 혹은 변화율은 각국의 물가수준을 반영하여야 한다는 이론이다.

③ 절대적 구매력평가설은 일물일가의 법칙(law of one price)을 국제시장에 적용한 이론이다.

④ 무역거래에 있어서 관세부과나 운송비로 인해 구매력평가설의 기본가정인 일물일가의 법칙이 현실적으로 성립하기 쉽다.

⑤ 구매력평가설은 무역이 자유롭고 운송비용이 저렴하다는 점을 가정한다.

> ✔ **해설** 구매력평가설
> ㉠ 구매력평가설(Purchasing Power Parity theory)은 환율이 양국 통화의 구매력에 의하여 결정된다는 이론이다.
> ㉡ 균형환율수준 혹은 변화율은 각국의 물가수준을 반영하여야 한다는 이론이다.
> ㉢ 절대적 구매력평가설은 일물일가의 법칙(law of one price)을 국제시장에 적용한 이론이다.
> ㉣ 무역거래에 있어서 관세부과나 운송비로 인해 구매력평가설의 기본가정인 일물일가의 법칙이 현실적으로 성립하기 힘들다. 또한 비교역재가 존재하므로 교역재 간의 교환비율인 환율을 비교역재까지 포함하는 구매력평가로써 설명하는 데는 한계가 있다.
> ㉤ 구매력평가설은 무역이 자유롭고 운송비용이 저렴하다는 점을 가정한다.

73 다음 중 아담 스미스의 절대우위론에 관한 설명으로 옳은 것은?

① 절대우위론은 한 나라가 모두 절대우위 혹은 절대열위에 있는 경우에 무역이 발생하는 현상은 설명하지 못하는 단점이 있다.

② 절대우위란 다른 생산자에 비해 같은 상품을 더 적은 기회비용으로 생산할 수 있는 능력을 말한다.

③ 절대우위는 곧 기회비용의 상대적 크기를 나타낸다.

④ 절대우위론은 노동만이 유일한 생산요소이고 노동은 균질적인 것으로 가정한다.

⑤ 절대우위론에서 무역은 절대생산비의 차이에서 발생한다고 본다.

> ✔ **해설** ② 비교우위란 다른 생산자에 비해 같은 상품을 더 적은 기회비용으로 생산할 수 있는 능력을 말한다.
> ③ 비교우위는 곧 기회비용의 상대적 크기를 나타낸다.
> ④ 비교우위론은 노동만이 유일한 생산요소이고 노동은 균질적인 것으로 가정한다.
> ⑤ 비교우위론에서 무역은 비교생산비의 차이에서 발생한다고 본다.

Answer 72.④ 73.①

74 다음에서 설명하고 있는 개념은 무엇인가?

> 가격이 계절에 따라 현저하게 차이가 있는 물품으로서 동종물품·유사물품 또는 대체물품의 수입으로 국내시장이 교란되거나 생산기반이 붕괴될 우려가 있는 때에는 계절구분에 따라 당해 물품의 국내외가격차에 상당하는 율의 범위 안에서 기본세율보다 높게 관세를 부과하거나 100분의 40의 범위 안의 율을 기본세율에서 감하여 관세를 부과할 수 있다.

① 계절관세   ② 편익관세

③ 상계관세   ④ 할당관세

⑤ 국제협력관세

✔**해설** 계절관세는 농산물 등과 같이 가격이 계절에 따라 현저하게 차이가 있는 물품으로서 동종물품, 유사물품 또는 대체물품의 수입으로 국내시장이 교란되거나 생산기반이 붕괴될 우려가 있을 때는 계절 구분에 따라 해당 물품의 국내외 가격차에 상당하는 비율의 범위에서 할증 또는 할인 부과하는 관세이다.

75 다음의 현상을 설명하는 용어로 맞는 것은?

> 선진국인 A나라는 커피 수입에 개당 200원의 관세를 부과하였다. A국에서의 커피 수요는 매우 탄력적이며, A국의 수입이 전 세계 수입에서 차지하는 비중이 매우 높아 커피 가격이 오히려 120원 하락하게 되었다. 결론적으로 관세 부과 후 커피는 개당 20원 하락하는 결과가 나타나게 되었다.

① 메츨러의 역설   ② 최적관세

③ 실효보호 관세율   ④ 반덤핑관세

⑤ 수량할당

✔**해설** ① 메츨러의 역설 : 관세를 부과하게 되면 국내가격이 상승하지만, 교역조건이 크게 개선된다면 오히려 관세 부과 후 재화 가격이 하락하게 되는 것을 말한다.
　　② 최적관세 : 관세 부과로 인한 교역조건 개선효과로 사회후생이 증대되는 관세율을 의미한다.
　　③ 실효보호 관세율 : 관세를 통해 보호받고 있는 사업의 보호 정도가 실질적으로 어느 정도인지를 나타내는 관세율이다.
　　⑤ 수량할당 : 특정상품 수입을 일정량만큼 금지시키는 제도이다.

Answer　74.① 75.①

76 국제무역이론 중 비교우위이론에 따라 각국이 가장 효율적으로 생산할 수 있는 제품 조합은 무엇인가?

생산비(P)		한국	중국
	X재	2	8
	Y재	4	5

① 한국, 중국 : X재

② 한국 : Y재 중국 : X재

③ 한국, 중국 : Y재

④ 한국 : X재 중국 : Y재

⑤ 한국, 중국 : 없음

✔**해설** 비교우위론이란 Ricardo에 의해 주장된 이론으로 각 국가간 상대적으로 생산비가 낮은 재화생산에 특화하여 무역할 경우 양국 모두 이익을 얻을 수 있다는 것이다.
상단의 표를 통해 각 국의 비교우위를 재화를 계산해보면
X재 생산비용 : 한국은 0.5(X재 생산비용/Y재 생산비용), 중국은 1.6으로 한국이 우위 선점
Y재 생산비용 : 한국은 2(Y재 생산비용/X재 생산비용), 중국은 0.625로 중국이 우위 선점

77 우리나라가 선진국에는 품질과 기술경쟁에서 밀리고 개발 도상국에는 가격경쟁에서 밀리고 있다고 한다. 다음 중 이를 설명할 수 있는 용어로 적절한 것은?

① 넛크래커

② 넉 아웃크래커

③ 병목현상

④ 틈새이론

⑤ 레온티에프의 역설

✔**해설** ① 호두를 양쪽으로 눌러 까는 도구를 말하는 용어로서 외환위기 이후에 우리나라 수출산업이 처한 상황을 설명하는데 주로 사용된 용어이다.

Answer 76.④ 77.①

78 한국에서는 쌀 1톤을 생산하기 위해서는 노동 5단위가 필요하고 자동차 1대를 생산하기 위해서는 노동 10단위가 필요하다. 일본에서는 쌀 1톤을 생산하기 위해서는 노동 10단위가 필요하고, 자동차 1대를 생산하기 위해서는 노동 15단위가 필요하다. 다음 중 옳은 것은?

① 한국은 쌀 생산 및 자동차 생산에 비교우위를 갖는다.
② 일본은 쌀 생산 및 자동차 생산에 비교우위를 갖는다.
③ 일본은 한국에 쌀 생산에 비교우위를 갖는다.
④ 한국은 일본에 자동차 생산에 비교우위를 갖는다.
⑤ 일본에서 자동차 1대를 생산하는데 발생하는 기회비용은 노동 15단위이다.

✔ **해설** 주어진 조건을 정리해 표로 만들어보면 다음과 같다.

구분	쌀	자동차
한국	5	10
일본	10	15

한국은 쌀과 자동차 모두 절대적으로 적은 노동투입으로 생산할 수 있으므로 한국은 두 재화생산에 있어서 모두 절대우위를 가지고 있다. 반면 일본은 두 재화생산에서 모두 절대열위를 갖는다. 두 재화를 생산할 때 한국에서의 비교생산비를 구해보면 다음과 같다.

㉠ 쌀생산 = $\dfrac{\text{한국에서 생산할 때 필요노동량}}{\text{일본에서 생산할 때 필요노동량}} = \dfrac{5}{10} = 50\%$

㉡ 자동차생산 = $\dfrac{\text{한국에서 생산할 때 필요노동량}}{\text{일본에서 생산할 때 필요노동량}} = \dfrac{10}{15} = 66.7\%$

따라서 한국은 두 재화를 모두 일본보다 절대적으로 싼 비용으로 생산할 수 있으나, 그 중에서도 쌀을 더 싼 비용으로 생산할 수 있으므로 쌀 생산에 비교우위를 갖는 반면, 일본은 자동차생산에 비교우위를 갖는다.

79 원 – 달러 환율이 1,000원에서 1,500원으로 올랐다. 어떤 상황이 예상되는가?

① 소비자 물가 하락　　　　　　　　② 외채부담 감소

③ 수입물가 상승　　　　　　　　　　④ 국제수지 악화

⑤ 수출감소

> ✔해설　환율이란 양국 통화간의 교환비율을 말하는 것으로 특정 국가와 비교한 자국 화폐의 가치를 나타낸다고
> 볼 수 있다. 원 – 달러 환율의 예측방향을 알면 주가 방향을 파악하는데 매우 유용하며 기본적으로 환
> 율은 외국 화폐의 수요와 공급에 의하여 결정된다.
> ※ 평가절상과 평가절하
> 　㉠ 평가절상(환율하락)
> 　• 수입증가(수출감소)
> 　• 국내경기 침체가능성
> 　• 외채부담 감소
> 　• 국제수지 악화
> 　㉡ 평가절하(환율상승)
> 　• 수출증가(수입감소)
> 　• 인플레이션 발생가능성
> 　• 외채부담 증가
> 　• 국제수지 개선

80 부메랑 효과에 대한 사례로 바른 것은?

① 한정판 휴대폰을 사기 위해 치열한 경쟁이 벌어졌다.

② 인터넷 쇼핑몰의 연관 상품 보기가 매출 상승에 도움을 주었다.

③ 월요일의 주가 상승률은 다른 날에 비해 유난히 낮다.

④ 멕시코의 금융위기가 이웃 남미국가 전반으로 확산되었다.

⑤ 우리나라의 반도체 기술을 도입한 중국이 한국 반도체 산업을 위협할 만큼 크게 성장했다.

> ✔해설　부메랑 효과(Boomerang effect) … 선진국이 개발도상국에 제공한 경제원조나 자본투자 결과 그 생산 제
> 품이 선진국에 역수출됨으로써 선진국의 당해 산업과 경합하는 것을 말한다.
> ① 스놉 효과
> ② 디드로 효과
> ③ 주말 효과
> ④ 테킬라 효과

Answer　79.③　80.⑤

상식은 "용어사전"

용어사전으로 중요한 용어만 한눈에 보자

중요한 용어만 공부하자 !

시사용어사전 1200

매일 접하는 각종 기사와 정보 속에서 현대인이 매일 접하는 각종 기사와 정보 속에서 현대인이 놓치기 쉬운, 그러나 꼭 알아야 할 최신 시사상식 을 쏙쏙 뽑아 이해하기 쉽도록 정리했다!

경제용어사전 1030

주요 경제용어는 거의 다 실었다! 경제가 쉬워지 는 책, 경제용어사전!

부동산용어사전 1300

부동산에 대한 이해를 높이고 부동산의 개발과 활 용, 투자 및 부동산 용어 학습에도 적극적으로 이 용할 수 있는 부동산용어사전!

- 최신 관련 기사 수록
- 다양한 용어를 수록하여 1000개 이상의 용어 한눈에 파악
- 용어별 중요도 표시 및 꼼꼼한 용어 설명
- 파트별 TEST를 통해 실력점검